国家出版基金项目 国家出版基金项目 "十三五"国家重点出版物出版规划项目

跨国法律秩序与国家变革

［美］格雷戈瑞·谢弗　主编

邓　琪　译

但彦铮　校

知识产权出版社

全国百佳图书出版单位

—北京—

图书在版编目（CIP）数据

跨国法律秩序与国家变革/（美）格雷戈瑞·谢弗（Gregory C. Shaffer）主编；邓琪译. —北京：知识产权出版社，2021. 10
（社会治理丛书/但彦铮，胡尔贵主编. 第二辑）
书名原文：Transnational Legal Ordering and State Change
ISBN 978 – 7 – 5130 – 7689 – 0

Ⅰ. ①跨… Ⅱ. ①格… ②邓… Ⅲ. ①国际法—研究 Ⅳ. ①D99

中国版本图书馆 CIP 数据核字（2021）第 181873 号

责任编辑：常玉轩　　　　　　　　　　　责任校对：王　岩
封面设计：陶建胜　　　　　　　　　　　责任印制：刘译文

跨国法律秩序与国家变革

[美] 格雷戈瑞·谢弗　主编　邓琪　译　但彦铮　校

出版发行：	知识产权出版社 有限责任公司	网　址：	http://www.ipph.cn
社　址：	北京市海淀区气象路 50 号院	邮　编：	100081
责编电话：	010 – 82000860 转 8572	责编邮箱：	changyuxuan08@163.com
发行电话：	010 – 82000860 转 8101/8102	发行传真：	010 – 82000893/82005070/82000270
印　刷：	三河市国英印务有限公司	经　销：	各大网上书店、新华书店及相关专业书店
开　本：	720mm × 1000mm　1/16	印　张：	15. 5
版　次：	2021 年 10 月第 1 版	印　次：	2021 年 10 月第 1 次印刷
字　数：	210 千字	定　价：	78. 00 元

ISBN 978 – 7 – 5130 – 7689 – 0
版权登记号：01 – 2021 – 6317

出版权专有　侵权必究
如有印装质量问题，本社负责调换。

作者简介

伊丽莎白·赫格尔·波义耳（Elizabeth Heger Boyle），明尼苏达大学社会学和法学教授，研究国际法律和政策在全世界儿童生存和发展中的作用。她写了大量文章探讨并推动和影响与女性生殖器官切割相关的法律。当前，她正在进行一项关于堕胎政策和青少年出生率的跨国研究。波义耳教授的研究得到了国家科学基金会和国立卫生研究院的支持，并发表在许多期刊上，其中包括《法律与社会评论》、《法律与社会调查》和《社会问题》等。波义耳教授于 1987 年获得爱荷华大学法学博士学位，从事法律工作数年后，又于 1996 年取得斯坦福大学社会学博士学位。

特伦斯·C. 韩礼德（Terence C. Halliday）是美国律师基金会的研究教授，法律和全球化中心联合主任，西北大学社会学兼职教授，澳大利亚国立大学监管、司法和外交学院兼职教授。韩礼德指导了好几个同法律和全球化有关的研究项目。他长期研究与律师政治相关的问题，最新出版的《英国后殖民地政治自由主义的命运：法律情结的政治》（*Fates of Political Liberalism in the British Post - Colony：The Politics of the Legal Complex*）一书，其中一卷涵盖对南亚、东南亚和非洲律师争取基本法律权利进行的研究。他正与苏珊·布洛克 - 利布（Susan Block - Lieb）共同撰写《全球立法者》（*Global Legislators*）一书分析国际贸易的全球立法。他与威斯康星大学刘思达（Sida Liu）开展的合作由国家科学基金会资助，内容涉及中国刑事辩护律师及其所做的努力，包括为保护基本法律自由而进行的广泛实地调查和媒体分析。目前，韩礼德和格雷戈瑞·谢弗正在一起编辑一本关于跨国法律秩序的书。

金敏之（Minzee Kim）是社会科学学院的讲师，也是昆士兰大学社会科学学院研究所的研究员。她的学术成就在于对全球化、法律、妇女和儿童领域的交叉研究。她对解释妇女和儿童政策的跨国差异及其带来的影响很感兴趣。她的研究发表在《法律与社会评论》、《法律与社会调查》、《婚姻与家庭杂志》、《儿童和青少年发展研究新方向》等杂志上。她的论文研究综合了全球和各国的制度因素，不仅解释了全球妇女的就业水平，也阐述了全球妇女的就业质量。她目前的研究包括审查发展中国家青少年生育率和堕胎问题，这是因为青少年生殖健康已成为一个全球性的妇女和儿童权利问题。

海因兹·克鲁格（Heinz Klug）是威斯康星大学埃夫爵 - 巴斯科姆（Evjue - Bascom）法学教授，教师发展研究院副院长以及威斯康星大学法学院全球法律研究中心主任。他还是南非约翰内斯堡威特沃特斯兰德大学法学院荣誉高级研究员。他在南非德班长大，曾参加过反种族隔离斗争，在外流亡 11 年，于 1990 年回到南非，成为非洲国民大会土地委员会成员，并担任非洲国民大会宪法委员会主席左拉·斯克维伊亚（Zola Skweyiya）的研究员。克鲁格教授发表了许多文章，也出版了不少专著，其中包括《构建民主》（*Constituting Democracy*）和《南非宪法：背景分析》（*The Constitution of South Africa：A Contextual Analysis*）。

玛丽亚·罗查·马查多（Maíra Rocha Machado）是巴西格图利奥·巴尔加斯基金会法学院副教授，教授刑法、犯罪学和法律社会学等课程。她毕业于圣保罗大学法律专业（1997），并获得圣保罗大学哲学和法律理论博士学位（2003）。她目前的研究主要集中在量刑、腐败和跨国组织等方面。她是《刑法国际化》（*The Internationalization of Criminal Law*）的作者，也是《洗钱和资产追回：巴西、尼日利亚、联合王国和瑞士》（*Money Laundering and Asset Recovery：Brazil，Nigeria，the United Kingdom and Switzerland*）（拉丁版）的联合编辑；其他著作包括《司法和安全治理的新方向》（*New Directions in the Governance of Justice and Security*）（全部为葡萄牙文）；《现代刑事理性：概念反思与实证探索》（*La rationalité pénale moderne：réflexions conceptuelles et explorations empiriques*）。

布朗温·摩根（Bronwen Morgan） 是英国布里斯托尔大学的社会法律研究教授，并于 2012 年 10 月获得澳大利亚新南威尔士大学的未来奖学金。她的研究侧重于全球治理，监管，特别是与可持续发展有关的监管；以及监管和社会经济权利之间的交叉。她最近的一本书是《自来水：城市供水服务跨国治理中的权利和监管》（剑桥大学出版社，2011 年），该书探讨了在六种不同的国家背景下，私营部门参与城市供水服务所产生的社会抗议模式。她早年曾出版《竞争阴影下的社会公民》（*Social Citizenship in the Shadow of Competition*）、《法律与法规导论》（*An Introduction to Law and Regulation*）（与杨克伦合著）等书，并担任了《权利与法规的交叉：社会法律研究的新方向》（*The Intersection Between Rights and Regulation：New Directions in Socio-legal Scholarship*）一书的编辑。

格雷戈瑞·谢弗（Gregory Shaffer） 是明尼苏达大学法学院的梅尔文·C. 斯汀（Melvin C. Steen）法学教授和明尼苏达大学政治科学系的客座教授。谢弗教授将社会法律方法应用到国际法和跨国法领域。他曾获得两项国家科学基金会奖，撰写了 70 多篇文章和书籍章节，以及《当合作失败时：转基因食品的国际法和政治学》（*When Cooperation Fails：The International Law and Politics of Genetically Modified Foods*）和《捍卫利益：WTO 诉讼中的公私伙伴关系》（*Defending Interests：Public-Private Partnerships in WTO Litigation*）等著作；他还编辑了《世贸组织争端解决：发展中国家的经验》（*Dispute Settlement at the WTO：The Developing Country Experience*）和《全球经济中的跨大西洋治理》（*Transatlantic Governance in the Global Economy*）这两本书。

致　谢

这本书经历了一个反复写作的过程。每位撰稿人都加入了法律与社会协会名为"跨国法律秩序"的合作研究网络，并于2006年至2012年分别在巴尔的摩、柏林、蒙特利尔、丹佛、芝加哥、旧金山和檀香山等地举行的法律与社会协会年会上提交了其论文的初稿。我曾在明尼苏达大学法学院组织了一次研讨会，会上特里·韩礼德、海因兹·克鲁格、金敏之和丽兹·波义耳以同样的题目介绍了他们论文的修订版本。其中五篇论文的最初版本是作为《法律和社会调查》的专题讨论刊发的。真心感谢该杂志优秀的编辑劳拉·贝思·尼尔森、编辑委员会和其他匿名审稿人。接下来，这些文稿在经过修改和补充之后，被交给剑桥大学出版社的约翰·伯杰，并在他的关怀下得以出版。他将这本书作为"剑桥法律与社会研究系列丛书"中的一本出版，让我们不胜感激。同时，我们也要感谢这个出版社的匿名审稿人。

许多人对本书第1章和第2章提出的分析框架发表了评论，我个人非常感谢他们。其中包括鲍比·阿迪耶、威廉·阿尔福德、卡伦·奥尔特、伊丽莎白·博伊尔、杰弗里·邓诺夫、布莱恩特·加思、汤姆·金斯伯里、特伦斯·韩礼德、金敏之、海因兹·克鲁格、布朗温·摩根、利·佩恩、朱迪思·雷斯尼克、布莱恩·塔马纳哈、露西·怀特、五位匿名审稿人、哈佛法学院研讨会的参会人、亚利桑那州立大学桑德拉·戴·奥康纳法学院、明尼苏达大学法学院和威斯康星大学法学院；以及美国政治学协会、美国国际法学会、法律和社会协会会议的小组，社会经济促进会和国际经济法学会。还要感谢参加我的跨国法律秩序研讨会的学生们，我从他们那里学到了很多东西。当然，所有的失误都在我。

译者序

《跨国法律秩序与国家变革》一书由格里戈瑞·谢弗主编，几位专家撰写而成，全书从不同的角度对跨国法律秩序进行了分析与解读，阐述其特点和表现及其与各国国内立法间的关系，涉及政治、经济、法律等多个领域，打破了长久以来人们对跨国法律认识上的局限性，为读者全面了解跨国法律秩序提供了机会。

此书的几位作者均为各个领域内的专家，对自己的研究有着深刻而独到的见识，这一点也给我们的翻译工作带来了挑战。在翻译过程中，为了能准确翻译、传达原文思想，我们不但反复查证，还阅读相关背景资料，以期达到更好的翻译效果。本书的翻译得到了许多人的帮助，在此表示由衷感谢。特别感谢主编但彦铮老师促成了此书的翻译，并给出了许多专业的意见。

本书由邓琪主译、统稿，重庆大学外国语学院翻译专业硕士陈虹、田力臣、张娅三位同学参与初稿的翻译工作。

鉴于水平所限，书中错误和不妥之处难免，恳请各位读者批评指正。

译者，2021 年 10 月

目　录

第一章　跨国法律制度体系
和国家变革

　　我们生活在一个跨国主义时代。虽然一直如此，但跨国主义的程度却在加深。举例来说，美国的法律主要来自帝国，从远的来说，它们源自罗马帝国，就近的来讲，它们源自英国以及英美法系的传承。到了现在，它们则反映出跨国经济和文化互动的增强，这也引发了国际性、地区性及双边协议的增长，监管网络与机构的激增，推动和促进了法律和制度的改革。在我们不经意的时候，就从日常生活中体验到了这种跨国主义，虽然有时我们会欣然接受，但是有时我们也会因为跨国主义改变了我们的社会秩序和身份而忧心忡忡。我们的法律和司法体系反映出我们对自身和所处群体的看法。随着各国间法律迁移的加强，我们可能会对此产生焦虑情绪。例如，在联邦法庭上援引其他国家或者国际性法律条例和司法判例，会引发美国人的不满，就很清楚地说明了这一点。

　　所有领域的法律规范都在全球范围内传播。传播这些规范的不是规范本身，而是行为人有意或无意的行为。无论是否具有约束性，规范有时会被收入国际条约。有时还会通过非正式渠道传开，如：政府官员的官僚系统；个体行为人（商业代表、非政府背景的活动家或专业人士）的跨国网络；以及二者的综合。

　　随着时间的推移，将会出现影响或控制特定领域的跨国法规规范。如果跨国法规相对清晰、连贯，且能被接受，那么跨国法律秩序就可以被看作是一个系统。而当法规不够清晰连贯时，跨国法律秩序就会具有太多偶然性，且更加脆弱。然而，受到很多不确定因素的影响，跨国法律规范在各国间的传播情况不尽相同。它们是在跨国法律程序中得以建立、实施和传播的。这种跨国法律程序往往会与本国和当地的法律程序产生对抗，并很可能会限制、改变、解释或适应某条跨国法律规范，从而促进对该规范的重新评估。换句话说，就是对跨国法律规范的修改进行反馈。

本书认为，在如今庞大的法律领域内，如果不了解跨国法律制度体系，任何人都无法理解国内法律变化与法律实践。如果将跨国问题抛开不谈，你能发现截然不同的司法情况。理解跨国法律程序集中性的最佳方式，就是通过涵盖相互独立的法律领域的实证研究，来解决跨国立法及国家司法实践的问题，并让它们彼此之间保持紧密联系。为了理解跨国法律制度体系，不仅需要评估国际和跨国法律规范的发展（这也是大多数国际法律专家学术研究的重点），而且还需要关注它对国家法律体系的影响。这些研究可以看作是在单一的社会法律框架内，融合了国际分析和法律比较分析的研究，也可看作是综合国际政治经济学与比较政治经济学的研究。①

虽然跨国法规、跨国法律程序和国家变革这些术语用得越来越多，但当务之急仍应是清晰区分其概念，并进行详细的案例分析。关于"法律移植"（legal transplants）的概念和操作，在比较法学者与社会法学者中间一直存在激烈的论战（Nelken & Feest, 2001）。然而，威廉·特文宁（William Twining, 2005：237）曾在文中指出，"也许文献中最引人注目的方面就是它很少提到实际影响的具体情况。"而本书旨在阐明概念研究，并给出实践依据。本书开篇就提供了一个社会法律分析框架，对跨国法律程序及其深层含义，以及它对国内的各种影响进行实证评估。接着，作者介绍了五个研究案例，分析跨国法律程序在六个监管领域产生的不同影响。本章为介绍性章节，阐明了跨国法规、法律程序和法律秩序等概念，同时介绍了一些研究跨国法规时曾使用过的其他研究

．① 有两本重要的社会法律研究书籍与此话题相关，可参看 Halliday & Carruthers（2009）（本书主题为破产法的全球化及其在中国、韩国和印度尼西亚的接受程度）；Merry（2006a：29）（"我所采用的方法是将研究重点放在一个问题上，如亚太范围的五个地区和联合国大会的性别暴力抵抗运动、跨国非政府组织的激进主义，以及学术、法律和社会服务领域的观念和实践交换"）。

方法。案例研究用到了这一具体的研究框架，同时，研究框架也是为案例研究服务的。这样，本书给出了一个例子，我曾在其他地方称之为"特情分析"，这种分析涉及实证研究、抽象理论研究和现实世界评估（Nourse & Shaffer，2009；Shaffer & Ginsburg，2012）。

1. 跨国法规、法律程序、法律秩序和国家变革的概念

"跨国法规"一词正逐渐用在学术上，但我们对它所包含的内容却常常缺少充分的思考。本章阐明了这个术语如何沿用至今，然后又将重点从跨国法规（由此可见特定法律体系的存在）转向讨论跨国法律秩序和法律程序。这一转向证明单一民族国家和国家法律仍是理解跨国法规和法律秩序的核心环节。

A. 跨国法规、法律程序和法律秩序

随着《威斯特伐利亚条约》的签订，17 世纪主权国家数量急剧上升，从那时起，法律本身就与国家法律与国家法律系统结合起来，正如约翰·格雷恩（John Glenn，2003：839）在文中所提到的，法律"是国家建设……不可或缺的要素"。法律为制度管理提供合法性，其中包含建立国民身份观念。独立战争和内战结束后，针对既定范围内既定人口的情况，宪法建设有助于巩固其法律秩序，构建设想中的新社区（Arnold，1983；Bobbitt，2002）。用彼得·马兰扎克（Peter Malanczuk，1997：3）的话来说，法律的中心目标就是"为国家之间的交往提供法律规则"。国际私法还同时提供了管理规定和管理标准，当多国坚持对某一非国家行为的交易或事件具有司法权时，便可据此办理。因此，"国际"一词的意义是：国际公法与国际私法均以国家为中心，处理单一民族国家之间，以及国家法律体系之间的关系问题。

随着柏林墙的倒塌和经济全球化的发展，学术界越来越多地使用"全球"和"跨国法规"这些新的说法，但通常对二者并没有给出清晰的概念。在概念重叠之下，法律在不同程度上趋向于无国界化。因为传统定义下的法律规范不能作为国际法规或国家法规的正式成分。世界

法，从名称来看，意味着建立全球通行的法律规范并分散于不同的法律领域，且不一定会涉及国家之间的协议。① 例如，法学院里，全球行政法项目选择以"全球"行政法命名，这是因为人们凭直觉认为监管机构会被迫对共同需求做出回应，"共同需求的特点是具有共同标准，特别是在行政法规方面。"这些行政类法规的原则与实践不断增加共性，从而建立起一个联合统一的，而非各自独立的管辖领域（Kingsbury，2009：3）。

跨国法规的概念已发展为用来专指一些跨国法律规范，虽然它明显没有和传统的国家法、国际法概念混为一谈，但也并不一定具有全球性。1956 年，菲利普·杰赛普（Philip Jessup）大法官在他极具影响力的"斯托斯演讲"中，提出了跨国法规这一概念。因为他发现"国际"这一词具有误导性，因为该词隐含着仅仅关注一个民族（或国家）与另一个民族（或国家）之间的关系（Jessup，1956：1）②。学术界采用的跨国法规概念分为狭义和广义两种，这主要取决于其使用者，但总的来说都是由法律规范构成的，这些法律规范能跨越国界适用于多个不同司法管辖区中的当事方。从广义的概念来讲，跨国法规包含了国际公法和国际私法，同时也包括传统上不属于此类的跨国活动管理法规（Jessup，1956）。而从狭义的角度来看，跨国法规仅由一些规则组成，"用于管理跨越国家疆域的行为和事件……并不能全面适用于国际公法、国际私法这样的标准分类。"③

接下来，我们来看一下法律跨国化的两个例子，它们超出了传统的国际公法、国际私法概念范畴。第一个例子是个体行为人以跨境形式应用实体法，从而形成法律跨国化（例如，"新商法"）（Schmitthoff，1961；Teubner，1996）。哥拉尔夫·彼得·卡利斯（Gralf Peter Calliess）与皮尔·朱邦森（Peer Zumbansen，2010）就曾经评估过消费者法和公

---

① 例如，参见 Boyle & Meyer（1998：213 - 32）（采用了国际政治组织模型）；以及 Braithwaite & Drahos（2000）（在全球商法 13 个领域中研究不同机制的相对作用）。

② 参见 Friedmann（1964：37）（区分了国际社会和跨国社会，且坚持"国际社会是以传统国际外交关系体系为代表"，也称为"共存"关系）。也可参考全球和跨国语境下，讨论国际多元论的相关书籍，如 von Benda - Beckman（2006），Berman（2007）和 Teubner（1996）。

③ 该定义是从跨国法规的广义定义中凝练出来的，采用的是 Jessup（1956）的定义。

司管理法等跨国私人立法的发展，并涉及公开制定和私下制定法律之间的相互作用。第二个例子是，各国法官和监管机构采用共同方法处理跨境法律和监管问题的情况不断增多，这是跨境司法与跨国政府监管之间进行对话（Slaughter，2004）① 的结果。正如汉娜·巴克斯鲍姆（Hanna Buxbaum，2006：316）所主张的，"跨国监管诉讼在合适的环境下能够给一国国家法院以权力，以参与全球市场的有效监管策略"。罗伯特·瓦伊（Robert Wai，2008：107）同样从"一种分权的、过渡型跨国管理形式"的角度看待此类立法，这种跨国管理形式对"当代国际社会中多元规范体系所产生的多样化规范，能够进行辨别和管理"。

"跨国法规"一词的使用日益频繁，其中包含两个概念：根据其关注的主题不同加以区分（处理跨国活动或情境的法律），或根据来源进行划分（无论是国际法规还是他国法律，其引进和输出都跨越了国境）。大多使用"跨国法规"这一术语的法律研究适用于以跨国事件和活动为目标的法规，即涉及多国司法权的跨国情境。② 特定的跨国法律规则和原理的发展能应对这类情况（我们称之为"适用于跨国情况的跨国法规"）。比较而言，许多社会法研究仅局限在某个国家的法律体系之内，根据法律变革的来源探讨跨国法规与法律规范。在第二个概念中，跨国法规由跨国引进和输出的两类法律规范构成，其中包括跨国网络和国际性、区域性体系，有助于在某一法律领域建设和传播法律规范。（我们

---

① 参见 Scott & Wai（2004）（主张在跨国相互谦让的过程中，在涉及跨国公司责任和人权的问题时，对私人法庭的作用应持有更为积极的态度）；Djelic & Andersson（2006）；Hepple（2005：4）（关于跨国劳工的管理）；Wai（2005）。

② 很多法律学者引用了 Jessup（1956）著名演讲中的内容，并在此基础之上进行研究。参见，例：Koh（2004：53）（引用 Jessup 关于国际法规"用于处理跨国事件"的定义）；Burley（1993）（"我定义跨国法规，其目的是希望将所有直接管理跨国行为的国内法规和政府间协议，无论跨国行为是发生在个人与个人之间，还是个人与政府之间都包含进来"，引自 Jessup）；Slaughter（2000：245）（"跨国法规有很多定义。我在这里想要涵盖的仅仅是旨在管理跨国活动行为人的国家法律：跨国境行使司法权。政府制定跨国境司法权条款的目的通常是管理那些发生在国外但是对国内有实质性影响的行为"，引自 Jessup）；Hathaway（2005：473 n. 11）（"跨国法规包含一切具有跨国境效果的法律，而国际法规仅指管理国家间交流的公约和其他法律"，引自 Jessup）；Dibadj（2008）（将"适用于跨国境活动"的内容和行为人一同进行分类，引自 Jessup）。

把这个观点称为跨国法律秩序）。①

　　杰赛普（Jessup）在著名的"1956 年斯托斯演讲"中，将"情境意识"中的"跨国法规"定义为"一切管理跨国界的行为或事件的法律"。这一功能性概念反映出来自专业人士的担心，因为国际或国内法律都不足以管理跨越国界的行动和事件，因此，我们需要一个更加准确、更加有效的概念来描述此类情况。正如杰赛普（1956：7）所写："无论面对新问题还是老问题，我们越是急切渴望一个明确的分类和定义，我们的思维就越容易僵化，成为寻求解决方案路上的绊脚石。"在《跨国法规问题》（*Transnational Legal Problem*）（1994）这部开创性的案例研究著作中，亨利·斯坦纳（Henry Steiner）、德特勒弗·瓦格茨（Detlev Vagts）与哈罗德·科赫（Harold Koh）也同样将跨国法规概念化，将其解释为处理"跨国问题"的法律。从这个角度使用"跨国法规"概念的情况越来越多，反映出法律对日益紧密的经济联系做出的实际法律回应，它有时还会涉及新的国际条约，有时国家法规适用于发生在国界以外但对国内有影响的法律事件，有时甚至也会涉及私法法律体系。这一概念让法律学术界得以去评估和提倡（或反对）某些由法庭或其他管理机构采用的跨国法律规则和法律原理。

　　克雷格·斯科特（Craig Scott，2009）曾进行过一个十分出色的概念分析，他从传统主义、决策性质和社会法律三个角度对跨国法规这个概念进行了探讨。首先，他指出跨国法规的概念至少综合了国际公法、国际私法的传统观点。国际公法处理的是国与国之间的关系，而国际私法就其传统意义而言，处理的是由个体行为人引起的、在跨国活动中与国际司法维护其权威所引起的冲突。这类私法情境促进了有关法律的适用性、司法权和判决的执行与认可等学理原则与条例的发展。② 其次，为处理此类问题，国家法庭和国际仲裁法庭颁发了越来越多的决议，它

---

　　① 在法律与社会调查座谈会期间，我将跨国法规概念扩展为跨国建设与法规的传播（Shaffer，2012）。跨国法律秩序这个术语能更清楚地表述这一社会法概念。

　　② 在研究适用于国外交易的法律时，Jessup（1956）特别强调了有关司法和法律选择的问题。与这一研究相关的三个章节分为：《人类问题的普遍性》《解决问题的力量》（即司法）和《管辖法律的选择》（即法律冲突）。

们创建了决策性原则和分类群组，旨在倡导和引导后续决议。斯科特（2009：871）写道："这种方法是从分解的角度来理解法律，而不是从整体上研究法律秩序或体系，这种方法从整体内部截取，且可以连续变化。"最后，随着时间推移，该领域内的众多法律规范变得十分连贯且系统化。从社会法的角度，我们可以把它看作独特的法律体系，并非"国家主义"，而是属于"跨国"范畴。跨国公私行为人之间持续不断的互动也推动了其发展，其中包括国家法官、国际仲裁体系和制定国际私法法规的机构。

与此相反，无论处理的是跨国活动还是单一国家行为，将跨国法规视作跨国法律制度体系概念的关键都是：在特定领域内的法律规范与机构形式的跨国生产。该概念包含的法律规范对独立的法律领域来说，是具有实质性和针对性的规范，而并非泛泛而谈的法律冲突原则，或是仅用于跨境商务交易的实体法。本书采用的就是这一社会法的概念。这样一来，问题的焦点就从将跨国法规视为法律的主体或法律原理，转移到跨国法律制度体系进程上去了。

这一点是通过将注意力放到跨国建设和法规迁移上来实现的，为了让人更容易理解，我们将之称为"规范化标准"，无论其是否具有正式约束力、是不是纠纷的解决办法或其他执行制度，它们都体现了由权威来源发布的行为指示。① 跨国法律规范既包括那些声称具有全球特征的标准，也包括那些适用范围较小的标准。跨国法律规范可能来源于国际条约、国际软法、私下制定的准则或标准，以及跨国行为人提倡的国外法律模型，或者前面几种形式的组合。换言之，它们同时会涉及软法和硬法，可以具有双边的、区域性或多边的特征，也能够由国家或非国家行为人建立，而且对国家、企业和个体都适用。

跨国法律制度体系这一概念用于评估跨国法规的建立、传播和影响。术语"跨国法律秩序"的概念是法律规范与设定领域内相关机构的总和，主要用于指导跨国司法问题。② 我们将会发现该体系属于典型的

---

① 法律规范概念由 Abbot & Snidal（2000）的软硬法概念而来，他们在书中从精确性、职责和授权三个方面出发，定义了软硬法的概念。

② 参见 Halliday & Shaffer（2012）（这一概念的研究得到了进一步发展）。

分散型碎片化概念，涉及特定法律课题领域，这是因为我们的世界缺乏统一的全球化法律系统。在跨国法规相对清楚、一致且为人们所接受的环境中，跨国法律制度体系也更活跃。反之，跨国法律制度体系则更具有依赖性，也不大可能带来有效的国内法律和机构变革。

无论是否由国家立法机构正式颁布，是否被国家法院直接采用，是体现了对现有国内法的解读，还是对个人行为有所影响，第二个跨国法律制度体系的概念是社会法概念，是用于评估跨国法规的产生机制与跨境迁移的方法。这一概念称不上学说，也不具备什么功能，但却是一种方法论，可用于对跨国原因产生的法律变革进行实证评估，研究其如何发生，又会产生怎样的影响。换句话说，这一概念的目的并不在于描述特定的法律主体、法律领域或法律原理系统，而是跨越不同的法律领域，在全球化的世界形势下，为跨国原因产生的变化提供一种分析方法。[①] 总而言之，因为跨国法规和法律秩序可用于不同的目的，这两个不同的概念已经为人们所接受：一个是法律行为人所使用的内部功能，而另一个则是社会法律分析的外部功能，用于研究法律的构成及其运行。

与本书相关的另一个重要概念是跨国法律过程，可被理解为"国家法规进行建设和传播的过程"。跨国法规规范自身无法传播，它们是由行为人（包括政府官员、国际秘书成员、专业人士、商务代表和民间活动人士）建立和推广的。行为人的日程安排通常会推动这些过程的发展。有时候，在日益激烈的跨国经济与文化全球化活动中，法律规范可能会被无意识地传播开来。对仅仅关注国际法的人（无论他是从广义或狭义的角度来定义国际法）而言，本书提到的对跨国法律程序的评估、相关的国家变革规模，以及促进和限制这类变革的因素，都同样是理解国际法规的重点。

久而久之，通过对法律规范及其应用进行表述，跨国法律程序就能构成跨国法律秩序。而因为跨国法律程序在不同的法律领域内出现的形

---

① 类似的"方法论"式的术语使用，参见 Zumbansen（2010）。另见 Calliess & Zumbansen（2010：x, 11）（理解跨国法规"主要通过方法论视角，而不是依靠界线分明的实体法领域"）。

式不一样，跨国法律秩序则可被视作具备不同功能的半自治领域。安德里亚斯·费舍尔－雷斯卡洛（Andreas Fischer – Lescano）与巩特尔·托伊布（Gunther Teubner，2004：1009）根据"具体事件的司法范围，而不是领土的限制"来看待跨国法律秩序。

　　跨国法律秩序出现于如人权、刑事、监管和商法等多个法律领域内，具有不同程度的一致性与连贯性，其中可能包含全球的、多边的、区域的和双边的法律规范，也可能包含联合了国际和超民族的组织、跨政府监管网络、跨国集团活动和民间团体行为人，并不在意它们是否有正式的组织形式。跨国法律制度体系可能以条约、无约束力的标准、标准法则、各种形式的监控与争端解决机制等方式表现出来。这些方法可能综合了软法和硬法，在强制性、准确性、监督作用与同行监督的制度化，以及争端解决机制等方面都有所不同（Abbott & Snidal，2000；Shaffer & Pollack，2010）。

　　跨国法规的两个概念有明确的重合，这是因为跨境法律规范的构建和传播通常是由跨境活动和政策关注促成的。劳伦斯·弗莱德曼（Lawrence Friedman，1996：77）写道，"全球经济是促进融合的动力，敦促法理学者起草法律并注意其协调性"。但是，本书在跨国法律制度体系概念之下的法律规范问题并非只处理跨国活动，也会应对纯粹的国内活动。例如，小学教育法和市政供水服务管理条例分别由布朗·摩根（Browen Morgan）、金敏之（Minzee Kim）和伊丽莎白·波义耳（Elizabeth Boyle）在第六章和第七章里进行了评估，虽然它们属于单独的国内行为，但不管是人权规范还是新自由主义法或发展规范，都明显受到法律规范跨国建立和传播过程的影响。这里探讨的跨国法律规范可能在有计划的情况下被主动采用，或是作为传播过程的一部分，通过跨国行为人与其相互间的交流来传播，在没有计划的情况下被采纳（Simmons，Dobbin，& Garrett，2008）。无论法律规范的跨国来源和本质如何，一旦进入国家法律体系便具有了特殊的权力和影响。

　　哈罗德·科赫（2006：745 –6）专门分析了跨国法规概念，他把垂直和水平两个维度结合起来，综合分析法律规范的跨国传播：

　　　　也许，对于"跨国法规"最好的定义，用电脑时代的语言来说，就是：（1）从国际法"下载"内容到国内法：比如将国际法概念吸收到国内法，就像国际人权法规中反种族灭绝的这条规定，现已收入大多数国内法规的体系；（2）"上传，然后下载"的法律，例如源自国内法律体系的某条法规，如西方法律体系中法律诉讼程序确保审理免费的规定，随后也成为国际法规的一部分，并收入《世界人权宣言》与联合国《公民权利和政治权利国际公约》，后来成为几乎所有国家法律体系的一部分；（3）法律的"平移"，是指从一国法律系统借用到另一国的法律系统中去。例如"污手原则"（unclean hands doctrine），就是从英国衡平法迁移到其他法律体系的。

科赫的比喻虽然有助于传播跨国法律程序的概念，但却有可能无法准确说明它的复杂性，因为在实践中，跨国法律程序是多层次同时进行的，且具有反复性，涉及完全不同的行为人和应用方式，传播的方向也不止一个。对有些人来说，科赫所举的第三个例子囊括了所有法律规范的迁移，分析范围或许过大。然而在实践中，跨国法律秩序可能同时具有横向和纵向两种传播方向，跨国法律秩序是由国家模型发展而来的，而国家行为人则会对跨国网络体系进行调配，以达到输出或传播法律规范的目的。换言之，跨国法律制度体系的内涵包含了国际和跨国组织以及公私行为人的网络，在构建和传播法律规范的过程中起着一定的作用。通常，法律规范源于国家法律模型，比如来自美国这样的强国（Braithwaite & Drahos，2000），但是跨国法律规范的构建过程却各有不同，参见本书的实证章节部分。

本书的讨论建立在科赫提出的跨国法律程序的重要概念之上，在提高实证能力的同时，对国家变革所产生的影响进行评估。但是，从批评的角度来看，科赫并没有提出明确框架来指导或评估跨国法规变革的范围、地点和局限性。他同样没有进行广泛的实证研究，而且也没有评估跨国法规的源头，也没涉及跨国法规是否表现出向一部分人利益的结构性倾斜。相反，本书的目的在于评估跨国法律规范的来源、不同国家的接受度和牵涉其中并因此处于关键时刻的大规模国家变革。虽然本书主要的关注点是国家内部跨国法律规范各种接受模式和引起国家变革的各种因素，但本书仍然强调，要长期关注这些法律规范的来源、产生和变化的重要性。

最后，跨国法律制度体系的概念与纽约大学法学院的国际行政法项目中采用的"全球行政秩序"概念颇有相似之处。这两个项目都描述了超出单一民族国家范围产生的法律秩序都含有多种行为人，且都涵盖硬、软法的规则和规范。例如，《全球行政法项目》对"全球行政秩序"定义如下：

> （1）由正式的国际组织管理；（2）通过国家行政监督官员签署的跨国网络合作协议进行集体管理；（3）由国家管理者通过条约、网络和其他合作体制执行分散式管理，（4）根据政府约定和私人约定进行混合式管理；（5）由具备监管功能的私有机构实施管理。（Kingsbury，Krisch，& Stewart，2005：25）

然而，比起《全球行政法项目》，该项目的目标和涉及范围既宽且窄。说它更宽，是因为跨国法律制度体系不仅由行政法原则和程序性规则组成，还包括了传统法触及不到的实体领域，如人权审判（Sikkink，2011）和私人商品交易使用的信用证（Levit，2008）。跨国法律制度体系的概念并没有（像它的名称那样）暗示"全球性"范围。这个项目没有将积极的和标准的分析结合到一起，所以说它更窄。相比之下，《全球行政法项目》具有一个特别的目标：分析传统国内行政法工具的关联性，并以此来评估和改进全球治理的问责机制。① 总体上讲，因为实证分析带来的规范性影响，本书关于跨国法律制度体系的评估研究还是能起到补充作用的。

B. 国家变革与转型

为了进行实证研究，我们还需要详细说明国家、国家变革与国家转型的含义，同时将国家变革拆成不同的维度来进行分析。为了能够解释

---

① Kingsbury，Krisch，& Stewart（2005：29）（强调"原则和程序性规则，审查机制，其他与透明度、参与度、合理决策和全球治理的合法性保证相关的机制"）。

得更清楚，我们引入马克斯·韦伯（Max Weber，1878）和查尔斯·蒂利（Charles Tilly，1992）提出的单一民族国家的传统概念：即在一国领土范围内行使正式权力、运用强制管辖权、垄断合法使用武力的权利。[①]不过，我们也发现这个概念描述的是一种理想状态，因为国家体系行使的实际权力程度并不相同。要想对多年来的国家变革进行实证分析，就必须要分解"国家"这一概念（我们会在第二章中谈到）。最重要的是，对于我们的目的来说，恰恰是跨国法律程序的概念使得国家/跨国的二分法出现了问题。虽然，单一民族国家作为政治单位仍处在中心地位，也因此成为社会法研究的核心，但是国家与跨国势力的积极合作同样也引起了自身的变革。正如萨斯基娅·萨森（Saskia Sassen，2006：3）所写的，"国民仍然属于形式化与制度化发展达到顶点的产物"，但"国民也常是全球范围治理的主要推动者和制定者之一"。换句话说，我们所处的并非一个后民族世界。相反，即使国家承受着来自别国的压力，不得不适应新的法律规范与相应组织的变化，它仍然处在核心地位。

关于变革和转型，首先要说清楚这两者的组成和评估对象。跨国原因引发的变革有可能影响整个国家，又或者仅仅影响几个分散的地区。变革在不同的领域发生，如法律、制度、行业和规范等，我们在第二章（变革的定位）中会对此进行分类和检验。因此，这是一个"差异化进程"（Sassen，2007：34）。变革的出现可以是进化式的、革命式的、分段式的、增量模式的，或是戏剧性的——比如20世纪90年代的东欧变革（变革的时间）。"转型"这个概念指的是程度深、范围广的那一类变化。[②] 国家转型带来的威胁会导致旷日持久的超越国境和本土的政治斗争，来阻止和挫败这种变革。本书中提供的历时实证研究至关重要，因

---

① 在经典著作《强制、资本和欧洲国家：公元990—1992年)》（*Coercion*，*Capital and European States*：AD 990—1992）中，Charles Tilly（1992：2－4）将"民族国家"定义为"通过集中化、分类化和自治化的结构，治理多个地域上连续的地区和城市"，并将"国家"定义为"实施高压政治的组织，与家庭和亲属团体相区别，在广大的地域内，某些方面比所有其他组织都有优先权"。

② 与该问题相关的重要研究，请参看 Campbell（2004）（第二章对变革问题的研究）；Grossman & Grossman（1971：4－6）（社会变革的法律、程度和范围研究）；Held 等（1999）；Leibfried & Zürn（2005）；Sorensen（2004）。

为我们可能需要经历长期的努力才能了解变革的范围。

变革的范围总是在变化的，所以，我们有时会研究跨国影响，有时会研究失败的跨国转型，有时会研究跨国法律规范适用性，还有的时候会讨论重要原因引起的变革。由此产生的法律变革可能"象征性"地发生（在宪法、法令和行政法修订，机关和法院的成立或重组等方面），或是"实际上"发生（在组织和个人的既有行为模式方面）。虽然许多传统法学者关注的都是"象征性"特点（书面的法律）①，但本书探讨的变化并非仅仅发生在正式的法律和组织结构中，也发生在法律和组织的实践过程中。

跨国法律规范与社会体制形式的实际输入常常面临两难境地。如果引进跨国法律规范时进行恰当的解读，适应当地的法律环境，那么其接受度也就越高，变化也就越少。莎莉·梅利（Sally Merry，2006a：22）写道，就人权和性别而言，法律规范"如果采用输入国所熟知的术语，不打乱其等级结构，其被曲解的可能性就小；反之，如果意图挑战现有权力关系，则其遇到的阻力就会增大"。由于跨国法律规范与国内的制度、政治和文化背景之间相互作用，久而久之，变革也会不断地进化。

C. 跨国法律程序与国家变革中的非法律因素

除了法律以外，许多跨国因素也影响着单一民族国家，反映经济与文化全球化的进程，以及政治与经济力量的全球结构。许多早期的研究已经对这些现象和相应的跨国影响进行了检验。② 毫无疑问，跨国法律规范受到了更强大的政治、经济和社会势力的影响。劳伦斯·弗里德曼（Lawrence Friedman，1996：65）写道，"商业是边界线上最混乱的穿越者"，而这也促成了商业习惯法（跨国法的一种形式）的形成。跨国法律制度体系形成的部分原因是跨国市场与国家法律之间的不匹配。因此

---

① 参见 Watson（1974：20）（"不应该怀疑法律移植的可行性，举例来说，如果法规从德国传到日本，尽管在两国使用了相似的术语，但是法律规范的影响在这两个国家必然会不同。但我们首先关注的是规则是否存在，而不是学术和司法解读的结果"）。

② Campbell，2004；Held et al.，1999；Leibfried & Zürn，2005；Sassen，2006，2007；Sorensen，2004.

法律的影响很难与其他力量的影响分离开来，而且相关的研究也没有尝试这么做。① 但与此同时，如果违背事实，从国家变革中除去跨国法律规范，那么情况则会完全不同。

然而，无论怎样看待跨国法律规范与大规模全球化进程和权力行使之间的关系，对跨国法规和法律程序的关注，为我们评估国家变革所受的跨国影响提供了研究渠道。跨国法规提供了管理特定领域活动的办法，帮助我们看清问题并给出适当的定义和处理方式，也会在行为人应对特殊情况时，为他们提供特定调控及备选方案的框架，还能提供有效的工具和模式（促进机构重组和法律的发展、应用和执行）来应对这些情况。

了解监管领域的变化就需要评估"引起机构变化的各种过程"（Koslowski & Kratochwil，1994：227）②。跨国法律程序在迭代过程中接触到相关的行为人，对实践应用产生影响，引起渐进式或戏剧性的变化。研究跨国法律程序为评估国家法规、组织机构变化和跨国实践提供了一个新的切入点。一些学者倾向于进行解释和研究自变量和因变量，对他们而言，跨国法律制度体系（至少）代表着影响国家变革的一个中间变量。

D. 递归性

本书采用社会法的方法，通过关注特定的管理范畴，将跨国进程和国家进程合并到一个单独的框架内，无论是在管理属性和宪法属性的区别上，还是在实体法和程序法的区别方面，都与全球和跨国法律原则相对应。这样一来，研究活动就可以评估如何在活动领域解读跨国法规和国家法规。递归概念包含了由特伦斯·韩礼德（Terence Halliday）和布

---

① 本书的目的并不是评估关于法律和社会变革关系的广义理论，或法律是否主要（或仅仅）是社会力量的产物，法律几乎没有（或者完全没有）权威，或法律本身是否也会独立产生变革。关于法律自治及其所受限制的激烈辩论，参见 Cotterrell（1992：44–65）。换言之，评估跨国法律进程无须特权法规和法律解释。

② 在另一个类似的分析中，Sally Falk Moore（1974：722）呼吁，应从过程特征的角度出发，对不同的半自治社会进行实证评估。

鲁斯·卡伦瑟斯（Bruce Carruthers）二人提出的"焦点双重性"（2007）（Halliday，2009）。递归性意味着法律变革进程具有多向性和历时性。从这个角度看来，跨国法律程序并非是单向的过程，而是跨国法和本土法冲突的过程：在这个过程中，跨国法律程序的行为人试图对立法和实践施加影响；而国家法规、适应情况和所受阻力则为跨国立法提供反馈和参考模式。①

　　跨国法律程序的概念具有递归的特性，这并不意味着需要将其具体化为单一的和绝对的内容，而只需要说明其历史特殊性、临时性以及变化性等特点。法律规范可能会出现某种形式的解决办法，并持续一段时间，直到出现新的不平衡情况。因此，跨国法律程序并不仅仅用于填补贯彻法律过程中的"空缺"，而是扮演着一个动态的角色，与国家、国际和跨国政治、社会、法律程序之间相互作用。国家变革和转型的递归性将其划分为同时或循环进行的三个进程，一种国际和跨国立法中的政治观点、一种国内立法中的政治观点、一种上述二者之间的政治观点。

2. 本书结构

A. 本书分析框架

　　第一章的剩余部分列举了跨国法律制度体系和国家变革研究中所使用的研究与理论框架。本章将阐述跨国法规与跨国法律秩序在社会法层面的关系，并与现存的社会法律进行比较。第二章将提出跨国法律秩序的概念和功用。这一章为本书第三至七章的案例研究及具体实例提供了框架，用以阐明国家变革中的共同模式和差异性。

　　第二章的第一部分为国家变革的维度和决定因素提出了评估标准，并将国家变革划分为五个维度：（1）实体法和实践的变革；（2）国家、

---

　　①　国际法发展的相关概念参见 Waters（2005：490）（"我认为国内法和国际法之间关系的本质是相互构建，这是一种互相制约、互相巩固的关系：国际规范不仅会影响国内法和文化的形成，而且其自身发展也会受到后者的影响"）；Rajagopal（2003：3）（"国际法在塑造发展的领域中起着引导观点和实践的作用，而观点与实践反过来又塑造了国际法"）；Ahdieh（2006）。

市场以及其他形式的社会秩序之间界限的变化；（3）国家体制结构的变革；（4）专业知识和专业角色在治理中的角色的变化；（5）关联模式发生变化，并通过跨国问责机制及其相关的规范框架制度化。

第二章的第二部分对跨国法律制度体系差异的原因进行了评估，主要因素可分为以下三组：

（1）从合法性、透明度和连贯性三个方面来分析跨国法律规范和法律程序的特性；（2）跨国法律程序与法规接受国在权力和输送法律规范中介方面的关系；（3）跨国法规与国内需求之间的关系，后者受到国内政治竞争、制度化依赖、法律文化和变革范围的影响。这些因素分别在跨国层面与法律和政策相关，在国家层面与法律和政治相关，并涉及法律和政治之间的中介和权力不对称等问题。总的来说，上述因素决定了跨国法律制度体系的影响范围、时间和限制，因而十分重要、亟待解决。

第二章第三部分从递归理论的视角来讨论跨国法律制度体系与国家变革之间的动态关系（Halliday & Carruthers，2009）。该部分提出，不单是国际和跨国法律规范，就连那些从强国输出的法律规范也是源于国家法律模型的。这个部分同时还谈到国家（包括实力相对较弱的国家）对跨国法律程序的反应，会促成对有问题的跨国法规进行重新评估，最终引起动态的、递归的程序，影响法律变革。

B. 五个案例的应用

第三章到第七章从六个不同的法律领域选取了五个对比案例。每一项研究都提出了一种社会法方法来解释跨国法律程序原理，还有国家法律、机构之间的互动。每一项都是建立在跨国法律程序和国内管理的语境之内。通过对比框架，研究分析了跨国法律规范的接纳与转移的变化。研究主要涵盖了以下国家和监管领域：

- 《巴西和阿根廷的反洗钱法》，玛丽亚·马查多著；
- 《中国、韩国、印度尼西亚的企业破产法》，特伦斯·韩礼德著；
- 《70 多个中低收入国家的初等教育法与政策》，金敏之和伊丽莎白·波义耳著；
- 《南非的专利、卫生与竞争法》，海因兹·克鲁格著；

●《智利、玻利维亚、阿根廷的市政供水管理条例》，布朗温·摩根著。

本书所选研究需涵盖亚洲、非洲和南美洲地区的一系列法律领域，并需建立在实证研究项目的基础之上，且这些项目在特定领域长期进行。大多数有关法律和全球化的研究只选取了富裕国家作为研究对象，特文宁（Twining，2005：204）称之为"比较法研究的'西方国家传统'"，采用"幼稚的扩散模型"。我们所选的这些研究关注发展中国家的本土实践，并因此填补了重要的空白。研究所选的国家在制度传承、政治文化背景和与跨国立法关系等方面各有差异。同样地，监管领域在金融、商业管理方面和社会、经济权利方面也有不同之处。最重要的是，本书收录的研究都经过了长期的实证研究，都与跨国法律制度体系与特定国家间的相互作用有联系。

这些研究都要在既定的设计框架内进行，研究的对象是，随着时间的推移，在不同国家里跨国法律程序和国家法律程序在特定监管领域的相互作用。每一项都对不同国家在单一管理域的不同反应（例如，克鲁格举出的例子，单个国家在多个管理域的跨国－国家互动）进行了对比，于是作者就能分析评估跨国影响中的变量。其中四项研究需要进行实地调查，涉及对行为人进行观察和大范围调查。金和波义耳的研究（第五项）采用了定量的方法，进行了历史分析，对70多个中低收入国家在过去21年间人权冲突和新自由主义发展规范的相对影响进行评估。总的来说，采用的方法包括系统性采访、行为人观察、人种学研究、书面证据、档案调研和（其中一个案例采用的）定量回归分析。

虽然本书的研究对象主要是发展中国家，但采用的分析框架、变化维度与评估的因素也能应用到包括美国和欧盟在内的其他国家和地区[①]。

---

① 关于美国和欧盟地区的他国法律和国际法规迁移，可分别参见 Resnik（2006）（对美国法律迁移的历史，以及联邦到地方的多个法律入口进行了分析）；参见 Resnik（2008：46）（"实际上，从别处借用文字和文本的情况经常发生"，要注意宪法也存在借用文本、改写文本和重新解释文本的情况）；Scott（2003：908－28）（描述了欧盟 REACH 计划给美国化学品管理革命带来的影响）；Scott（2003：228－32）（特别指出了世贸组织协议对欧盟的限制）；以及 Shaffer（2000）（研究了欧洲隐私法对美国隐私政策和实践的影响）。

美国、欧盟与本书所研究的国家之间最主要的差异在于法规跨国传播的大致方向：美国和欧盟更倾向于建立跨国法律规范，而不是做被动的使用者。在全球化的世界，许多法律都受到跨国影响和压力的制约，但强大的国家常常是法规的主要输出者。

第三章是玛丽亚·马查多（Maira Mackado）的研究"差异中的相似：巴西和阿根廷反洗钱法中的跨国法律程序"。该章通过对洗钱法在巴西、阿根廷两国受到的不同影响及其原因，对跨国法律规范的发展进行了评估。反洗钱的跨国法律程序最早由美国在巴塞尔银行监管委员会上提出。该机构由十个国家的中央银行行长共同创立，是西方七国集团所建的反洗钱金融行动特别工作组（FATF）的前身，后与联合国合作。巴塞尔银行监管委员会于1998年采纳了关于银行道德原则的一个概括性声明。1990年，由FATF正式提出了更详尽的指导原则，即《四十条反洗钱建议》（下称《建议》），但并不具有正式的约束力；很多国家认为，与该FATF保持良好关系就需要将《建议》视为实质性约束。FATF的《建议》与汇报、监测和同行评估程序创立了新的问责制度，无论是政府官僚还是私有金融机构都必须上报客户的交易行为。从2002年到2003年，FATF的《建议》并入两份具有正式约束力的联合国公约：一份涉及打击跨国组织犯罪，另一份涉及打击资助恐怖活动的行为。

马查多研究了FATF《建议》对巴西、阿根廷"反洗钱法"的不同影响。尽管巴西确实迫于跨国压力执行了《建议》，但它的对内政策也是其中的重要原因。相反，阿根廷的妥协则主要是迫于跨国压力做出的反应，所以在实践中影响较小。马查多指出，巴西国内当时受到有组织犯罪和贪污的影响，其政府发现FATF的政策对处理这类问题非常有效；而阿根廷则没有类似的国内需求。巴西政府正式将洗钱定为犯罪，并组建了一个全新的金融情报机构ENCCLA（Estratégia Nacional de Combateà Corrupção e àLavagem de Dinheiro），实施全新的管理、跨部门合作与监管机制，官方首次展开与反洗钱行动的互动。ENCCLA要求金融机构充当警务代理，必须识别客户身份、保存记录、上报可疑交易。这样一来，一个新型的互联网程序（BacenJud）诞生了，它促进了金融机构与司法部门之间的信息交换。最终形成了混合型公私合作金融警务机制，实现了司法部门向行政机关的整体职能转移。

第四章是特伦斯·韩礼德（Terence Halliday）的研究"国家设计师：东亚地区的国际组织与国家重建"。它研究的是国际组织在中国、韩国和印度尼西亚企业破产法重建方面发挥的作用。在该章的开头部分，韩礼德阐述了20世纪70~80年代发展和改革本国破产模型时体现出的美英两国"固执的民族主义"，并没有提到任何跨国法规或国家法规。但是，这些模型后来为国际机构提出全球破产法规范提供了范本。

韩礼德仔细研究了这些国家模式是如何衍生出国际和地区金融机制和"联合国国际贸易法委员会"（UNCITRAL）的，主要依据以下三个关键性的事件：柏林墙倒塌；影响主要发展中国家和转型经济体的一系列债务危机；20世纪90年代末发生的亚洲金融危机。一些国家集团，特别是以美国为首的西方七国集团（G-7）和二十二国集团（G-22），它们要求世界银行和国际货币基金组织等国际金融机构制定规范并建立监管体系，更系统地解决国家信用危机，以保护全球金融体系。在"后华盛顿共识"中，国际金融机构强调法律、机构（如法院和监管机构，并认为它们是确保政策有效的关键）和受过训练的专业工作人员的重要性。国际机构（如联合国国际贸易法委员会）与处理国际破产的从业人员专业协会（包括国际律师协会）进行过合作，利用他们的专业知识制定了一套被联合国国际贸易法委员会采纳的破产规范和实践模型。

韩礼德对全球化的法律规范对国家内部的广泛影响，特别是对国家的体制结构（行政部门、立法机构、独立机构和法院）的影响进行了研究。在金融危机期间，印度尼西亚的国际金融机构运用手中的筹码，不仅推动了实体和程序法律的改革，还促成了一些新的国家机构的诞生，包括：负责企业破产的商业法院，以及负责债务人与债权人之间谈判的庭外机构。在韩国，企业破产的管理权从国家执行部门转移到了法院，还建立了与美国模式的破产法庭具有相同功能的法庭。中国政府按照自己的时间表，采取了联合国国际贸易法委员会提倡的全球破产法规，将企业重组的工作交给法院和专业人士。但是，韩礼德指出，跨国法律和机构改革虽然看起来是技术性的问题，但仍然引发了国家重组和国内权力重新配置的问题，产生了对抗变革的阻力。这种阻力导致跨国立法和国内立法的递归循环,直至达到和解。

第五章是金敏之(Minzeekim)和伊丽莎白·波义耳(Elizabeth Boyle)的研究"1983 年至 2004 年间,新自由主义、跨国教育规范和发展中国家的教育支出"。该章讨论了有竞争力的跨国制度对基础教育政策产生的相关影响。其中一个制度由国际人权条约和相对弱势的国际机构组成,前者认同人民有权接受免费基础教育,后者则倡导推动义务性、普遍性条款。作者追溯了这个法律制度的由来:始于 1948 年的《世界人权宣言》,紧随其后的是 1966 年的《国际经济、社会和文化权利公约》和 1989 年的《儿童权利公约》。这些条约受到国际组织,如联合国教科文组织(UNESCO)和跨国非政府组织的监督和促进。

而另一个制度由一些国际金融机构组成,20 世纪 80 和 90 年代初,它们认为应当采取以市场为导向的"使用者付费"原则解决教育经费。国际金融机构强调自由市场原则,减少政府支出以及平衡预算,这是新自由主义发展的方法之一。

当发展中国家面临债务危机时,国际金融机构(特别是国际货币基金组织和世界银行)通过结构调整协议,运用法律上和事实上的贷款限制条件等手段,发挥了相当大的作用。

国际货币基金组织、世界银行和很多国家采取的"部署安排"都是一些常用的处理模式。它们并不在传统的国家或国际法概念体系之中,因为这些"安排"并不具有正式的约束力,但它们的法律用语描述准确,行使着实际的权力。这是因为,如果一个国家违反承诺事项,国际货币基金组织可以拒绝发放贷款的后续"部分",这在性质上显然是跨国的并且涉及许多国家。到 2000 年,根据世界银行的一份报告,研究的 79 个国家中有 77 个都采取了某种使用者付费的基础教育方案。

作者指出,尽管与国际金融机构的强制力相比,人权制度处于相对弱势的地位,但国际人权制度普及基础教育的方法已然胜出。世界银行认输了,随后还否认曾经倡导过在儿童教育上由使用者付费的教育体制。笔者认为,这是人权制度更具合法性的结果,加上跨国非政府组织的参与,因此最终获得了成功。1983 年至 2004 年间 70 多个中低收入国家(间隔一年)的数据表明,14 岁以下儿童教育人均支出及其在国家教育总支出中所占比例的关键因素，既不是人权公约的批准，也不是结构性调整协议的实施。相反，如果跨国人权体制内的国家同跨国非政府组织联系越是紧密，则越有可能提高儿童的人均教育支出。这些跨国非政府组织是重要的中介机构，传播与儿童教育支出有关的国际人权准则。总而言之，作者认为，跨国规范与基础教育之间、跨国规范与国家对国际人权制度思想的接受之间都存在着对抗，而跨国非政府组织是解决这些问题的重要力量。

第六章是海因兹·克鲁格（Heinz Klug）的研究"药品获取与南非的国家变革"。该章探讨的是国际和跨国知识产权、健康和竞争法给后种族隔离时代的南非带来的机遇和限制。克鲁格说明了在国际和跨国法律与制度带来的机遇和限制中，南非如何实现转型，并对相互竞争的政治、经济派系产生了影响。结果是，选择某些政策变得非常明显，而另一些则被放弃。克鲁格一方面研究全球或跨国体系模式与权力之间的相互作用，另一方面，他以国内社会问题为依据，研究国内政策中不同部门、不同地方和条件之间紧张关系的综合情况。这种相互作用导致了非线性的、不均衡的国家变革过程。

克鲁格评论了后种族隔离时代的新政府是如何在世贸组织成立期间掌权的，又是如何继承前任政府做出的承诺的。国内的政府官僚强调，南非法律长久以来一直保护专利权，而新的世贸组织《与贸易有关的知识产权协定》（TRIPS 协定）对本国并没有显著的贡献。但是，由非洲人国民大会活动家组成的新建卫生部门却不这样认为。他们在世界卫生组织中找到了自己的跨国同盟。虽然竞争法最初在南非并没有引起大量关注，但 2001 年南非加入国际竞争体系的行为，强化了该国的竞争法机制，并使用这些机制和法律手段来解决商业高度集中的问题，如医药业。克鲁格指出，政府和激进人士是怎样利用竞争法规范推进政府的"黑人经济振兴法案"目标，并且挑战"药品由制药公司定价"的惯例。换句话说，跨国法规被用于推动国内目标的实现。

第七章是布朗温·摩根（Bronwen Morgan）的研究"城市供水服务监管制度比较"。这一章研究的是跨国法律规范对南美城市供水领域的影响和限制。为了解决饮用水的问题，实权人物建立了一个跨国认知共同体。该认知共同体包括：国际和地区金融机构（世界银行和美洲开发银行）、多国私营供水公司（特别是英国和法国的企业）、跨国商业智囊团，商业非政府组织和大型企业支持的世界水理事会。有趣的是，因为美国的供水问题与法国和英国不同，在本质上具有地方性和分散性特点，所以它在这个领域的跨国发展问题上并非主导。该共同体在监管上推动了向"新自由主义"交易模式的转变：在这种模式中，供水服务由私营公司提供，但受到独立的监管部门监督。因此，供水服务的外包从公共部门转到私营部门，从而促进了新建监管机构的发展。多国投资者与政府主管部门之间存在冲突，这就要求双方依照双边投资协定关系进行国际仲裁，并且按照国际仲裁原则进行谈判。

摩根对阿根廷、玻利维亚和智利针对这种跨国模式的反应和运用进行了比较。她发现，虽然每个国家都在一些大城市实施水服务的外包条款，新建了独立的监管机构，但是它们的具体做法却截然不同。在玻利维亚，监管机构在政治上是被边缘化的。在阿根廷，联邦国家支离破碎，国内经济危机和政治环境紧张，政府的政治角色变化毫无规律可循。而在智利的政治环境中，技术统治论已经发展到了与政治要求相契合的程度。值得注意的是，智利的"芝加哥帮"（指皮诺切特政府中的一些高级官员，曾在美国的芝加哥大学获得博士学位）将跨国模式作为新自由主义政策的途径和切入点来进行推动。关于由跨国进程推动的跨国交易监管模式，摩根介绍了它是如何反过来促成玻利维亚和阿根廷的新政治，从而促进了参与式治理的替代性监管模式的发展。较之其他，这种变化影响了跨国政治，迫使国际和地区金融机构还有外国援助机构对跨国项目进行调整。

C. 总 结

第八章对本书的观点进行了总结，对跨国法律制度体系研究的影响进行了讨论。该章认为，跨国法规和法律秩序的社会法观点很大程度上扩展了我们的认识，让我们了解了跨国法律程序在面对制约时是如何工作的。与大多数只关注国内"遵守"国际法的单向研究相反，它突出了跨国法律程序的多向性和递归本质。结论部分讨论的是跨国法规和跨国法律程序发挥的调节作用及其权力配置，使国家法律和制度变迁不会成为国际权力政治。顺着这些方向，跨国法律制度体系的不同领域中还有很多研究工作要做。

　　跨国法律程序能够促进国家与其选民之间的合作，无论好坏，还可以极大地限制国家政策空间。不管行为人的规范性目标是什么，无论是限制金融风险还是提高人的尊严，只要能够理解跨国法律制度体系进程运作的原理和面临的挑战，这些目标就会变得更加有效。另外，对那些想要抵制跨国体制，并借此扩大单一民族国家内部政策空间的人来说，他们同样也会意识到，本书对跨国法律制度体系进行实证评估的重要性。

第二章　国家变革维度和决定因素

　　本章为跨国法律秩序做什么及其所面临的局限的实证研究提供了一个分析框架。第一节对国家变革的五个维度进行实证评估。评估这些维度能突出跨国法律秩序的深层含义。这五个维度是：（1）实体法和实践的变革；（2）国家、市场以及其他形式的社会秩序之间界限的变革；（3）国家体制结构的变革；（4）专业知识和专业角色在治理中作用的改变；（5）跨国问责机制和规范性框架下的联系模式以及制度化的变革。

　　第二节介绍决定国家变革范围、位置、时机和局限的因素，并将这些因素分为三组。影响跨国法律秩序的变量应该分三组因素来评估：（1）跨国法律规范和法律秩序的合法性、透明度和连贯性方面的特性；（2）跨国法律秩序与接受国在中介机构权力及法律规范传播方面的关系；（3）基于国内政治较量、制度依赖、法律文化和改革风险程度，跨国法律规范与国内需求的紧密度。更简洁地说，这三组因素蕴含着跨国层面上的法律和政治、国家层面的法律和政治以及介于两个层面之间的法律和政治。这些因素决定跨国法律秩序所带来影响的程度和局限，因此也决定了什么是规范性风险。

　　最后一节采用递归理论评估跨国立法和国内法律实践的相互作用。一方面，它显示了跨国法规通常是如何借鉴各国，尤其是强国的法律模式。另一方面，它显示了国家（包括较弱国家）对跨国法律程序的回应是如何推动跨国法律规范的重新评估，从而产生动态的、递归的过程。其间可能产生某种规范方案，直到它再次变得不稳定，引发新的递归过程。本章借助书中的案例研究，来说明跨国法律秩序如何以及为何会横跨重大领域对国家变革的不同维度产生多重影响，从而塑造法律的意义和实践（见表2.1）。

表2.1 国家变革维度

国家变革维度	相关学科
（1）国家法律和实践的变革	法律研究的重点
（2）国家、市场以及其他形式社会秩序界限的改变	制度经济学的重点
（3）国家机构和结构的改变	比较政治中比较制度分析的重点
（4）专家及专家角色在国家治理中作用的改变	专业社会学的重点
（5）跨国问责机制和规范性框架下的联系模式以及制度化的变革	组织社会学的重点

1. 国家变革维度

国家不是千篇一律的，而是各有各的特点。为了评估跨国法律秩序对国家变革的影响，我们需要区分变革的不同层面。除了塑造国家法律的实质内容，跨国法律进程对适用法律的机构和部门，以及其工作的规范性框架有更广泛的影响。思考国家变革维度这一概念有助于我们理解跨国法律过程的潜在意义及其限制，它们所面临的机遇和制约因素。

本节将跨国法律秩序影响下的国家变革用五个维度进行了分类，可以通过实证研究进行评估。在表2.1中列举了这些维度和与之研究相关的学科。[1] 相关学科的列举突出了跨国法律移植过程牵连的利害关系，以及对其进行跨学科研究和社会法律研究的必要。

第一个维度是国家法律和实践的变革，这也是大多数法律研究的焦点，它涉及另外四个更深层次的结构性和规范性问题，从而使跨国法律变革竞争成为焦点。第二和第三个维度涉及权力的转移和国家机构，而第四和第五个维度涉及特定规范性框架内的专家角色和相关模式的转变。这些维度是相通的，因为一个维度的改变会促使其他维度也发生变化。例如，跨国法律程序可以通过提高某些特定专家鉴定形式的权威性

---

[1] 本章将国家变革的维度分为法律、制度、专业和规范的变化，可以跨管理领域来识别。其他人则根据国家提供的规范产品，如安全、法治、民主自决和社会福利方面来评估国家与国家变革的不同维度。见 Leibfried & Zürn（2005）。

为国家创造新的需求，而反过来这又为国家机构之间的权力分配或者国家和私人秩序的边界带来压力。然而，区分这些维度却有助于对跨国法律秩序的影响和意义进行实证研究。

A. 国家法律和实践的改变：制定和实施

从法律学术界的传统关注焦点开始，跨国法律秩序促进了国家法律不同范围的变化。随着新的和修正的宪法纳入新的人权，它有助于修正宪法（Elkins，Ginsburg，& Simmons，2012；Klug，2000）。它引起刑法的变化，扩大了其管理的范围，例如，洗钱、贩卖人口、企业联盟、侵犯版权和商标。[1] 有学者（John Braithwaite & Peter Drahos，2000：85）写道："知识产权法发展中的一个显著特点就是刑法的更多参与。关于国家为什么要在以前一个民事问题的领域实施刑事处罚没有认真的讨论。"正如本书指出的，跨国法律程序推动不同管理领域管理的改变。从南非到中国，世界各地的国家法律都包括国际标准制定机构制定的标准（Büthe & Mattli，2011）。这些过程有可能导致"良性竞争""恶性竞争"或者监管严格性方面持续存在的差异。[2] 行动者操控这些过程，确定其在法律标准的跨国建设和本地应用方面的相对成功。

在国家法律体系内实施跨国法律规范可以有效地看成一个两阶段的过程。国内法律正式颁布（实证主义法律学者关注的焦点）后就是实际的法律实践、现行的法律（社会法律理论家的面包和黄油）。随着时间的推移，正式的法律变革可以为行为人提供工具，从而在监管实践中实现变革，但它们也并非一定要这样做。有约束力的国家法律可以正式颁布，但对实践可能几乎没有影响，而软法规范的改变可能会产生显著的实际效果。本书关注法律的正式颁布和实际实施，但尤其关注实践中跨国法律规范是如何被适用、修改或排斥的。

---

① 见 Machado（第三章）（洗钱）；Harding（2006）；Shaffer in Nesbitt（2011）（企业联盟）。

② 见 Vogel & Kagan（2004，31－32）（"证据……掷地有声地驳斥了全球化导致普遍的监管恶性竞争的说法"）。

B. 国家、市场和其他形式社会秩序界限的改变

跨国法律规范在国家内部可能会有更广泛的系统性影响。它们为重置国家、市场以及其他形式社会秩序的各自职能提供了规则和模型。① 它们能示意和呼吁国家多做或少做。在某些情况下，国家移交或外包先前的国家职能；另一些情况下，国家需要承担新的责任；还有一些情况，国家会创建新的公私结合的治理模式。这些变化既涉及国家直接参与经济生产（体现在私有化计划中），又涉及国家对生产的调控（体现在监管和放松管制的政策中）。总之，跨国法律秩序影响国家的公法、合同私法和社会惯例之间的权力分配以及它们的互动。

跨国法律秩序导致各国承担起传统意义上留给其他形式的社会秩序的责任。马查多的研究（第三章）记录了国家金融监管的传播，特别是刑事司法体系更大程度干预金融交易，从而减少金融保密和隐私。金和波义耳的研究（第五章）显示了如何用人权法向发展中国家施压，让其承担起提供免费初等教育的责任，增加国家的教育支出。克鲁格（第六章）也以人权法为依据，强调国家投资基本药物的新的压力。

然而，在其他领域，跨国的法律模式促使国家管理向私有化、解除管制以及监管更加灵活而转变，体现了冷战后的"新自由主义"政策。世界贸易组织具有约束力的规则以及国际货币基金组织（IMF）和世界银行行使的杠杆作用显著制约了在贸易、知识产权、产业政策方面国家监管的选择。例如，克鲁格（第六章）关注非洲国民大会一旦掌权后其初步计划对南非产业政策的约束。

跨国法律移植过程可能导致以前由公共机构执行的职能外包。韩礼德的研究（第四章）解释韩国和中国企业的重组管理权向法院和私人部门的转移。正如他写道，一个更"成熟的私人部门的发展……允许国家收回其对市场的干预，因为它可以赋予私人部门信心，只要它们最终是负责任的，通常是对法院负责"。与之类似，摩根的研究（第七章）评

---

① 在实践中，市场与国家和非国家的社会控制机构之间的界限模糊。国家/市场两分法只是预示在连续尺度上对政府治理选择的评估。

估了南美新的"交易"模式对市政供水服务规定的影响。这些变化分别是由跨国顾问和从业者社群与国际和地区金融机构协调合作推动的。这些变化是由一系列管理投资争议的国际条约支撑的，这些条约既要放松外商直接管制，又通过强制参考国际仲裁来降低国内仲裁的解决。

将传统的政府职责外包，并不意味着国家彻底放手。相反，国家转向一种转换机制，通过公私结合治理以及其他管理机制，达到更好的管理。正如勒维－法耳（Levi－Faur，2005：15）写道：

> 在资本主义管理中，国家保留了引导的责任，而企业越来越多地承担提供服务和技术创新的功能。这种新的劳动分工与国家重构（通过管理机构的授权和建立），以及通过建立内部调控和自我调节机制进行的企业重组（和其他社会组织）齐头并进。①

将提供服务的职能外包给私营实体的同时，一些传统意义上由国家垄断的领域就产生了新的公共机构、新的法规，以及争端解决的新形式（Morgan，第七章）。勒维－法耳（2005）追踪世界各地功能性监管机构的增长，这些机构以前并不存在。他还记录国家实体能力的增长，包括国家行政专业化和多元化水平的提高。决策者经常引进标杆管理、软法、信息交流和最佳实践方面的管理理念。跨国创新指标经济报告出国家做法及其后果，预示各国监管策略（Davis，Kingsbury，& Merry，2012）。例如，马查多（第三章）显示了信息共享、监控和行业监督在金融行动特别工作组（FATF）反洗钱核心工作中是如何作假的。

虽然跨国法律秩序的概念看上去与"国家撤退"② 概念有文献上的联系，但可以说国家并没有后退到需要重建的地步。③ 跨国法律秩序为市场经济提供了特定结构，转变了市场、国家以及其他形式的社会秩序之间的界限，影响了国家的作为。随着时间的推移，这些变化可能引起

---

① 参见 Rhodes（1996）；Ayres & Braithwaite（1992）。参见 Loya & Boli（1999）（关于全球标准的扩散，采用一个世界政体的角度通过如国际标准化组织等标准制定机构）。

② 参见 Glenn（2003）；Ohmae（1995）；Strange（1996）；Cf. Sassen（1996：XII）（"在这些条件下，全球化使得国家领土的部分非国家化，将国家主权的某些权力转移给其他机构，从超国家实体到全球资本市场"）。

③ 参见 Campbell（2004）；Leibfried & Zürn（2005）；Sorensen（2004）。

深刻的社会反响。

C. 国家机构和结构的改变

跨国法律过程不仅影响国家的作为，还会转变国家机构的权力分配，涉及制定、适用和执行法律，涉及不同部门或不同级别的政府。[①] 这些转变会导致不愿意放弃权力或者渴望获得权力的国家机构之间发生争斗。

人们经常争论，国际和跨国治理的扩张扩大了行政机构的权力，让立法机关成为橡皮图章，只会照例批准国际协商的结果。[②] 这种国家内部机构权力的转变确实发生在许多领域，促使人们分析用什么方法重新赋予立法机构权力（Slaughter, 2003）。然而，与传统的授予行政机构太多全球化权力相反，跨国法律秩序也可以加强立法机构权力和削弱行政机构权力。在许多国家，行政部门的自由裁量权已经被减弱，立法机关的权力被增强。在比较国家主导发展的经济增长模式下的权力分配时，这种转变尤其显著，在这种模式下，权力集中在行政部门的官僚机构中。有人（Katharina Pistor & Philip Wellons, 1999：6 - 7）关注亚洲立法活动的提高和行政官员自由裁量权的降低。韩礼德（第四章）在该地区破产法转型的研究中讨论了这些转变。监管权力下放到与行政权力相距甚远的独立机构的同时，行政部门的权力也同样遭到了削减。摩根的研究（第七章）也包括了这些过程，这一研究记录了跨国法律转移过程刺激拉美供水服务监管向独立机构的转移。

跨国法律秩序也影响到国家体系中法院的作用，有时为法院提供了新的杠杆作用，以增加它们相对行政部门的权力。在许多发展中国家，法院一直处于较弱地位，跨国法律为它们提供新的工具去维护自己。韩礼德（第四章）指出了公司破产的司法权在韩国有所增强，并且在中国

---

① 见 Kelemen（2004，269，270）（主张国际法律一体化加速了监管权力的集中化，但却发现这种影响一直不大）。

② 见 Richardson（2001，94 - 5）（认为全球化削弱了立法机关的权力）；Brew - ster（2003；Scheppele，2011）（"9·11"和随后全球安全反恐法的崛起授权有关立法机关和法院权力）；Zürn（2004：264）（论"行政多边主义"）。

和印度尼西亚也有增强的趋势。克鲁格（第六章）展示了法官如何被赋予权力去压制国家提供医疗服务中的官僚之手。摩根（第七章）表明法院在阿根廷市政供水服务纠纷中的作用日益重要。然而，跨国法律过程并不总是提高司法权，由于法院的失职，还可能将权力从法院转走，并分配到行政部门或其他独立机构。例如，在马查多的研究（第三章）中，国家主管部门宣称在洗钱的司法权方面制定新的刑事司法政策。

换言之，跨国法律秩序促进国家新的架构建设。它为创建全新的国家机构和重构现有的机构提供了规则和模型。各个国家的这些机制变化可能会展现出相同之处，尽管它们的实际做法可能会有很大不同。[1] 例如，世贸组织法要求新建专门的政府机构来处理专利申请，从而促进了发展中国家专利局的形成和扩展。然而，这些办事处在实践中的运作是不一样的。[2] 国家内部机构权力转变的方向，以及驱使这些变化的动力，都需要不断的实证研究工作。

D. 专家及其角色在治理中的改变

在对新法律颁布和国家机构重组的刺激过程中，跨国法律秩序使得专业性和专业权威产生了新的变化，从而促使个人和机构为此做出调整。这些发展可能引发管理向更加技术的官僚形式转变，远离其他形式的权威，[3] 如代表政府。[4] 它们开拓了专家行使权力的前景，并为个人和机构建立激励机制，使其在专业领域加大投入。新的专业发展起来，专业市场在改变，现有的职业道路开始适应新的机遇。个人，尤其是社会上的

---

[1] 论各国之间相同的变化，见（Boyle & Meyer, 1998）；Meyer 等人（1997）。然而，这些机构在实际操作中可能会出现分歧。见 Halliday, Machado, and Morgan，这本书涉及破产、洗钱和市政水服务的监管。

[2] Drahos（2010）；Drahos（2008）；Drahos（2009）。《与贸易有关的知识产权协定》（TRIPS）第8（a）条规定，世贸组织成员必须"提供正式加入世贸组织协议的日期，由此办法将该类发明的专利申请记录在案"。《与贸易有关的知识产权协定》，第70.8（a）条，1994年4月15日，马拉喀什建立世界贸易组织协定，附1C, 1869年 UNTS. 299；33 I. L. M. 1197（1994）。

[3] 这些变化可以在 Max Weber 的理性合法形式的理想权力类型中看到。Weber（1978, 212 – 301）（关于传统的、具有震慑力的以及理性/合法形式的权力的理想类型）。

[4] Kennedy（2005）；Picciotto（1996）；又见（Aman, 2004）。

精英，加大在自己获得或保留物质福利、社会资本和权力方面的投入（Dezalay & Garth，2002b）。

这些国内治理权力的变化发生在国家机构、私人秩序和公私结合形式的治理中。国家重组带来新的专业的竞争，国家管理新的活动，创造国内新的职位所需要的专业。国家外包传统的政府职能时也是如此。新的私人治理制度具备法律般的特点，需要专业人员的服务。[①] 这些专业人员使得国家为适应跨国法律秩序而调整商业行为和制度实践，正如马查多在有关反洗钱法的研究（第三章）中所展示的。反过来，当个人为专业有所投入时，他们也在支持特定的国家法律和制度变化中发挥重大作用。不同方面的专业往往相互竞争，如法学、经济学、会计学，这样就会使专业的利益相关者主张不同的制度变革，提高并保护自身的相对地位（Dezalay & Garth，2002b）。换句话说，这一维度的变化与其他维度相互影响，对国家机构的变革做出回应，同时也驱动了这一变革。

这本书的案例研究描绘了破产法、反洗钱法、知识产权法、竞争法以及市政供水服务监管等领域的新专业的发展。已经有新的专业在亚洲地区的破产服务（包括律师、会计师和破产专家）和南美城市供水服务（包括经济学家、管理顾问和律师）方面做出贡献，分别由韩礼德（第四章）和摩根（第七章）所展示。马查多（第三章）展示了个人行动者在向有关部门报告可疑行为的新义务时，如何履行新的职能，监管洗钱交易，从而创造新的职业岗位，为金融治理创造新的公私混合型治理模式。在南非、印度和巴西，贸易、知识产权和竞争法是新的专门领域，创造新的既得利益，不断改变行业方向。正如我前面就巴西的贸易法律和政策所写的：

> 国际上的变化有助于创造出新的专业鉴定的竞争，以利用国际贸易法律提供的机遇，包括法学院、政策研究机构、律师事务所、咨询机构、智囊团、商业协会以及不同的政府部门……这些体系中

---

① 见 Nonet & Selznick（1978）（以美国为背景所做）。参见更多最新的，Meidinger（2009）（食品安全私人监管研究）和 Calliess & Zumbansen（2010）（公司治理和法律研究）。

的参与者在巴西已经形成了贸易政策专家组成的社区，链接到一个更广泛的贸易政策领域的跨国社区。（Shaffer，Ratton‐Sanchez，& Rosenberg，2008：389）

无论是被公共或私人部门雇用，还是周旋于两者之间，投身专业的这些人在国家治理的专业领域发挥重要作用。这些人担任管道的角色，负责输送、适应和植入跨国法律规范。他们通过公共和私人部门的混合体系，一定程度上决定了特定专业知识的扩散和圈子。

E. 联系模式和规范性框架的改变

跨国法律秩序引起联系模式的改变，并通过传达特定规范框架的问责机制带来制度化的改变。政府内部和外部的个人和团体向跨越边界的机构负责（Keohane & Nye，2003）。通过持续互动形成新的联系模式。新的权力关系发展起来。这些问责机制反映出来的规范框架会影响忠诚度，影响法律的理解和实践，重塑法律文化和精英们以及（潜在的）更广泛的大众的法律意识。他们可以塑造个人"对'自然'的和正常行事方式的理解，谈话和行动的习惯模式，以及他们对世界的常识性理解"（Merry，1990：5）。

跨国问责机制由监测、监视和强制报告构成，这些对其同僚形成压力。国际组织直接监测各个国家的进程；各国政府必须向它们报告，而且这些报告必须通过正式审查。例如，世界贸易组织成员向各个委员会和会议报告其行动是否符合世界贸易组织的贸易和知识产权承诺。这些报告按世贸规则的规范框架编写和评估。同样地，金融行动工作组监督各国是否遵守财务公开要求，不仅为政府官员，还为监管以及举报客户交易的私人金融机构建立新形式的问责制（Machado，第三章）。儿童权利委员会同样监测各国是否遵守儿童权利公约，控制来自政府官员和非政府组织的干预（Kim & Boyle，第五章）。

跨国监督指标的建设已成为跨国问责机制的重要组成部分（Davis，Kingsbury，& Merry，2012）。这些指标越来越多地决定国际法律义务如何解释和衡量。这类指标的建设有利于进一步加强监测，潜在地塑造不同国家对于目标的理解，并改变其在特定规范框架内的行为规范。

应跨国问责机制的需求，各国应建立和发展特定的国家机构。政府机构和民间社会组织通过技术援助和能力建设项目获得资源。例如彼得（Peter Drahos，2010）说明国内专利局如何成为全球整合体系中的一员，在这一体系中，欧洲、美国和日本的专利局，以及跨国公司的利益是核心。有时候各国还会设计新的国家机构，甚至由跨国机构的顾问任职。摩根（第七章）指出发展中国家如何频繁设计国家水务局以及（在玻利维亚的水管理机构一例中）雇用国际组织和借调到该国政府机构的顾问人员。克鲁格（第六章）指出，世界卫生组织（WHO）如何借调一名官员与南非卫生部门一起工作。随着时间的推移，新的联系社区成为功能各异的不同法律领域的"俱乐部"。

这些进程影响着那些代表各个国家的民间社会组织在调解跨国和国内治理的关系时如何看待自己和自己的作用。跨国体系聘用特定规范框架内的国家政策制定者。它们可以对市场、独立机构和法院等机构的适当作用形成精锐的观点。当地需求应放在跨国环境下审视。通过跨国互动和实践的模式，传达全新意义的概念，这些概念可能被逐渐接受为正常和权威的。这些概念可以影响特定目标的定义以及如何进一步实现的方法。

这些联系模式的变化，以及通过问责机制及其附带的规范框架的制度化，可以塑造精英和更广泛的大众对自身主体性的认知（随着时间的推移）。① 在这个过程中，它们会影响精英和更广泛的大众，影响其法律意识和法律文化，影响精英和公众对国家的需求。这种压力可以促使其他维度的变化，如国内机构权力的分配。我们再次看到，这些维度的变化如何在一国之内相互作用。

---

① 正如 Mead（1934）解释说，个人的身份感是由社会互动形成的。另请参见 Friedman（1997）（法律文化研究）。

2. 解释国家变革位置、程度和局限的因素

跨国法律过程发生在制度路径依赖、社会历史和国内法律政策竞争以及调节国家变革程度的不同因素的综合背景之下。所以跨国法律过程对不同国家造成的结果是不相同的，因为它们可以影响到不同国家的变革的不同层面。因此，要了解跨国法律过程对国家变革的影响，我们必须明确解释引起变革的地点、时机和程度方面的因素。本节将跨国法律过程的影响因素分为三组，列举在表 2.2 中。这些因素中的每一个都可以被分离出来以备后续研究所用，但此处的目的是为解释影响国家变革的时机、程度、位置和局限的因素提供一个整体框架。

第一组因素包括跨国法律规范的制定；第二组涉及跨国法律秩序与接受国的关系；第三组涉及接受国的环境。第三～七章的案例研究阐明了这三组因素在不同领域如何运行和相互作用，从而影响国家变革的位置、范围、时机和局限。

表 2.2　决定国家变革的解释因素

三组因素及其组成部分	
跨国法律过程的特点和跨国法律规范的制定	（i）跨国法律过程的正当性 （ii）跨国法律规范的明确性 （iii）跨国法律过程的一致性
跨国法律秩序和接受国之间的关系	（i）权力不对称和接受国 （ii）中间机构的作用 （iii）控制历史事件的能力
接受国的环境	（i）国内需求 （ii）国内权力分配 （iii）国内机制能力和路径依赖 （iv）国内文化体系 （v）风险变革程度

A. 跨国法律规范制定的性质：正当性、明确性和一致性

这三组因素可被分解成不同的构成成分，如表 2.2 所总结。从跨国

法律秩序开始，这第一组可以被分解为三个方面：（1）促成规范权威的跨国法律过程的正当性；（2）跨国法律规范的明确性；（3）跨国法律规范是否具有一致性，能使不同的跨国法律过程相互补充还是相互冲突。总的来说，跨国法律规范的正当性、明确性和一致性影响跨国法律规范的制定。

1. 跨国法律规范制定的正当性与其权威的关系

来自不同学科的学者将正当性的概念运用于评估国际法和制度化的影响。[①] 正如其在社会学意义上的使用，正当性是指行为人对一个规则或机构应该遵守的主观信念。正当性指"一个普遍的看法或假设，即在某一社会建构的规范、价值观、信仰和定义的系统内，一个实体的行动是可取的、正确的，或者适当的"（Suchman，1995：574）。因此，跨国法律的正当性概念是与之相关的，因为它取决于主体是否视制度以及颁布和传达它的过程"正确"，从而具有权威性。[②] 只要在监管规范方面存在政治和社会斗争，行为人就会尝试巧妙地运用法律——利用法律潜在的合法化的权力来推进自己的目标。跨国法律秩序和规范越被认为是正当的，它就越有可能发挥规范性推动力。

跨国法律秩序的正当性可以从三个方面进行评估，即投入（过程的参与者）、效率（表征此过程的程序公正和审议的质量）和产出（有关一个过程如何实质性地回应一个问题的观点）。[③] 总的来说，某个国家内部的行为人更可能将以下几种情况下的跨国法律秩序视为正当：自己在建立中发表看法的；其过程程序公平，具有非强制性的、合理的论据；他们认为这样的秩序是有效的。总之，一个跨国法律过程的正当性确立应当按照代表性、程序公正性和感知有效性这三个方面有所不同。我们指的是"感知有效性"，因为它是唯一的事前对效果的感知，它塑造行为人对法律规范的正当性的看法。

---

① 见 Bodansky（1999）和 Franck（1990）（在法律方面）；哈利迪（2009）；哈利迪和 Carruthers（2009）；Hurd（2007）（在国际关系方面）；Suchman（1995）（在社会学方面）。

② 一个机构被认为是合法时需要权力（Hurd，2008）。

③ 参看 Bodansky（1999）（来源、过程和结果方面的正当性）；哈利迪和 Carruthers（2009）；Scharpf（1999）（区分输入和输出的正当性）。

合法化是权力的一个特征，合法和正当性都不应像一些法律文献中的概念所述的那样与权力相区别看待。跨国法律秩序通过不同的机制行使权力和权威，这些机制可以被归类为高压、互惠、说服和同化。[1] 换种表达就是，国内和非国内的行为人可以采取或调适跨国法律规范，因为他们在所施加的高压下被迫这样做，要么通过互惠交换，要么被说服，或被规范引诱去遵从它的正当性，他们觉得这样做于自身有利（Hurd，1999）。注重制裁作用的学者强调法律的强制性特征，但是通过规范程序确定该法律为正当的，法律也行使相当大的权力（如果不是它的最大权力），因为它反映了适当社会行为的规范准则（Tyler，1990）。正如梅里（Merry，2006：4）写道："法律塑造社会的力量不仅仅依赖惩罚，而在于成为日常社会实践中的部分。"简而言之，这些机制都是理想型的，在实践中它们相互联系、影响并互为基础。[2]

这些机制都以不同方式依赖正当性。如果相关的跨国法律秩序被认为正当进而是权威的，制裁可能就更加有效。因此，制裁措施将更加难以抗拒、难以避免，也难以通过争取第三方支持进行反抗。如果跨国法律过程被认为是正当的，它们也更有利于促进对话，从而导致说服和互惠交流。同化机制对跨国法律过程正当性的依赖更加直接，因为在这里涉及的法律规范中，行为人没有自己的利益。

迈克尔·巴尼特（Michael Barnett）和雷蒙德·杜瓦尔（Raymond Duvall）（2005）将四维权力观分析框架应用到国际治理中，即代理性、体制性、结构性和生产性权力。[3] 所有这些概念都应用于跨国法律过程

---

① 见 Ginsburg & Shaffer（2010）（讨论这些机制与 Braithwaite & Drahos（2000）七种机制之间的联系）；哈利迪和 Osinsky（2006）（八种机制）；Goodman & Jinks（2004）（三种机制）。如第一章所指，还有其他的机制促使国家法律和体制的变化，它们并不直接与跨国法律移植过程相联系，如国家之间的市场竞争。例如参见 Simmons，Dobbin，& Garrett（2008）（四种扩散机制，强调竞争和模仿的作用）。

② 正如 Hurd（2007：40）写道："高压、自我利益与正当性之间的关系是复杂的，每个都很少以其纯粹的、孤立的形式存在。此外，有时他们可能以一种模式，系统化的方式相联系，因为很多社会结构首先从高压的关系或个人利益关系中出现，最终被合法化。"

③ 彼特·迪格瑟（Peter Digeser）（1992：980）将权力的四种面相总结如下："在第一种面相下权力的核心问题是，'如果有人，那么是谁在运作权力？'第二种面相下是，'什么事项被调离议程，又是谁调离的？'在第三种（激进的）面相下是，'谁的客观利益正遭受损害？'在第四种面相下权力的关键问题是，'正在创造什么样的主体？'"

及其影响的评估，并且每个概念都对理解该过程中合法化运作的方式有所影响。第一，从代理性权力的角度看，行为人都有可变资源，这些资源会影响其塑造和动员跨国法律秩序的能力（Dahl，1957，1968）。它们同样具有可变资源来实施奖励和制裁，从而促使第三方遵守。因为行为人与跨国法律规范的正当性有利害关系，所以他们采取激励措施调动资源，以使跨国法律规范和过程正当化或非正当化。强大的参与者，比如美国，通常在利用跨国法律规范和过程使他们想要的政策正当化，并非正当化那些他们不想要的政策。然而，稍弱一点的行为体在法律的正当性的竞争中予以投资。在法学界，批判性的法律研究可以看作因认知上的结构性偏见而企图将公认的法律非正当化。

第二，从体制性角度看，跨国机构提出各方可能会有效改善问题和争论。正如彼特·巴卡拉克（Peter Bachrach）和摩尔顿·巴拉兹（Morton Baratz）（1962：948）所说，"当 A 致力于创造和加强各种社会和政治价值以使政治过程的范围仅仅限制在那些不损害 A 利益的制度惯例时，同样也在运用权力。"国际机构与跨国政策体系结构尤其倾向于选择那些不那么强大的国家（Gruber，2000）。他们为组织审议概念性的问题、诊断和解决策略提供分析框架。如若制度移植过程被视为合法，制度性权力更可能发挥有效作用。行为人投资于国际机构（和设立论坛讨论），因为它们可以提供合法化机制。

第三，从结构性角度看，跨国法律秩序极大地影响着行为人如何衡量替代政策的代价和好处，从而使行为人产生一种值得追求甚至构想替代政策的想法（Lukes，1974）。通过这种方式，他们可以影响行为人对自身利益的理解。

第四，从生产性（或构成性）角度来看，社会话语和知识体系可以塑造行为人对其身份和能力的主观理解（Foucault，1984；Guizzini，2000）。跨国法律秩序宣传某种身份和选择的观念，结果是，公共和私人利益相关者更有可能将一个给定秩序视为正常的、不可避免的，从而接受它。虽然这后两个权力观念关注的重点不是行为人，但那些通过跨国法律规范可以提供的合法化，能够使处于优势地位的这些人受益。

后两种权力观点在哈罗德·科赫（Harold Koh）、莱恩·古德曼

（Ryan Goodman）和德里克·吉克斯（Derek Jinks）的跨国法律过程理论中有所反映。科赫（1998：642）认为："重复参加到跨国法律过程中……帮助重建参与国的国家利益。"他将"跨国法律过程"视为"追求塑造和改变个人身份"、让政治精英和更广泛的社会"内化"国际法准则。[①] 同样，古德曼和吉克斯（2012）分析了同化的过程，这一过程中，涉事国家不加思考他们采取的规范是否符合其自身利益就将其社会化了。虽然科赫、古德曼和吉克斯在对这些过程的评估中基本保持积极的态度，人们并不需要摆出规范性的姿态来接受其权力和影响。对于我们而言，只要跨国法律过程被接受为合法的，它们就更容易塑造行为人的利益和身份，因而产生具有变革性的影响。

本书中的研究通常强调跨国法律规范的认知正当性是如何对国内法律变革施加影响的，当法律规范的正当性受到挑战时，强制又是如何不起作用的。例如，在韩礼德的研究（第四章）中，亚洲金融危机期间，国际金融机构成功地利用其强制性的财务杠杆迫使印度尼西亚实施破产法的改革。然而，这些形式的变化并没有以改变国际货币基金组织预期方向或程度的结果来实现。相比之下，联合国际贸易法委员会（UNCITRAL）在国家破产法改革的努力过程中已行使更大权力，因为引起其"示范规则"和"立法指南"的代表性审议过程被认为更加合法。参与 UNCITRAL 过程的国家行为人将他们在起草和批准中有权发表自己看法的模式带回，还将可以加强金融稳定和经济发展的议事日程的一部分带回该国。同样，金和波义耳的研究（第五章）显示出，世界银行的结构调整政策是如何强制发展中国家向用户付费基础教育转化的（截至 2000 年，为世界银行报告的 79 个研究国家中已有 77 国家采取了一些使用者付费的基础教育投资模式）。然而，这些努力都受到非政府行动者对其正当性的挑战，这迫使世界银行修改其政策。正如金和波义耳写道："截至 2001 年，世界银行悄悄地向相关国家表明它不支持用户收费的教育政策。……到 2006 年，世界银行被认为是对教育进行更大的公

---

① Koh（1998，629）。参看 Hurd（2007，388）（"合法化的执行过程是外部标准行为人的内化过程。内化发生于行为人能感觉到自身利益的地方，部分由自身以外的某种力量构成，就是存在于社会的标准、法律、法规和规范"）；Koh（1997）。

共投资的全球领先倡导者。"

2. 跨国法中硬法和软法的变量和跨国法律秩序的一致性

根据影响其权威性的不同特点，跨国法律秩序所产生的影响各不相同。跨国法律规范的变化形式已经有效地被概念化成软法和硬法，两者在强制性、精确性和授权方面都是相对的。硬法"指的是具有约束力的、精确的法律规范（或通过具体规定的判决或细节而精确），并有解释和执行法律的权威性"（Abbott & Snidal，2000：421 – 22）。相比硬法，软法指的是在这三方面中某个或全部方面都较弱的法律约定。这些方面的变化会影响到法律规范的明确性。例如贝斯·西蒙（Beth Simmons，2009：12）看到"规范和理性的理论家们探讨法律精度时将其视为合规的影响"时，援引了法律学者汤姆斯·弗兰克（Thomas Franck）的规范性角度和政治学家詹姆斯·莫罗（James Morrow）理性角度的研究成果。凡跨国法律规范更清晰，更少模糊，在国内正式采用时出现重大变化的概率就更小。[1] 类似地，随着时间的推移，若通过授权争端解决或不同形式的授权监督、同行评审和报告来详细阐述跨国法律规范，法律规范的明确性就可更加强化。[2] 例如，南非有跨国软法律原则，但没有具有约束力的国际法律约定，其竞争法发展比专利法更加适当地，同时又遵从于世贸组织的《与贸易有关的知识产权协定》（TRIPS）的相对较精确和有约束力的规则。这一结果令人震惊。虽然在某些情况下精确的法律规范可能会被忽略或回避，而模糊的法律规范可以以类似的方式被采用，更清晰的法律规范渐渐地提供与法律变化有关的更加明确的信号，从而为行为人实施国内法律规范提供更好的工具。[3] 总的来

---

[1]　在关于法律不精确性是否影响遵守情况研究中，有研究者（Yuval Feldman & Dorion-Teichman，2009）发现，如果因法律不精确而不是执行中的纰漏引起法律的不确定性，这种情况下人们不太可能会遵守。

[2]　见 Sandholtz & Sweet（2004）（随时间的推移国际法完善的动态过程的研究）。

[3]　有关跨国环境法律模糊规则实施问题的例子，例见 Talitman，Tal & Brenner（2003）。然而，在一个复杂的、瞬息万变的、经济风险高的社会，法律从业者可以操纵明线规则去规避原则中包含的更广泛的政策目标时，规则的精确和法律的确定性之间的关系是值得商榷的（Braithwaite，2002）。Franck（1990）也指出，在适应各种不同的环境时，相比适应更多情形的模糊原则，明确的规则并没有那么重要。

说，跨国法律规范越明确，越具有约束力，其含义被解释、阐述和在特定环境下被第三方应用，对国家和其他支持者来说就会越具有吸引力。行为人提升这些特点，以增强跨国法律规范的影响。

　　然而，跨国法律过程也可能相互补充或相互冲突，从而影响其一致性。[①] 不同的跨国法律秩序，如以贸易为导向的和以人权为导向的，只能解决一个监管问题。若它们相互补充，其杠杆作用可以增加。若它们发生冲突，跨国法律规范可能就会处于紧张状态，甚至相互矛盾，影响了它们的整体一致性。后一种情况下，国家和其选民对特定的跨国法律过程可以有更大的政策自由权。换句话说，即使一个跨国法律规范是精确的，按规定是必须履行的，如果其与另一个跨国法律规范关系非常紧张，国内行为人也可以很容易地找到办法来规避它。跨国法律过程中的冲突往往反映国家之间以及内部的政治斗争。跨国和国内的斗争可以互相配合，正如不同的本地行为人将相互竞争的国际组织和跨国体系视为他们的盟友。

　　第三～七章说明，随着时间的推移，跨国法律规范在不同领域互补、冲突和联合的过程，这些都影响其明确性和连贯性。随着时间的推移，由金融行动工作组所倡导的法律规范变得日益精确，并最终成为具有约束力的联合国公约，正如马查多在第三章中所论述的。联合国国际贸易法委员会在创立一个立法指南和示范法并被成员采用时，国际金融机构对国家破产法的建议和指导起到基础作用，如韩礼德在第四章中所阐述的。相反，金和波义耳的研究（第五章）阐述了两个跨国法律秩序如何使用不同的方式倡导使用者付费的基础教育投资方式，其中一项（联合国人权制度）在优先性上高于其他的原则（国际金融机构的结构性调整，通过融资条件推动的政策）。在克鲁格的研究（第六章）中，再次提供了关于知识产权和保护公众健康的不同的跨国法律秩序互动引起冲突的框架。然而，这些跨国法律秩序之间的紧张关系依然存在。尽

---

　　① 见国际法委员会（2006）；Raustiala & Victor（2004，279）；Shalfer & Pollack（2010）。Franck（1990，第6章）在其国际法正当性权力的研究中也讨论了一致性的问题，但他主要侧重于某单一规则中应用上的一致性。自他的研究之后，世界贸易组织兴起，有关国际法带来挑战的著作也得到了发展。

管世贸组织 TRIPS 协定的规定具有约束力，相对精确，并遵从第三方争端解决方式，南非积极分子还是能够利用国际人权和跨国竞争法反对药品专利保护的要求。因此他们通过获得药品的斗争过程垄断专利权，能够一定程度上对抗药品价格更高的压力。

B. 跨国法律过程与接受国之间的关系

影响跨国法律规范的第二组因素涉及跨国法律过程和接受国的关系。我们可以以自上而下的视角从结构方面，以自下而上的视角从代理和中间机构方面看待这种关系。宏观社会法律理论，如世界体系理论和世界政体理论，采取自上而下的方法，分别侧重物质和意识形态动力。世界体系理论具有唯物主义取向，其中结构性权力（无论是占主导地位的国家还是跨国资本）是国际关系的主要介质，并且这种权力是通过"核心"与"外围"国家之间的生产分工决定的（Robinson，2001；Wallerstein，2004）。相反，世界政体理论有规范性意识形态取向，"在意义和模型更广阔的世界文化背景下，强调民族国家的嵌入"（Kim & Boyle，第五章）。微观社会法律研究解决国内和全球行为人之间的互动模式，注重中介机构的作用。它们有助于我们"定位中间"，这是玛丽的话（Merry，2006），以此来理解国家变革的机制和动态。

1. 权力不对称和接受国

结构性力量的不对称长期推动着法律规范的跨国流动，正如罗马、拿破仑和殖民征服战争中反映出的那样。[1] 如今美国和欧洲是跨国法律规范的主要生产者，它们随时都有办法让其流动，并使其在全球范围被采用。它们通过知识和经验，加上技术援助、能力建设项目，以及其他因素传播管理方法达到这一目的。它们控制国际货币基金组织和世界银行的预算，影响其政策决策。仅仅因为其市场在经济上的重要性，它们的国家法规和私人部门采用的私人标准为全世界设定需求（Snyder，2002）。

结构性权力不对称为跨国行为人创造机会，使其使用经济胁迫等杠

---

① 参看 Whitman（2009）（强调基督教传教士的影响）；Mattei & Nader（2008）（强调物质利益）。

杆，重塑目标国家的制度和法律规范。金融危机等某些特殊事件也会提高他们如此行为的能力。强大的国家往往是这些跨国过程的幕后主导者，它们通过国际和跨国机构工作并与其协作。只有在结构性权力上处于较弱和低位的国家才会遵从经济胁迫的机制。如韩礼德在第四章中的研究所显示，亚洲金融危机期间，国际金融机构对印度尼西亚相比对韩国就实行了更多的杠杆机制，它们对中国没有行使杠杆作用。它们经常对发展中国家运行杠杆机制，制定社会政策，如第五章金和波义耳的研究显示的教育政策。当调控产生不对称的财务影响时，即牺牲一些国家的利益，使另一些国家受益时，经济胁迫是最容易使用的杠杆。这是一个知识产权管理的例子，克鲁格的研究（第六章）显示了美国政府企图以贸易制裁威胁南非，包括撤销关税优惠政策和切断外援，美国声称南非违反了世贸组织的法律希望通过这样的做法，来使自己的要求部分合法化。

尽管如此，本书的这些研究强调了强制手段在使用时的限制，提出质疑，如果在执行阶段只使用强制性的机制，那么到底会发生多少真正的变革。强制性措施可以使跨国法律过程不合法，因为它们会产生怨恨。一开始，强制措施可能会成功地引起象征性的法律变化（在法律文书方面），但最终在实际的法律实施阶段会受挫。这些案例研究既强调强制措施的运用又强调其局限性。亚洲金融危机期间，印度尼西亚应国际货币基金组织的要求对其破产法做出了重大改变，但在实践中执行往往受挫，正如韩礼德（第四章，Halliday & Carruthers，2009）中所示。金和波义耳（第五章）的研究同样显示出结构调整对发展中国家的教育政策的制约性，并且克鲁格解释了美国最终撤销对南非的关于专利法的法律挑战（第六章；Klug，2008）。

2. 中介角色

要使跨国法律过程有效，它们需要中介机构，熟悉跨国立法和国家应用两个过程的机构。中介机构是携带者，是管道，是跨国法律规范流通的切入点。[①] 它们可以在国家或地方政府层面进行操作，并且由公共

---

① 跨国法律规范取决于"人才和知识在南北国家之间的国际流通"（Garth & Dezalay，2009，123）。

或私人行为人组成，因此能够为跨国法律规范提供众多的"入境口岸"（借鉴自 Judith Resnik）。[①] 它们有助于诊断国情，监测国家发展和反馈的情况，以及翻译、改编、借用跨国法律规范以适应当地情况。通过与国际机构和跨国体系的联系，它们成为跨国认知共同体的一部分。它们在从人权法到企业监管法律的各个领域发挥中心作用。关于人权问题，玛丽（Merry，2006：1）强调"激进主义者在不同文化性别、暴力和公正的理解方面充当中介角色的作用"。在商业法方面，Kuk Woon - Lee（2007：245）指出，在韩国四个最大的律师事务所中，通过律师资格证的四分之三的律师在 1980 年至 1990 年去国外学习，主要是美国。用 Bryant Garth 和 Yves Dezalay（2010：113）的话说，中介机构是"产生跨国规范的可信性和正当性必不可少的"。[②]

　　某种程度上，跨国法律过程的影响是中介机构所决定的。布鲁斯·卡卢瑟（Bruce Carruthers）和特伦斯·哈利迪（Terence Halliday）（2006：529 - 32）根据能力、权力和忠诚度将中介机构进行分类。例如，中介机构可以在法律或经济方面具有更大的竞争力，在将国际法律文本翻译为母语版本方面有发言权，并对国家和国际层面的行为人持不同程度的忠诚。这些中介机构包括国际化的政府代表、专业服务提供者、学者、智囊团、政策分析师以及非政府组织和社会运动的领导人。若一个国家从文化上与跨国法律规范隔阂，当地中介机构往往就更少，更难以定位，并使得实施规范更具挑战性（Carruther & Halliday，2006：529）。

　　当地中介机构可以由跨国法律过程赋予权力，从而让自己在其中占据专业的一席之地。通过国家和国际联系，它们能够知道自己在国内外的发展情况，这为它们提供了信息优势。国际组织依靠它们来传达跨国法律规范，让其作用于当地，弥合文化差异，并在必要时，将跨国法律规范本土化。每个国家和政府组织依靠它们表达自己在国际论坛和跨国

---

　　① Resnik（2006）（联邦制体系下的入境口岸研究）；Resnik，Civin，& Frueh（2008）（讨论政府行为人的跨国组织或 TOGAs 的作用）；Sassen（2007，190 - 212）。
　　② Dezalay & Garth（2002b，34）称它们为经纪人和双重间谍，并指出精英如何"使用国际资格证书、专业技术和联系去筹集资金，可以再投资国内公开竞争"。

体系中的立场。当这些中介机构在该国采用跨国规范（无论是人权规范还是商业规范）中起利害作用时，就成为试图融入其中的重要盟友。

本书中的研究描绘了中介机构发挥的关键作用。中介机构分别在采用、改造和应用跨国破产、金融透明度和竞争法规范方面发挥了重要作用，正如由韩礼德等的章节中所示。金和波义耳还以数据统计的方式显示了在集团运作的跨国非政府组织的数量和该国采用国际人权义务去普及基础教育之间的关系，此研究过程控制了其他变量。

3. 利用历史事件

特定的历史事件为行为人创造机会，以此传递跨国法律规范，修订国内法律和制度。如柏林墙的倒塌和席卷拉丁美洲与亚洲的重大债务及金融危机等事件就提供了这样的契机。危机产生的不确定性动摇了有关法律和制度变迁的背景假设和利益观念。正如约翰·坎贝尔（John Campbell，2004：21）写道，历史事件可以导致有关"间断平衡"的变革过程，其中"危机打破了制度均衡和继续寻找一个新的……秩序，该秩序一旦制度化，将会迎来一个新的制度均衡的时期"。[①]

本书的每一个研究都抓住了特定历史背景下的跨国法律过程。如韩礼德（第四章）所阐述的，亚洲金融危机为跨国行为人迫使亚洲国家调整其有关破产的法律和机构提供了契机。摩根（第七章）指出继柏林墙倒塌之后，市政供水服务"交易模式"的开发和传播体现了20世纪90年代向新自由主义政策的转变以及对经济发展模式的重新评估。而马查多（第三章）指出，2001年9月11日对世贸中心的恐怖袭击事件以及来自美国的压力促进了金融行动特别工作组和联合国全新的发展。这些研究都说明了跨国法律过程如何利用历史背景以及如何被其限制。

C. 国内环境：国内需求、国内斗争和变革风险程度

虽然中介机构是必要的，跨国法律秩序的正当性、透明性和连贯性也是很重要的，但有了这一切并不充分。要了解跨国法律秩序和国家变

---

① 坎贝尔（2004，21）（援引自 Neil Fligstein 的研究）。又见（Hall, 1993）。

革，国内因素的研究仍然居于中心地位。可以说，国家变革最重要的决定因素是跨国法律改革的努力，国内权力结构以及承受变革风险的程度，国内选民和精英的需求以及发散性框架的需要。第三组因素包括国内需求、国内的政治斗争、国内的机构能力和遗产以及国内文化框架。总之，这些因素决定跨国法律规范如何被接受并在实践中落实，影响了国家的变革程度。它们有时会使得跨国法律遭到排斥，有时会引起重要的体制和法律变化，有时会因为一开始并没有考虑的目的而被借用。①

第一，当地有需求的话，跨国法律规范就更容易得以成功实施。有时，国内精英将支持，因他们相信法律改革将促进国外的直接投资，促进经济增长，这可能涉及国家间的竞争。② 有时，专业人士或商业利益集团推动其实施，因为改革能够增加他们的职业机会和商业前景（Deza-lay & Garth，2010）。有时国内积极分子支持，将改革视为杠杆，以反对当前的政府或私人行为（Klug，第六章）。

第二，跨国法律过程最终会满足国家政治环境下权力的配置。国际组织和跨国体系主张的法律和制度变迁，如破产法改革，似乎相当科学，会扰乱国内秩序下的事业和权力配置，激励管理精英和受影响的国内选民中的各派阻挠改革。这样的跨国法律改革的努力都难以实施，因为它们可以代表"国家本身的转型"（Hallidag，第四章）。正如 Dezalay 和 Garth（2002b：5）写道："成功的引进必然依赖国内的宫廷战争和输出国在专业人才方面的国际竞争。"对国家行为人而言，如果跨国法律过程可作为国内政治斗争的有效工具就是最成功的。

第三，制度路径依赖性和能力制约着国家变革。③ 在很多情况下，国家，特别是较贫穷的国家，缺少实施跨国法律的制度能力。在另一些情况下，国内一些机构会根据自身利益或从自身长远发展考虑促成一些跨国法律过程的接受。如果没有持续的压力，制度化的做法不会更改。

---

① 正如 Moore（1974，723）写道："社会安排往往比新法律更有效和更强大。"

② 见 Berkowitz，Pistor & Richard，2003；哈利迪和卡卢瑟，2009，339；Simmons，Dob-bins & Garrett（2008）。

③ 见 Campbell，2004，28 - 9，118（强调制度路径依赖的作用）；Peerenboom，2006，833（"即使移植过程中没有意识形态的障碍，地方机构可能缺乏实施改革的机构能力"）；Four-cade - Gourinchas & Babb，2002（提供四个国家接受新自由主义中历史机制变量的解释说明）。

Dezalay 和 Garth（2002b：14）由此断定，"特定专业人才的输出结果取决于输出国和引进国在多大程度上在相应领域的结构上存在相同性"。

第四，如果跨国法律规范与当地规范产生共鸣，则它们产生影响的可能性更大。与当时盛行的文化与制度规范和实践相一致的分散性框架在国内环境下最有可能被接受为正当的，无论规范涉及人权、商业还是监管。[1] 因此积极分子构建框架，在国家背景下提出诉求，如在挑战女性歧视时使用人权框架反对女权主义框架（Keck & Sikkink，1998；Merry，2006）。若分散框架和政策规定在国内建设中产生共鸣，当地行为人能够更有效地利用跨国法律规范进一步实现他们的目标。若跨国法律制度和当地的文化与制度环境之间的差距太大，而且变革的可能性也很大，那么跨国法律过程不太可能产生一个变革性的影响。

当地人民有自己的兴趣和想法，不只是简单地接受和拒绝跨国法律规范。他们还使用代理人，结合自身实际进行解释、重塑和借用跨国法律规范，为自己所用，建立自己的历史。[2] 通常规范转化的目的可能并不是跨国发起者考虑的。克鲁格（第六章）关于南非竞争法的使用说明了这一点。

尽管南非新的竞争法依照欧盟、英国和加拿大法规的模型，并借鉴了美国制定的法律概念，它也代表着全球规范和规则的混合使用，这些规则的设计既要适应国际限制又要抓住这些规范和规则提供的机遇，去追求南非特有的历史和社会背景下的特定国家目标。

在克鲁格的案例中，当地政府利用美国的竞争法规范，控制美资医

---

① 见 Berkowitz, Pistor & Richard（2003，174）（"法律中介机构……与大致兼容于先前存在的秩序和正式的法律，或已经适应于满足需求的法律合作时可以更有效"）。参见 Watson（1974）；Teubner（1998）（"法律刺激因素不能被国家化；它们不是从一些陌生的东西转化为熟悉的，没有适应新的文化背景，而它们将呈一个渐进的动态，在这一动态过程中外界规则的意义将被重建，内部环境将发生根本性的变化"）。

② 坎贝尔使用了"拼装"和"翻译"的概念。坎贝尔（2004，71，80）（"拼装的概念将我们的注意力集中于创造的过程，在这一过程中行为人决定如何根据需要结合体制元素"）。正如玛丽（2006，3）写道，有关女权的问题，当地行为人"借用、翻译，将跨国话语转换成本国语"，即转化成能与地方环境产生共鸣的术语。她强调"是借用而不是强加的过程"。另见 Dezalay & Garth（2002b，6）（发现"只有在当地情况允许它们被国有化为本国结构和惯例，国际上的输出才会成功。地方历史决定什么可以融入本地环境以及同化的东西怎样影响长期存在的本地实践"）。

药公司的药品价格，并授权新的黑人资本所有权。① 跨国法律过程不是简单地传递法律需要，而不考虑国内利益和风险。相反，它为国家行为人推进特定政策提供了工具。这样一来，跨国法律规范就能够相互渗透和混合。

本书中的研究均专注于国内因素在解释国家变革的定位、程度、时机和范围等方面的作用。它们解决了当地参与者在实施阶段阻碍和挫败跨国推动法律变革的势力。国际谈判和国内认可方面较弱的行为人可以成为阻挠跨国法律实际执行的强大力量。印度尼西亚可能比韩国和中国更容易屈从于经济胁迫，实施国际金融机构倡导的破产法改革，但这些改革在执行阶段往往受到阻挠，如韩礼德（第四章）所阐述。同样，拉美社会运动抵制市政水务改革的行动，在弱小国家，如玻利维亚，取得了成功，如摩根（第七章）所证明。克鲁格（第六章）解释了南非部分非政府组织在专利保护和药品获得方面的斗争取得成功。

然而，研究也解释跨国法律过程有助于加速国家内部制度和法律的重大发展。如同马查多（第三章）展示的，巴西，一个关注有组织犯罪的政府，使用金融特别行动组的跨国建议加紧银行监管，以实现国内打击有组织犯罪和腐败的目的。该政府对美国和欧洲恐怖主义的体系不太感兴趣，这刺激了金融行动工作组，使其加强活动。

与此相反，阿根廷的金融改革的努力不太成功，这是因为国内需求没有调动起来。同样地，摩根（第七章）研究了三个拉美国家的供水服务监管，每一个都"部分地将（监管控制）转变为半独立的管理体制，与跨国共识的体制建议极其类似"。然而，"这些机制实施动态的分析……揭示了国家间显著的差异"。例如，智利实施跨国行为人提倡的交易模式，但它逐步进行的城市供水改革却体现了智利政府国家优先的观念。韩礼德（第四章）研究了跨国模式同样给中国破产法改革的努力提供了样板，但中国是在经过大量的内部讨论之后，依据自己的进度采纳这一改革的。

---

① 如克鲁格在别处写道，"南非行为人借鉴正当性的外国资源尝试支持自己在这一过程中的观点"（Klug，2002，276）。另请参见 Hirsch（2005）（竞争法和黑人经济授权方案研究）。

跨国法律秩序（TLOs）的相对一致性和国内对法律变革的需求共时性之间的互动可以归纳如表 2.3 所示，该表涵盖本书中不同的主题和国家。

表 2.3　跨国法律秩序（TLOs）和国内环境的共时性

	高（跨国法律秩序一致性）	低（跨国法律秩序一致性）
高（国内需求的共时性）	公司破产法（韩国，中国）；洗钱法（巴西）；竞争法（南非）	市政水服务监管（智利）
低（国内需求的共时性）	公司破产法（印度尼西亚）；洗钱法（阿根廷）；知识产权协议（TRIPS）和专利（南非）	市政水服务监管（玻利维亚，阿根廷）

3. 跨国法律过程的递归

跨国法律过程是动态的、递归的，涉及国家和跨国法律和决策之间的互动。国家法律通常提供模型，然后通过跨国法律过程传递到其他国家。即使这些模型被国际和跨国机构接受，但在实施阶段，各国通常会抵制其运用。这将会引起跨国法律规范的重新评估。该阻力可以带动新的跨国协调、组织和立法的反向政治，导致跨国法律过程竞争。表 2.4 简要总结了国家和跨国立法过程之间递归的动态循环。

表 2.4　递归变化的动态循环[①]

流程 a：国际和跨国机构和体系传递，采用国家监管模式产生跨国法律规范。
流程 b：跨国法律规范传递到接受国，但在制定或实施阶段经常会遇到阻力。
流程 c：国家抵抗刺激新的跨国政治，从而引起跨国法律规范的重新评估和修改。
流程 d：修改后的跨国法律规范被传递到国家机构和移植过程中。

这种描述是一种程式化的描述，因为这个过程是多面的、多向的，既是自上而下又是自下而上的，协调与合作、竞争和冲突都会频繁出现，同时还涉及国家法规和跨国法规之间持续的相互作用。

---

① 进一步总结推动递归过程的外部和内部因素，参见哈利迪和卡卢瑟（2009）。

　　这种相互作用的强度依据规范性解决方法（如果有的话）的程度有所不同。一定范围的行为人参与其中，包括作为跨国和国内法律规范的导管和传递者而起关键作用的中间机构，它们使用一系列的机制，如前文所讨论的胁迫、说服、互惠交易、同化。

　　为了打破过程的"复杂性"，我们出于探索的目的，可以从不同的阶段来考虑它。第一，国内政策输出通常为跨国法律秩序提供一种模式，使得许多跨国法律规范代表全球化（或跨国化）的地方主义（Santos，2003）。美国和欧盟最常提供这些模型（Braithwaite & Drahos，2000）。当它们的模型没有通过跨国法律秩序进行推动时，美国和欧洲对跨国法律规定的抵制往往是明显的。然而，它们在提供模型方面的突出作用往往被专注于国际法文本研究的传统国际法学界忽视。例如，美国和欧洲的知识产权法成为世贸组织《与贸易有关的知识产权协定》的基础，它们的竞争法规范成为国际竞争网络原则和推荐惯例的基础，它们的反洗钱法的法律规定成为金融特别行动组的建议的基础，它们的破产法成为联合国国际贸易法委员会示范法和立法指南的基础。这些模型通过跨国法律过程传播，包括通过技术援助、能力建设、标杆管理、监督和执法措施传播。跨国法律过程有助于使这些法律输出正常化。

　　第二，接受国在实行这些跨国法律规范和制度规定时，往往遇到阻力。强大的行为人可能会在国际谈判以及国内跨国法律规颁布中占上风。而较弱的（或无代表的）行为人，无论是在国际谈判场合或在行政和立法面前，在实际实施阶段会强有力，正如韩礼德在第四章中所讨论的（另见哈利迪和卡卢瑟，2007）。这些对跨国法律规范的阻力可能引起跨国战略以及自身规范的重新评估。国内实施方面的挑战将向国际组织发送信号，说明什么法律规范将被接受，什么会被拒绝。从国家流向跨国的正面和负面的信号都可以迫使后者重新评估跨国法律规范的适当性，引发跨国立法的进一步迭代。

　　第三，国家对实施跨国法律规范的抵制可以催化新的跨国组织和立法政治的产生。例如，适应新自由主义的监管模式的跨国压力可以刺激推进社会福利和人权问题的政治联盟的产生，如克鲁格（第六章）有关药物获得的研究所示，摩根（第七章）关于市政供水服务和金和波义耳

（第五章）有关基础教育的研究所示。尽管国际和跨国机构倾向于对主导大国的利益做出反应，发展中国家和激进组织也可以通过它们在一个支离破碎的国际体系中的国际和跨国机构的选择影响跨国法律秩序（Helfer，2004）。它们经常这样做，为自身创造政策空间。

这样一来，国际和跨国机构发现，其精心起草的跨国法律规范在国家监管环境下不被接受或不可行，立法就可能会多次循环。因此，国际和跨国机构被迫重新评估它们推出的规范和体制模式，以及用于传播的机制。跨国法律规范可能产生数次更迭，直到形成解决办法，包括自己实行也让别人实行的协议。然而，由于各国在我们所讨论的方面有所变革，并且中介机构被授权，随着时间的推移，这些国家变革和中介机构可能会促进跨国法律规范的运输和借用，进而导致跨国法律秩序的更大融入。依据一国的政治状况，该解决方案可能是进步的也可能是倒退的。

每一项研究都体现了这些过程，让我们回到韩礼德的研究来举一个简单的例子。韩礼德（第四章，和韩礼德和卡卢瑟，2009）将以下四种推动递归的机制理论化：（1）法律的不确定性；（2）引入法律中的冲突；（3）如何通过法律来解决问题的诊断性斗争；（4）行为人不匹配。那些行为人在国内跨国法律规范的实施中行使权力，而在国际谈判阶段没有作为代表出现时，就会出现行为人不匹配现象。如果不考虑他们的利益，所达成的协议不太可能会得到有效实施，有可能引发新的递归循环。同样，如果参与跨国法律规范实施的国内行为人在国内立法中没有代表，他们将更少投资于法律的实施。在韩礼德的破产法研究中，在面对一系列危机引起全球金融危机蔓延的风险的担忧时，国际机构如国际货币基金组织、世界银行以及区域性发展银行主要依靠美国和英国的国家模式制定国际破产法规范。这些金融机构依据接受国的情况和中介机构的可用性，采用从胁迫、劝说，到效仿等不同的机制，向东亚地区的国家传播它们的破产法改革模式。然而，这些破产法改革的规定往往被接受国本地的行为人成功抵制，即使它们真的被制定进国内法律中，如在印度尼西亚，因为那些在国际和国家制定法律的过程中没有得到代表的当地行为人在实施阶段仍然保留权力。这种抵制导致国际规定需重新制定，将法律规范的制定权从国际金融机构转变为联合国国际贸易法委员会，在这个组织中，发展中国家有更高的代表权，也使模型本身具备更大的灵活性，同时在相关选择上保持了精确度。

　　总之，随时间的推移，跨国法律规范和制度模式作为动态的、多方位的跨法律过程的一部分要进行协商。本书中的研究说明了跨国法律规范受到抵制、调整和适应的时间和原因。它们通过研究与全球政治和经济权力中心关系不密切的国家的法律和体制变革，通过类似的实证研究实现这一目的。其中许多国家离这些中心很远，但它们的政治仍然可以引发跨国法律规范的重新评估。

第三章 差异中的相似：巴西和
阿根廷反洗钱法中的
跨国法律程序

十年前，巴西和阿根廷受邀参加反洗钱金融行动特别工作组（Financial Action Task Force，FATF）（下文简称特别工作组），其前身为经济合作与发展组织（OECD）成员国的精英机构。当时，这两个国家在实施反洗钱法规范时，在处理外国利益问题上持有非常相似的立场，都迈出了与国际标准接轨的第一步。大约十年后，巴西成为第一个担任特别工作组主席的拉美国家，而阿根廷却只得到特别工作组成员国的最糟评价。两种不同的发展轨迹让人不禁质疑成员国资格在跨国法律程序中所起的作用。基于巴西和阿根廷法律过程的比较，本章认为，具有国际标准制定的资格对国家变革所产生的影响极为有限。尽管如此，对于跨国法律秩序处理洗钱罪是否合法的讨论中，关于成员国资格的话题占据主导地位。

本章认为，正式会员资格是代表权（输入合法性）和决策过程参与权（过程合法性）的保证，却不足以明确地带来国家变革。相反，对这一点的关注往往掩盖了成员国之间权力的不对称，以及其中部分国家（如巴西和阿根廷）在跨国法律规范的重新评估和修改上的贡献较小的情况。因此，本章淡化了"成员与非成员"的分类方法，以便强调特别工作组成员国之间在其他方面的区别，如南北差异，或发达国家和发展中国家的不同。除开这些二分法的不同指标，本章还指出，巴西和阿根廷的研究，除了讨论正式代表权（或输入合法性）的问题，还对跨国法律程序合法性的另外一些问题有所讨论。

　　本章还谈到了关于跨国法律秩序处理犯罪和惩罚的输出合法性（即效力）的讨论。一方面，反洗钱法令的输出合法性被视为理所当然，另一方面，它一直是学者在寻求评估和衡量效力方法时非常关注的一个问题。在评估跨国法律秩序的效力时，讨论的核心是跨国法律秩序执行体系的特点。本章认为，处理洗钱罪的跨国法律秩序建立在两个法律领域之上：刑法和金融行政法。尽管这两种法有时针对不同的对象（个人、企业和执法机构）并采取不同的措施，但它们都是用来规范行为的。刑法是一个"封闭的领域"，它关注个人的监禁（Delmas Marty，2004a：33；Pires，2001，2008），①而金融行政法往往依赖信誉和市场处罚，依赖监督程序，以及一系列监管方法（Brummer，2011：307）。

　　在过去的二十年中，洗钱罪已成为大多数国际金融机构要解决的问题。克里斯·布鲁默（Chris Brummer）（2011：273）在国际金融法中提出了"劳动监管分工"的概论，"通过其规定，一系列国内和国际机构主管部门相互影响，既合作又竞争，颁布全球性规则和标准。"从金融行政法的角度来看，这一推动力准确体现出跨国法律秩序是如何解决洗钱问题的。正如本章所示，金融情报机构（FIUs）集中国家监管力度、制订地方规则、实施立法，并能在国际标准制订机构诞生之前代表国家。与此同时，特别工作组设定了"跨部门论坛"用以监管和评估合规情况。而通过刑法的角度观察同一跨国法律程序，则着眼于不同的机构、关注点和说辞。联合国（联合国大会、安全理事会和专门委员会）以及跨国合作和安全政策都是围绕传统的警察、法庭和监狱三位一体的国家刑法来进行的。

　　本章重点讨论边界问题，或者采用格奥尔格·齐美尔（Georg Simmel）（1994：5）具有启发性的提法——两个法律领域之间的纽带。其目的在于阐明跨国法律规范构建以及法律机制和思想的结合方式，这二者通常只与两个法律领域中的一个有关。着眼于两者间的联系使我们更加关注领域两端之间的"流动"。本章明确了刑法和行政法领域间的多种关系，

---

　　①　Delmas Marty 和 Pires 引入"现代刑法理性"的概念，吸引我们去注意现代惩罚制度强调的一系列观点（报应、威慑和狱中改造），从而导致我们从概念上就排斥其他法律分支提供的制裁和解决方案。参见 Machado（2011：684 – 8）。

并指出从刑法到行政法领域的"流动"比其他方式的"流动"更为明显和激烈。正如本章所说，反洗钱法令提供了两个领域之间概念上和机构上的纽带。我们对刑事和金融领域之间纽带的关注有助于缩小本章讨论的话题范围。因此，一些有趣的话题将不会被提到，这些话题有些从刑法产生（如犯罪前科、犯罪意图和证明责任），有些则从金融法产生（例如：致力于反洗钱规则的专业部门和经济部门、20 国集团的作用，以及金融机构之间的合作与竞争）。

本章介绍的研究基于公共文件以及 2007 年到 2010 年间公职人员进行的深入调研，他们代表政府和国际组织开展工作。[1] 参与跨国法律程序的机构提供的报告已经过评审，并且，两国的主要报纸都在设法理解跨国法律程序向本地民众传递信息时使用的术语。

选择这两个拉丁美洲国家有两个主要原因。首先，在不发达国家，讨论接受和实施反洗钱规范的文献并不多。现有的一些研究要么不是专门讨论拉丁美洲问题的，[2] 要么在谈到拉丁美洲国家时，只侧重于在某一特定领域对多个国家进行比较，却又没有提供相同的细节或重点。[3] 除了洗钱问题之外，也有一些研究令人关注，它们在跨国环境下从历史、社会或经济角度对比了巴西和阿根廷（有时也涉及其他拉丁美洲国家），但它们并没有解决洗钱规范的传播与发展问题。[4] 然而，这些早期的研究仍然有助于理解和解释巴西与阿根廷之间对比的结果。

其次，本章所选择的两个国家都被判断为具有"洗钱风险"，因此

---

[1]　更准确地说，在巴西利亚、里约热内卢、布宜诺斯艾利斯、巴黎和维也纳共进行了 12 次访谈。该研究也充分利用了与一些公私行为人的非正式谈话，由于不同的原因，这些人拒绝进行正式的采访。2010 年 1 月，通过电话再次进行部分采访，更新并探讨最近发生的事件，如巴西和阿根廷 2010 年特别工作组的报告。音频文件由作者保管。

[2]　参见如 Gathii（2010）（重点关注撒哈拉以南非洲地区），Wessel（2007）（以开曼群岛举例研究），Sharman（2008）（重点关注巴巴多斯、毛里求斯和瓦努阿图），以及 Tang & Ai（2010）（讨论从东欧和中亚几个"转型国家"出现的"通过但不执行"现象）。

[3]　参见如 Jorge（2010）（比较由特别工作组和 95 个国家中的地区机构相互评估过程形成的报告）和 Passas（2009）（比较来自 14 个国家关于恐怖主义经费的特别报告）。

[4]　如 Fausto & Devoto（2004）（一篇研究巴西和阿根廷 1850 年至 2002 年各自历史的文章）；Dezalay & Garth（2002b）（阿根廷、巴西、智利和墨西哥从 20 世纪 60 年代至 2000 年间人权、商业法律和机构的国际化研究），Salama（2009）（讨论了 2008 年国际金融危机在阿根廷、巴西和墨西哥的影响），以及 Lafer & Pena（1973）（对两国在国际关系中所起作用的探索）。

受到来自美国等强国的关注，后者要求它们采取行动"遏制和防止洗钱"（美国审计总署［GAO］，1996：29－30）。然而，尽管具有相同的出发点，两个国家所经历的以及正在参与的跨国法律程序实质上还是不同的，本章会讨论其中原因。简单地说，虽然巴西和阿根廷在与跨国力量的交流中拥有一些共同点，但他们在这个领域的内部发展方面存在显著差异。因此，这些过程的比较为讨论这一领域内国家变革的地点、程度及限制提供了有益的见解。

本章分三个部分。第一节叙述了跨国反洗钱法令的概况，重点放在三个显著的特点上：（1）软法与硬法之间的相互作用，（2）公私行为人及其利益之间的相互作用，（3）全球接受跨国法律秩序规则的要求。第二节比较了过去十年巴西和阿根廷经历的跨国法律程序。这一比较侧重于反洗钱法令的三大支柱：定罪、加在金融部门的行政责任以及建立金融情报机构作为一个新的国家机构。第二节还提供了由跨国程序促进的内部实质性变更的例子，这些变更可以响应国家需求。第三节讨论本研究所搜集的关于"跨国法律程序和国家变革"理论知识（Shaffer, Chapter 1）的证据。本章考察国家变革的五个维度，并讨论巴西和阿根廷例子中这一跨国法律秩序的合法性，以及建立和实施法律规范之间的递归流动。

1. 反洗钱法令：概述

在全球背景下解释当代社会规范的最新理论研究都讨论过或至少提到了反洗钱领域（Braithwaite & Drahos, 2000；Delmas Marty, 2004b, 2006；Kingsbury, Krisch & Stewart, 2005；Slaughter, 2004）。不同的学者已经通过"全球治理"（Wilke, 2008）、"国际法"（Doyle, 2002）、"金融监管"（Brummer, 2011）、"全球行政法"（Wessel, 2007；Gathii, 2010）以及"国际关系"（Hulsse & Kerwer, 2007）等视角探讨过洗钱现象，这些研究都体现了各位研究者独有的学科背景和理论兴趣。

作为"跨国法律程序与国家变革"研究项目（Shaffer, Chapter 1）的一部分，本章把一系列反洗钱规范性和政治性活动作为跨国法律秩序进行考察，并将之定义为"特定领域内的法律规范和相关机构的集合，能跨越国家的司法辖区管理行为"。（Shaffer，Chapter 1）。本章将会把在前文文献中引用的"制度""系统"或"政策"等概念评定为跨国法律秩序，并称之为"反洗钱法令"（AMLO）。

反洗钱法令的一个主要特点是它将金融监管和执法义务结合起来为犯罪控制策略服务。反洗钱法令宣称其目的是改变个人行为。它的核心思想是通过剥夺这些活动给个人带来的利润来打击犯罪活动。其想法是，如果没有犯罪活动所得，那些人就将不会具有参与这些活动的主要动机。① 这些条款的提出，使反洗钱法令可以阻止大范围的违法活动——非法贩卖毒品、武器和人口；恐怖主义；贪污腐败；以及有组织犯罪。

采用威廉·韦克斯勒（William Wechsler，2001：40）的说法，所谓"跟着钱走"的言论将"法律法规"和"毁灭性的、通常是血淋淋的现实"结合起来。如文献所述，"跟着钱走"策略之所以能实施，是由于其他形式的犯罪控制策略失败了，尤其是在涉及毒品走私的时候。② 从这些政策的出现就能明显看出，要达到反洗钱的目标，仅靠传统的刑法方式（"警察—法庭—惩治"）是远远不够的（Alldridge，2008：439；Levi & Gilmore，2002：340；Sharman，2008：640）。对私人金融中介机构的监管是查找并收回非法所得的必要条件。因此，为了保证各国能制定并实施适合个人和企业的规则，多国创立了一套新的法律规范。

从谢弗的定义出发，本章将反洗钱法令描述为"法律规范合集"，指出了个人、企业和各国自身的行为规则。该合集中的规范由不同的官方机关颁布，从具有严格法律约束力的规则到谅解备忘录条款，其内容也不尽相同。它们由一个广泛的执法体系支持，其中包括长期监禁、罚款和公司法人责任（针对个人和企业），以及政治和经济制裁（针对国家）。表3.1将跨国法律规范三个不同的接受者同反洗钱法令的法令规

---

① 联合国禁止非法贩运毒品和精神药物公约（1988）在其序言中表现出官方支持反洗钱规则的论调（致力于剥夺非法贩运活动参与者的所得，从而消除其从事这类活动的主要动机）。

② 参见 Alldridge（2008：440）；Andreas & Nadelmann（2006：147）；Levi & Reuter（2006：290）。关于"跟着钱走"策略的成本和效益的怀疑观点，可参见 Braithwaite（1993）。

范、权威来源和执法体系等三个方面联系起来。

表 3.1　反洗钱法令概况

	个　人	企　业	国　家
法令规范	法律明文禁止洗钱和"恐怖融资"（定罪）	客户尽职调查和记录保存 了解您的客户（KYC）和可疑交易报告（STR）	创建一个金融情报机构（FIU） 颁布和实施针对个人和企业的规范 为评估程序制定并提供信息
权威来源	国会颁布的立法	国家和/或行政部门颁布 监管规则，公司内部规定	40 + 9 FATF（FATF）的建议 埃格蒙特集团 联合国和区域公约
执法体系	国家刑事司法体系（警察—法庭—惩治）监狱服刑、罚款、没收犯罪所得	国家行政法：罚款和行政 合规性，"企业资本成本"和谴责	FATF 互评估过程——政治和经济

　　如表 3.1 所示，与"政权"或"政策"等概念不同，跨国法律秩序包含了起重要作用的法律和制度内容，它们范围广泛、相互影响。其来源和执法体系不会被视作"完全是国内的"，如刑事立法和法院的运作；而会被认为是跨国法律秩序一个不可分割的组成部分。从跨国法律规范的角度来看，国家刑法清楚说明了参与规则制定的多方来源。如第二节所示，在巴西的案例中，巴西的立法者充分利用了国外的立法和国际文件。在刑事诉讼程序方面也是如此：信息互换、国际合作，以及以某种特定的方式通过相互评估程序，法院的行为意味着它会对跨国机构负责。

　　表 3.1 可能不会显示反洗钱法令中的主导者是特别工作组。特别工作组由七国集团首脑和欧洲共同体委员会主席创建，以着手准备一份名为《反洗钱四十项建议（Forty Recommendations）（FATF 1990）》（下文简称为《建议》）的文件发起行动。1990 年，特别工作组的目标是通过完善国家司法体系、提高金融部门在监督和执法中方面的参与度，以及加强国际合作来建立反洗钱制度的指导方针。在文件发布之后，经合组

织（OECD）所有成员国都参加了进来，另外一些非经合组织国家也被邀请加入该计划。2000 年，随着巴西、阿根廷和墨西哥的加入，该组织的成员国数量得以增加。在之后的几年里，俄罗斯、南非、中国、韩国和印度也相继成为会员国（FATF，2010）。

本节不会系统地介绍表 3.1 中提到的每个来源和机构，而是围绕谢弗（Chapter 2）的框架，条理清晰地组织起来，讨论跨国法律秩序能有效引起国内法律和体制变化的可能性。他断定，一个国家中跨国法律秩序的三组影响因素之一就是跨国法律秩序规范的明确性和连贯性，以及接受跨国法律秩序的合法性，这均有利于形成规范性共识。明确性、连贯性和接受情况除了能作为概念工具来评估巴西和阿根廷制定的反洗钱法令（下文第二节）的局限性和变化度以外，这些观念还为展现反洗钱法令概况提供了一些有趣的切入点。

法律规范的明确性和连贯性能以不同的方式进行评估和讨论。鉴于要展现反洗钱法令整合的主要发展情况，这部分包括三个话题。首先是关于反洗钱法令规范职责范围的变化，在文献中经常通过"硬法"和"软法"的概念（Shaffer & Pollack，2010）被提及。第二个话题是关于个体行为人在反洗钱法令建设中参与度的提高。第三个话题涉及各国接受本套规范要求的独特性。这些发展涉及反洗钱法令规则的起源和主要进展，如表 3.1 中突出强调的，分别针对个人、企业和国家。接下来的三节勾勒了过去的 20 年中反洗钱法令在以下 3 个方面的发展：软、硬法的相互作用，公私行为人的相互作用，以及覆盖全球的目标。

A. 硬法和软法之间的相互作用

因为跨国法律程序具有多种来源（联合国公约，联合国安理会的决议、建议书、标准规范、原则声明，国家立法等），它们共同作用，让反洗钱法令规范涵盖了广泛的义务。我们还可以进一步囊括一些其他类型的文件，诸如缺少有效细节的国家报告，它们一般通过定期的新闻发布会和媒体报道广泛传播。一些文献着眼于《建议》和特别工作组流程，经常试图调解其中两个明显矛盾的特性：法律约束力不够而执行能力强大（Brummer，2011：304）。换言之，反洗钱法令的规范往往被描述为软法与硬法之间有"多种变体"的例证（Abbott & Snidal，2000：422；Shaffer & Pollack，2010：716）。

本节从不同的角度出发，采用软硬法的区别展现反洗钱法令的逐步整合与发展。更具体地讲，本节试图描述软硬法规范在跨国法律规范建设和变化中的动态关系。在反洗钱法令的不同阶段都能鉴别软硬法之间的这种相互作用。本节中，我们首先专注联合国公约和《建议》之间的互补过程。然后，通过关注两个法律秩序过程中国家实施硬法所发挥的主导作用，我们将在第二节讨论硬软法间第二层次的互补性。

洗钱和贩毒之间的联系被认为是实现反洗钱法令有效性的一种障碍（Stessens，2000：11 - 14）。《建议》率先扩大了洗钱可能依附的上游犯罪范围。1996 年，《建议》的第一次修订范围扩大到包括了"严重罪行"，2003 年则扩大到包括"最广泛"的可能的罪行（FATF，2004b：13）。一直到 21 世纪初，随着特别工作组进程带来的显著变化，才由打击跨国有组织犯罪（UN，2000a）和恐怖融资（UN，1999）的联合国公约确立了这一刑事政策正式的硬法地位。此外，对于其司法管辖下的每一项罪行，它们还需要采用一组辅助性非刑事措施。这两项公约都重现了自 20 世纪 90 年代初期特别工作组在洗钱方面作为软法采用的相同策略，即金融机构客户身份识别、维护更新记录和报告可疑交易的要求，而且创建了一个国家"金融情报机构"，并将其作为一个国家信息收集、分析和传播的中心（UN，2000：Article 7.1. a，b；UN，1999：Article 18.1. b）。此外，两个公约包含了对冻结或扣押犯罪所得、资金或等价物进行规定的长条款，以及为达到该目标的国内和国际程序（UN，2000a：article 12 & 13 B；UN，1999：Article 8）。尽管描述不太详细，这些问题在联合国《禁止非法贩运麻醉药品公约》（UN，1988：Article 5）中也有规定。

总之，反洗钱法令建设的一部分包含了硬法和软法文件之间的互补过程。联合国公约对贩毒的打击为给洗钱进行定罪铺平了道路。根据《建议》，直到关于打击有组织犯罪和恐怖融资的联合国公约得到批准以前，对上游犯罪范围的扩大仍然是"软法律"规则。这种互补的相互作用完全支持谢弗和波拉克（Shaffer & Pollack，2010：765）的假设：软硬法很可能"作为补充以逐步发展的方式进行工作"。根据作者的观点，它需要"在一个既定的领域内，最有权力的行为人之间具有广泛的政策共识"（Shaffer & Pollack，2010：765），在反洗钱法令中，情况确实如此。

B. 公私行为人利益的相互作用

反洗钱法令的第二个显著特点是在跨国法律规范建设中公私行为人之间的相互作用，在这里被运用到金融部门（见表3.1）。正如马克·普莱提（Mark Pieth）和杰玛·艾奥尔非（Gemma Aiolfi，2003：360）所解释的，《建议》中针对金融部门的相关规则整合了瑞士、英国和美国三国国家战略以及一份由美国巴塞尔委员会（the Basel Committee）起草的国际建议（1988）。在此背景下，人们认为，仅靠国家本身，对私营部门的监督是永远无法真正实现的（Levi & Gilmore，2002：340）。巴塞尔委员会认为，防止银行系统被犯罪分子用来转移资金是对这一系统性问题的回答。人们主要担心的是，银行与罪犯无意中的联系可能会削弱公众对银行的信心，并因此削弱整个银行体系的稳定性。巴塞尔委员会准则是后来金融行业中实施的跨国法律义务的基础。然而，人们认为，特别工作组对这些原则的规范化还不足以指导实施过程。普莱提和艾奥尔非认为，20世纪90年代是银行监管者与银行协会关于实施这些规章而斗争的十年。据他们说，其结果"是把一些相当不同的规则拼凑在一起，其效果会增大监管竞争和监管套利，从而使得洗钱者能够从各金融中心间的这些差异中获利"（Pieth & Aiolfi，2003：360）。

此外，玛丽·威尔克（Marie Wilke，2008：516）呼吁人们注意一个事实，《建议》的模糊性在促进反洗钱法令与私营部门日益增加的相互影响上发挥着重要的作用。将近十年后（20世纪90年代末）一些主要举措才得以制定出来，当时"支持者与美国和欧洲的一些主要银行谈话，以说服他们走到一起，并定出一个通用的反洗钱标准，这一点对银行有利，也对广泛的社会有利"（Pieth & Aiolfi，2003：361）。根据这一倡议，以及对自身内部合规规则的互相交流和讨论，一批大型银行于

2000 年在沃尔夫斯堡推出《全球私人银行反洗钱准则》。① 在这之后，沃尔夫斯堡集团还相继颁布了其他一些关于共同基金、代理行客户和贸易融资等问题的文件。

在反洗钱法令的建设中，允许私营部门积极参与的举措有助于解释从"以规则为导向的"监管向"以风险为导向的"监管方法的转变。于是，除非银行发现某些风险指标，他们会允许以一种更简单经济的方式监管交易。2003 年，特别工作组对条例进行了修订，并将其纳入沃尔夫斯堡准则（Wessel，2007：188；Wilke，2008：518）。

C. "人人参与"口号

反洗钱法令的第三个显著特点是它的全球性，是按照完全符合全球每个金融中心整套规则的要求来设想的，这样才能保证法令得以生效（Doyle，2002：295）。②《建议》首先表达的观点是：虽然在美国洗钱控制已经是当务之急，定期评估仍会"刺激国家给予这些问题高度的重视"（FATF，1990：28）。③ 由于"威胁的无国界性"，世界范围内要求接受反洗钱法令已经逐渐得到认可（FATF，2010：9）。④ 根据这一观点，仅仅在某些国家有反洗钱规则是没有意义的，因为，如果有些国家不合规，将会给他国的刑事调查和钱财追踪工作带来障碍。在过去的 20 年里，特别工作组制定了不同的方案，以评估反洗钱法令规范的合规性、实践性和有效性，并清楚认识到，通过立法颁布正式合规性条款还是远远不够的（FATF，2004b：8）。

特别工作组使用两个主要标准评估合规情况，一是"由成员制定规

---

① 沃尔夫斯堡文件可参见网站 http://www. wolfsberg - principles. com（2011 年 2 月 28 日）。

② Doyle（2002），在讨论特别工作组有效性的同时，提到"该组织的老生常谈：这些规定无法实施仅仅是因为它们还没有被全盘接受"。又见 Sharman（2008：641）和 Alldridge（2008：458）。

③ 关于美国在这方面主导地位的详细说明，参见 Wechsler（2001：48 - 51）和 Braithwaite & Drahos（2000：105）。

④ 参见 Sharman（2008：640）和 Van Duyne，Groenhuijsen & Schudelaro（2005：120，139）；为"威胁形象"提供了批判性分析，该作者指出，反洗钱政策已经散发出"现代启示录"中救世主一般的热情。

则",另一个是"规则适用于非成员"。这种正式的二分法体现了合法性观点,也就是说,各国必须参与制定,或者至少要主动接受适用于他们的规范。虽然"成员与非成员"的二分法可能很好地描述特别工作组头13年的活动,但自2004年以后,特别工作组成员资格和监控规则的转变让这个方案变得含糊起来。

自从开展活动以来,特别工作组就已经为成员国和非成员国建立了两套含有不同规则和方法的程序。成员国之前常常根据《建议》,通过"自我评估"和"同行压力"机制进行评估。20世纪90年代为成员国举办了两轮相互评估。与此不同的是,非成员国家有可能被列入分布广泛的"不合作国家或地区"(NCCT)之中,还可能会遇到那些旨在阻止特别工作组成员国与该国自然公司进行交易的防范措施。设定"不合作国家或地区"的过程始于2000年,并在文献中进行了广泛讨论。[①]

自2004年以来,特别工作组已经改变了这种情况。首先,该组织开始给"特别工作组区域组织"(FSRBs)授权"准成员"的资格。[②]特别工作组区域组织成员中多数曾经是用"不合作国家或地区"制度进行评估的国家。这个新方案将同行压力和自我评估机制扩展到100多个新增国家和地区。这样做并没有影响特别工作组的决策过程,但可以说这样做降低了所谓"不合作国家或地区"制度合法性的不足。

第二,特别工作组于2004年发布了名为《合规性评估方法》的普遍适用性文件,被定义为"一种协助评估者评价国家是否遵守了《建议》的工具"(FATF,2004b:5,82)。2005年,在新规则指导下开始了第三轮相互评估。国际货币基金组织和世界银行等国际组织,基于特别工作组合规性评估方法,在对非成员国的评价中开始发挥积极作用。

这种将非成员视为不合作国家或地区对待的情况一直持续到2006

---

① 例如,参见 Alldridge(2008:444 - 5);Blazejewski(2008:18 - 25);Doyle(2002:295 -);Hulsse & Kerwer(2007:626);Levi & Gilmore(2002:353 - 4);Mugarura(2011:65 - 6);Sharman(2008:644 - 6);Wechsler(2001:48 - 51);Wessel(2007:175 - 7,195);和 Wilke(2008:513 - 15)。

② 有九个特别工作组区域组织拥有准成员资格。共计包括181个国家和地区,但其中一些属于不止一个特别工作组区域组织(FATF,2010:10 - 11)。又见 Blazejewski(2008:23 - 45)(详细列举了特别工作组机构的伙伴关系)。

年，那时该组织认为所有国家都已经取得了长足发展，不用再列在该名单中。2007 年，特别工作组出台了新策略来应对那些他们认为在反洗钱方面面临高风险的国家。所谓的国际合作审查小组（ICRG）一直在对这些有关司法管辖区的特殊行为进行分析并给出建议。特别工作组发布的公开声明将国际合作审查小组的担忧系统化并发布出来。如若司法管辖区未能解决已识别出的不足之处，"特别工作组会采取额外措施呼吁其成员，并敦促所有司法管辖区采取应对措施，以保护金融部门不受洗钱和由此带来的恐怖分子融资风险的影响"（FATF，2010：28）。

其结果是，2004 年或 2005 年后，在群体早已多样化的特别工作组中，组织成员开始包含准成员国（FSRB 国家）和观察者成员国。之所以做出这种扩充是为了向尽可能多的国家提供代表权（或输入的合法性）。在全体会议（由特别工作组决策机构构成）上，每个特别工作组成员国拥有一票，九个特别工作组区域组织也一样。[①] 正如我的访问中所指出的，特别工作组因此成为一个决策过程丝毫不受影响的"全球性组织"。即使在给 100 多个国家授予"二级成员资格"之后，特别工作组全体会议仍然能够独立做出决议。

除了正式的代表权，每个国家能够向特别工作组输送的专家数量在决策制定过程中也起着关键性作用。对于一些国家，例如美国，其特别工作组代表团成员包括具有广泛专业和背景的专家。相比之下，巴西和阿根廷输送的团队人数通常较少，巴西在 8~12 个之间，而阿根廷则只有这个数量的一半。[②] 代表团的特色不仅在维护各国的利益方面很重要，还会决定各国是否能参与各个工作小组中去。

通过这些不同机制的评估，特别工作组的结论是，其标准已经得到"世界各地 180 多个司法管辖区的认可"（FATF，2010：10）。然而，如本章对巴西和阿根廷的评估所示，不同的司法管辖区对这些规范的接受度相差很大。

---

① 因此，拉丁美洲由四票代表：巴西、阿根廷、墨西哥和南美反洗钱金融行动特别工作组（GAFISUD）（也代表着其他七个非特别工作组成员的国家）。

② 同样是根据访谈内容，巴西向批准相互评估报告的全体会议派出了 22 名代表，阿根廷则为 10 名。

2. 巴西和阿根廷的国家变革

本节按时间顺序描述国家变革这一过程的主要内容，包括已发行和已评估的文件，以及随之带来的法律和制度上的变化。然后，对比巴西和阿根廷如何回应并实施反洗钱法令的三大中心支柱：（1）洗钱罪行的定罪；（2）某些经济部门识别客户身份、保存记录和报告可疑交易的义务；（3）国家金融情报机构的建立。本节最后总结了在巴西出现的相关改变，这些改变可以看作在反洗钱法令没有要求的情况下出现的结果。

A. 跨国法律程序

表 3.2 总结了特别工作组成员国之间的相互作用和监管活动，以及这两个国家所产生的法律和体制变化。此表为理解在跨政府监管体系中充当节点作用的众多国际组织和区域组织提供了指导，从而有助于反洗钱规范的传播，以及各国内部制度和政策的制定。

表 3.2　巴西和阿根廷反洗钱条例（AMLO）

	巴　西	阿根廷
1988：联合国禁止非法贩运麻醉药品和精神药物		
1990：FATF《四十项建议》		
1995：埃格蒙特集团成立。1995：美国报告将巴西和阿根廷列为"高风险"管辖区		
1996：美洲药管/美洲国家组织（美国药物滥用管制委员会）制定了一个洗钱监管规范	1996：司法部长根据"国际标准"为反洗钱立法做准备	

续表

	巴　西	阿根廷
	1998：9613 反洗钱法。 将洗钱列为严重刑事犯罪罪行，并创建了金融情报处理机构（金融活动监管委员会）（COAF）	
1999：FATF 邀请巴西、阿根廷和墨西哥作为观察员参加全体大会。 1999：美洲药管/美洲国家组织创建一个反洗钱机构	1999：COAF（巴西金融情报处理机构）成为埃格蒙特集团成员	
2000：FATF 邀请第一批拉丁美洲国家（巴西、阿根廷和墨西哥）成为成员国	2000：巴西进行第一次 FATF 评估。FATF 认为巴西除了金融保密的规定之外，完全合规	2000：25246 反洗钱法。 将洗钱罪纳入刑法典中所有现行犯罪之列。 FIU 正式建立
2000：FATF 开始"非合作国家或地区"（NCCT）政策（未完待续）	2000：阿根廷举行第一次 FATF 评估。尽管指出了几点不足之处，FATF 认为阿根廷符合成为成员国的最基本条件。 2001：FATF 制定关于金融恐怖的八项特别建议	2001：新的银行保密法（LC 105/2001）消除了FATF 指出的不足。 2001：由于不合规，FATF 发出警告
2002：沃尔夫斯堡打击恐怖主义融资的原则和声明发布		2002：得到联合国打击跨国有组织犯罪公约认可
2002：联合国打击恐怖主义融资公约生效。 2002：南美反洗钱金融行动特别工作组（GAFISUD）开始运作		
2003：联合国打击跨国有组织犯罪公约生效	2003：恐怖主义融资被认为是洗钱的上游犯罪（10.701/03 法）	2003：FATF"现场"访问第二轮评估（10 月 20 日）
	2003：设立专门的联邦法院。（联邦司法委员会 314/2003 决议）	2003：修订定罪和没收规则，部分遵守建议

	巴　西	阿根廷
	2003：FATF"现场"访问第二轮评估（9 月）	2003：金融情报处理机构成为埃格蒙特集团一员
2004：FATF、世界银行和国际货币基金组织同意并批准遵守评估方法	2004：得到联合国打击跨国有组织犯罪公约认可	2004：FATF/南美反洗钱金融 FATF 第二次评估报告得到 FATF 全体会议批准
	2004：FATF/南美反洗钱金融特别行动工作组第二次评估报告得到 FATF 全体会议批准	2004：10 月全体会议做出后续进度报告
	2004：设立 DRCI – 巴西中央权威（司法部）。 2004：设立 ENCCLA（下面介绍）	
	2005：得到联合国打击恐怖主义融资公约的认可	2005：2 月、6 月和 10 月全体会议做出后续进度报告。 2005：得到联合国打击恐怖主义融资公约的认可
	2006：ENCCLA 规划包括反腐	2006：FATF 高层代表团访问阿根廷，验证其进展（3月 30 日）。 2006：金融情报处理机构证明银行和证券记录的获得不严格（26087 法 – 4 月 24日）
		2006：重组金融情报处理机构委员会（26119 法 – 7 月26 日）。 2006：向国会递交反恐怖主义融资草案（12 月 20 日）。 2006：设立"国家协调办公室"，为"国家议程"做准备。 2006：130/260 决议设立总检察长办公室下的防止洗钱和恐怖主义融资财政部门（UFILAVDIN）

续表

	巴 西	阿根廷
2007：发布新的 FATF 规划（国际合作审查小组 [ICRG]）	2007：管制会关于恐怖主义和"政治公众人物"的决议	2007：关于洗钱和恐怖主义融资新立法（26.268/07 法）。在刑法中加入新的一章，叫作"恐怖主义协会和恐怖主义融资"
		2007：FATF 全体会议批准进度报告，并结束第二轮评估。 2007：总统通过有关洗钱的国家议题（1225/2007 法令）
	2008：巴西成为首个担任 FATF 主席的拉丁美洲国家	
2009：20 国集团明确关注洗钱问题（FATF 年度报告 2009：5）	2009：FATF/南美反洗钱金融 FATF"现场参观"第三次评估（10 月 26 日—11 月 7 日）	2009：FATF/南美反洗钱金融行动特别工作组"现场参观"第三次评估（11 月 16—27 日）
	2010：第三次双向评估。FATF 全体会议批准了巴西双评估报告（6 月 25 日）	2010：第三次双向评估。FATF 全体会议批准了阿根廷双向评估报告（10 月 22 日）。 2010：阿根廷接待 FATF 高层代表团（12 月）

　　我们的讲述从 1995 年开始，当时美国国务院根据巴西和阿根廷在反洗钱活动中面临的风险程度将二者定义为"中高"风险的国家（GAO，1996：29 - 30）。① 尽管这两个国家在五年后才正式参与特别工作组，但在这时他们已经为洗钱罪的定罪做出了一些努力。

　　根据 1998 年巴西法律的制定者表示，特别工作组的《建议》是巴西拟定国家政策的影响因素之一，其中包括洗钱的宽泛定义、金融情

---

　　① 巴西和阿根廷在"主要洗钱风险国家（1995）"名单中均被列为"中高"风险国家。"高"和"中高"级国家共达 33 个，文件中表示这些国家"需要采取行动来制止和防止洗钱，以便在国际洗钱问题上有所进展"。

机构的建立，以及对可疑交易进行强制性报告的制度。我在该法律制定时对司法部长进行了采访，他指出，巴西对该政策的兴趣更多来自和美国代表在毒品问题上的联系，而不是特别工作组的倡议。特别工作组做出报告，正式邀请巴西成为特别工作组成员国，这表明"巴西在一个相对较短的时间内已制定出一项全面的反洗钱计划并已经开始实施"（FATF，2000：10）。当时发现的唯一问题是缺少成功的起诉和定罪，特别工作组将其归为"巴西反洗钱制度所取得的相对最新的成就"（FATF，2000：11）。

相比之下，阿根廷是在以观察国身份被邀请参加特别工作组会议之后，才开始实施反洗钱的广泛原则。在此之前，在阿根廷，洗钱罪只与贩毒罪有关，体现了联合国公约（1988）精神。虽然阿根廷 2000 年 4 月通过的 25246 号法规还需要极大的改进，但是特别工作组将它的通过视作阿根廷开始承担义务的标志（FATF，2000：9）。2000 年，尽管特别工作组检查出阿根廷存在许多不足，却还是决定邀请阿根廷加入该组织。

特别工作组和南美反洗钱金融行动特别工作组（Grupo de Accion-Financiera de Sudame' rica，GAFISUD）都密切监控着巴西和阿根廷两国加入特别工作组之后的情况。南美特别工作组创建于 2000 年，是与特别工作组相同类型的组织，为进行对拉丁美洲国家的评估而建立。截至 2011 年 5 月，特别工作组已对巴西和阿根廷这两个国家进行了三次评估。2000 年初，特别工作组分别对两国进行了第一次评估，审查它们是否达到加入该组织的最低要求。2003 年，特别工作组和南美反洗钱金融行动特别工作组的代表进行了第二次评估，以了解两国对反洗钱制度的遵守情况，并提出改进建议。2009 年，特别工作组和南美特别工作组主持了这两个国家的第三次评估。最后这两个国家的报告在特别工作组全体会议上获得通过，并分别于 2004 年和 2010 年公布在特别工作组的网站上。

特别工作组在其 2004 年 7 月的年度报告中发表巴西和阿根廷反洗钱制度第二次评估的"执行摘要"。这次评估是在特别工作组的评审人收集到的信息基础上进行的，在 2003 年两国司法和行政部门、金融机构和私营部门召开会议期间，他们对两国进行了访问。访问过程包括来自特别工作组各成员国的专家委员会进行的"现场访问"，并用报告详细描述进步和不足，在特别工作组全体会议上通过该报告。当特别工作组认为有必要大力鼓励该国采取行动时，就会派遣一个"高水平代表团"访问该国，以强调遵守特别工作组建议的重要性（FATF，2004）。

阿根廷于 2006 年 3 月迎来了"高水平代表团"的访问。① 高水平代表团访问是鼓励司法管辖区采取必要措施的五个步骤之一。这一步在第 21 条建议之前使用。第 21 条建议内容为："需要特别留意与未实施特别工作组建议或实施不力国家的人士（包括公司和金融机构）间的业务关系和交易"（FATF，2003：Recommerdaton 21）。下一步则是从特别工作组中除名。

高水平代表团考察后认定，阿根廷政权的主要问题是缺少对恐怖融资行为的法律定罪。考虑到阿根廷国会批准了对恐怖主义的立法，在给出几个后续报告之后，第二轮评估于 2007 年 6 月 3 日的特别工作组会议前几天结束（Marteau，2010：119）。

巴西也一直受到密切关注，但它从来没有进行过违规操作。在第一次评估中，特别工作组认为巴西完全遵守了建议，只有一点例外：有关金融保密的规定限制了金融活动监管委员会（COAF）对可疑交易往来的控制权。特别工作组要求与其他国家的信息交换应通过司法协助函的形式进行（FATF，2000：10 - 11）。特别工作组的评估报告公布仅仅半年之后，巴西议会于 2001 年 1 月 10 日颁布了《第 105 号补充法》，弥补了这一不足。这一关于银行保密的新法律被迅速批准，仅仅改变了反洗钱官方机构争夺银行信息使用权的方式。在通过批准五天后，一个小型的保守党派向最高联邦法院提出诉讼，认为《第 105/01 补充法》违反了宪法。一直到 2011 年 5 月，我们仍然在等待着一个判决。②

几年后，由于特别工作组新一轮的"实地访问"，巴西亟须加速国

---

① Marteau（2010：121）；UIF（2006：19）和采访。

② ADI 2390，从 2001 年 1 月 15 日起，由"社会自由党"提出。

家议会提出的打击恐怖融资的联合国公约（1999 年）的审批程序。①
2004 年 4 月，当时正在处理审批事宜的外交和国防委员会接受并批准了
《第 25/2004 号请示》：为了能尽快处理该公约的有关事项，请求举行有
金融活动监管委员会主席参加的公开听证会。该请示的理由是，公约在
巴西未得到批准，"表现出我国评估摆在特别工作组面前的主要缺陷之
一"，并且"鉴于特别工作组对巴西的评估日益临近"，该提案应该予以
接受。即使有采取行动的呼声，但直到 2005 年 6 月 30 日，该公约才获
得国民代表大会的批准。②

　　特别工作组对巴西的第二次评估报告指出了巴西反洗钱制度中已完
全实现特别工作组《建议》的条款，以及为改进法律和体制结构应采取
的行动。该报告认为巴西的运营监控和信息维护程序符合特别工作组
《建议》。与此相反，特别工作组报告建议，巴西应增大巴西证券交易委
员会（CVM）对金融业可疑交易等类保密信息的获取权限。特别工作组
还建议取消履行报告义务的最低标准，这样所有可疑业务都会被上报
（FATF – GAFISUD，2004：88）。金融活动监管委员会和巴西中央银行
后来处理了所有这些问题（COAF，2008：10，22）。

　　2008 年 7 月，巴西担任了特别工作组的主席国。之前该职位由中国
香港（2001 年）以及南非（2005 年）两个非核心成员担任。被任命的
高级官员是安东尼奥·古斯塔沃·罗德里格斯（Antonio Gustavo Ro-
drigues），自 2004 年以来他一直是巴西金融情报机构的负责人。在罗德
里格斯看来，可以做到"区域平衡"和"思想民主化"是巴西能担任特
别工作组主席国的主要原因（Costa，2008：36）。科斯塔（Costa）的一
位受访者明确强调轮值主席制的重要意义，尤其是轮值双方分别为欧洲
国家和非欧洲国家时。巴西担任主席国代表着一种"自然发展"，因为
该国明确表示"自愿担任该职务"。当了解到由每一任主席自己制定议
程时，受访者都很期待内容的多种多样。另一位受访者认为，特别工作

---

　　① 2003 年 11 月 10 日，在特别工作组访问几个星期之后，巴西向国会提交了旨在通过这
项联合国公约的《第 986 号法案》。

　　② 《第 25/2004 号请示》可参看 www. camara. gov. br 网站（发布于 2011 年 5 月 15 日）。
随后该公约由共和国总统于 2005 年 12 月 26 日颁布（第 5640/05 号法令）。

组主席职位代表巴西在推行反洗钱法令方面所做的努力和罗德里格斯先生自身的工作都得到了肯定，这一点远比"区域平衡"来得重要。在他看来，是巴西高级官员积极主动的工作使巴西赢得了主席国职位。

因为特别工作组的决策权由全体大会决定，罗德里格斯极大地降低了主席职位的重要性，但他认为巴西能"依仗自身风格和信仰的东西做出贡献"（Costa，2008：36）。① 在这方面，由他签署的特别工作组 2009 年年度报告的《前言》强调，加强与非特别工作组司法管辖区的合作是"（他的）主要目标之一"（FATF，2009：5）。

2009 年，这两个国家开始第三轮互评估。2010 年公布的报告对《40 + 9 项建议》中每一条建议的优缺点进行了长篇大论的解释——全文超过 558 页。这次评估是这两个国家第一次根据新方法（2004 年通过）来进行的，因此，它比以往的评估更严格、范围更广泛。

当局应该把什么当作《反洗钱法令》应该处理的问题，引言部分提供了非常有益的建议。在这方面，《报告（2010）》指出："阿根廷当局发现逃税犯罪的所得在所有国内犯罪中是最高的。"报告接下来谈到了由贩毒、走私和贪污以及不同类型的欺诈行为所产生的高额收入（阿根廷年度评估报告，2010：17）。另一方面，在巴西的报告中，有整整一节专门描述该国"长期存在的问题"——腐败。报告认为该国犯罪收益主要来自"腐败和危害国家金融体系的犯罪，包括欺诈和资本外逃"，以及"贩毒、武器走私、有组织犯罪、走私和政府资金挪用"（巴西年度评估报告，2010：10）。需要注意的是，恐怖主义和资助恐怖主义并不在这些问题的列表中。

七名来自不同国家、具有不同专业背景的专家组成评估组，被特别工作组和南美特别工作组秘书处以及特别工作组成员国派往巴西和阿根廷进行评估。评估组对这两个国家进行了为期两周的现场访问。他们会见了来自国家政府、金融行业和其他私营部门 50 多个机构的代表（阿根廷年度评估报告，2010：238；巴西年度评估报告，2010：288）。

表 3.3 总结了 2010 年评估报告对"巴西和阿根廷遵守 49 项建议情

---

① 科斯塔援引罗德里格斯在采访中所说的，主席一职就是"一燕不成夏"。

况"的评价。它将建议分为五大类：（1）法律体系（关于犯罪和没收措施）；（2）预防措施（针对金融体系和特定经济部门的建议）；（3）制度和其他措施（有关金融情报机构和其他机构）；（4）国际合作；以及（5）反恐怖融资九项特别建议。根据特别工作组的规定（2004b），其合规程度被分为四个层次：（1）C（完全合规）；（2）LC（大致合规，仅有一些小瑕疵）；（3）PC（部分合规，该国已经采取了一些实质性的行动，并遵守了一些基本规定）；（4）NC（不合规）；（5）NA（不适用）。

表3.3　阿根廷（阿）和巴西（巴）2010年年度评估报告的合规度

	法律体系		预防措施		制度和其他措施		国际合作		反恐怖融资		合计	
	阿	巴	阿	巴	阿	巴	阿	巴	阿	巴	阿	巴
C			1	2			1	1			2	3
LC				10	1	4		4		3	1	21
PC	3	3	11	6	3	4	4	1	5	2	26	16
NC			10	3	5		1		4	4	20	7
NA				1		1					0	2
合计		3	22		9		6		9		49	

这两个国家都只是部分遵守了特别工作组的大部分建议。该报告列出了巴西和阿根廷在技术上的一些缺陷，并指出这些国家《反洗钱法令》"不够有效"的几个方面，并且对于一些问题，评估者"缺少信息以评估其有效性"。然而，总体而言，表3.3描述了为什么评价显示出巴西比阿根廷更为遵守规则。另外，尽管评估组认为巴西在"努力解决不足之处"以"加强反洗钱/反恐融资的法律和机构框架"，但他们却认为阿根廷"对于在上一次的评估中发现的缺点，没有取得足够进步"（阿根廷年度评估报告，2010：6；巴西年度评估报告，2010：25）。巴西的报告指出了促使巴西改善表现的几个因素。接下来的部分是巴西和阿根廷遵守反洗钱法令的三大中心支柱的情况概述。

B. 巴西和阿根廷的反洗钱法令三大中心支柱

巴西和阿根廷对跨国法律秩序三个中心支柱给出了不同的回应。这三个支柱分别是：（1）洗钱罪和恐怖融资罪的定罪；（2）某些经济部门识别客户身份、保留记录和报告可疑交易的义务；（3）建立国家金融情报机构。这些支柱涵盖了《反洗钱法令》对国家、经济和金融部门以及个人的主要要求。

1. 刑事犯罪

特别工作组评估每个国家的洗钱罪的法律要素（隐瞒、掩饰、兑换、转移、获取、占有、使用和自我洗钱）、收益的定义，犯罪前科清单以及责任范围。报告还评估了反洗钱措施的有效性，这些措施记录在涉及调查和定罪的现有统计资料中。

巴西和阿根廷定义洗钱罪和主要的免责条款有相同之处，但也有一些区别。[①] 首先，阿根廷没有对自我洗钱进行定罪，这也被认为是阿根廷刑法在技术上的主要缺陷之一。换句话说，阿根廷的洗钱罪名只适用于第三方的洗钱组织，而不适用于上游犯罪人（阿根廷年度评估报告，2010：33，37）。其次，阿根廷洗钱罪是指从任何犯罪活动得到的资产，而巴西则给出了详细的上游犯罪清单。特别工作组本身强烈支持将洗钱罪拓展到"上游犯罪的最大范围"，并指出一国在遵守《建议》时应达到的最低标准（FATF，2004 b：7）。巴西正在讨论一项关于洗钱的新法规（2011 年 5 月），它将取消罪行清单，从而将所有的犯罪活动包括进来。[②] 另一方面，在阿根廷，特别工作组呼吁应关注那些仅被认为是违反了民法、而未被刑法定罪并进行处罚的行为，如内幕交易和操纵市场（阿根廷年度评估报告，2010：33）。

在处罚问题上，特别工作组提倡适当性和威慑力。针对这两个国家的报告，特别工作组认为两三年到十年的有期徒刑是"适当的"（阿根廷年度评估报告，2010：35；巴西年度评估报告，2011：34）。巴西的报告发现已有的惩罚尽管不够有效，但足以达到劝诫的目的（巴西年度评估报告，2010：34）。然而，阿根廷的报告发现，六个月至三年的惩

---

① 基本的洗钱罪在"法律框架"9613/1998 法规第一部分（巴西）和 25246/ 2000 法规第三部分（阿根廷）中有所描述。这些法律文本的英语完整版可在各国的金融情报机构网站上查阅：www. coaf. fazenda. gov. br 和 www. uif. gov. ar（于 2011 年 1 月 28 日访问）。

② 2011 年 5 月，巴西国会对这些反洗钱法规进行讨论修改（3443/2008 法规）。

罚对部分洗钱罪来说"太轻了"。阿根廷的报告讨论了规定刑罚的威慑作用，并将它与评估处罚的实际应用结合在一起；该报告并不像巴西报告那样只关注是否存在犯罪（阿根廷年度评估报告，2010：35）。

该报告发现，在这一支柱上巴西主要的不足是没有对恐怖融资进行定罪。由于《联合国制止向恐怖主义提供资助的国际公约》于2005年在该国生效，政府的多个部门都打算设定一个20世纪80年代以来范围最广的"恐怖主义"罪，以及特定的恐怖融资罪。为了避免在这方面得到"不合规"的评价，巴西当局提到在军事独裁期间颁布的多项"全国证券法"。不过，评估报告认为这部法律"重点关注的是遏制暴力推翻巴西政府"，因此，它仅仅涵盖了《建议》的一小部分内容。该报告还指出，在现场访问期间，多数权威人士认为"在巴西，恐怖主义和恐怖融资不是大问题"，用它来解释巴西未能承担《联合国制止向恐怖主义提供资助的国际公约》和《建议》中规定的国际责任的原因（巴西年度评估报告，2010：43，45）。我的受访者提供了另一种解释：当局无法就恐怖主义犯罪的定义达成一致。尽管金融活动监管委员会（COAF）十分努力采用和国际文件要求一样的广泛定义，其他政府部门仍担心这个定义可能会用来定罪合法的社会运动，特别是"失地运动"（"Movimento dos Sem – Terra""Movement of the Landless"）。①

另一方面，阿根廷于2007年修订了反洗钱立法，对恐怖主义和恐怖融资的行为都进行了刑事定罪。尽管如此，特别工作组评估发现，该规定并不完全符合《建议》（阿根廷年度评估报告，2010：38 – 9）。

除了技术上的不足，两个国家的评估主要关注现有措施"不够有效"的问题。这两份报告使用调查、起诉和定罪的数量作为有效性的指标。"统计数据和效果"一节提供并讨论了由一国当局提交给评估组的信息（巴西年度评估报告，2010：34 – 9；阿根廷年度评估报告，2011：35 – 6）。报告发现，这两个国家对这个问题都"没有保留综合统计数据"，并且他们还对收集数据表示担心。

在巴西，当局为评估提供的可用信息主要来自2003年建立的专门

---

① 有关运动方案及其对巴西法律和社会领域的影响，请参阅 Houtzager（2005）。

联邦法院。在阿根廷，这些信息则主要来自 2006 年由司法部长办公室设立的部门。特别工作组报告发现，虽然统计数据数量有限且不够完整，但"考虑到该国金融体系规模和洗钱风险程度"，现有的数据已能让人"对其总体的实施效果感到严重担忧"。阿根廷仅有 4 例起诉且无一例定罪；巴西只有 11 起案例做出了终审判决（巴西年度评估报告，2010：36；阿根廷年度评估报告，2010：35）。

特别工作组认为巴西评估报告的主要不足来自一个事实，即涉及刑事司法系统的每一个机构——警察、检察官和法院——都要负责保留自己的统计数据（巴西年度评估报告，2010：34）。该报告指出了巴西司法体系内的系统性问题，却并没有指出反洗钱措施本身的问题（巴西年度评估报告，2010：36）。对于阿根廷的情况，该报告指出，阿根廷并没有对自我洗钱进行定罪，而且对通过第三方洗钱的处罚较轻，这些都是造成反洗钱工作做得不好的原因（阿根廷年度评估报告，2010：37）。

2. 经济和金融部门的义务

反洗钱法令的第二个支柱是对可疑交易的强制性报告。根据特别工作组的建议，每个国家都应该拟定出执行客户身份识别、客户信息持续更新和报告交易等义务的人员名单。

在巴西，不同的监督机构负责各自司法管辖区内所采取的具体规定，如中央银行、巴西证监会（CVM）、私人保险监管局（Superintendencia de Seguros Privados，SUSEP）和社会保障局秘书处（Secretaria de Previde ncia Complementar，SPC）等。金融情报机构（金融活动监管委员会）则负责管理其他所有方面，受立法管制。①

在这两个国家，《反洗钱法令》提供的法律框架仅仅描述了金融和其他领域的一般预防措施。这些要求由不同部门提出的各种监管方式进行补充和说明。巴西的报告列出了 69 个有效文件的组织结构图（巴西年度评估报告，2010：92）。

从两国的 2010 年报告来看，阿根廷监管部门一直不大愿意执行金

---

① 巴西在《第 9613/98 号法规》第 9 – 11 部分定义了这些领域。阿根廷在《第 25246/00 号法规》第 20 条中定义了它们。

融和经济部门的要求。在与这些措施有关的四条特别工作组建议中，阿根廷对其中两条的执行被认为是"不合规"的，另外两条则为"部分合规"。该报告多次指出法律规定不足的缺点（阿根廷年度评估报告，2010：10，104 - 8）。

巴西案例中的情况则完全不同。在《第 9613/98 号法规》颁布后的几年里，监管机构颁布了一些规范和条例，详细说明各个司法管辖区内适用的义务。这些规范明确指定了参考文件应提供的信息类型（这些信息记录应在该机构保存五年）、记录中应输入的信息，以及应该报告给金融活动监管委员会及其他监管机构的业务。

《报告（2010）》认为巴西有三项建议"大致合规"，另外一项为"部分合规"。报告发现的主要缺陷是未能在法律法规中以明确形式规定多数客户的尽职调查义务；而使用"其他强制手段"又被认为是没有完全遵守建议（巴西年度评估报告，2010：126）。

《反洗钱法令》说明了履行报告义务的范围，于是将犯罪领域和金融领域应该上报的内容联系起来。特别工作组提供了两个建议：（1）当有可疑活动或"合理理由怀疑资金是犯罪活动收益"时报告；（2）报告"所有国内和国际货币交易规定金额以上的交易"（FATF，2003：建议13 和 19）。尽管巴西几年前就实施了这一制度，而阿根廷当局只说明了这个报告制度"目前正在审议"，但评估组认为两个国家都遵守了最后一项建议（阿根廷年度评估报告，2010：127）。

3. 一个新的国家机构：金融情报机构（FIU）

特别工作组认为，设立集中实施《反洗钱法令》的国家机构是一国政权的一个重要职能。在这个关键问题上，巴西和阿根廷的实践有很大不同。虽然这两个国家都在它们的反洗钱法律中正式设立了金融情报机构，巴西的金融情报机构（COAF）在 1998 年创建伊始就开始运作，而阿根廷的金融情报机构却在创建两年后——2002 年才开始运营。这种差异也可以从两国金融情报机构与埃格蒙特集团（Egmont Group）的相互影响中体现出来。埃格蒙特集团成立于1995 年，是 120 个金融情报机构的非正式会议，鼓励在信息交流、培训和专业知识共享等领域的国际合作。巴西金融活动监管委员会和阿根廷金融情报机构分别于 1999 年和

2003 年加入其中（埃格蒙特集团，2010：7；阿根廷年度评估报告，
2010：9；巴西年度评估报告，2010：66）。

《报告（2010）》认为，阿根廷金融情报机构是因为技术上的不足，
以及缺乏足以实现其目标的人力和物力资源而"没有效果"（阿根廷年
度评估报告，2010：60）。关于人力资源，该报告指出，在现场访问时，
金融情报机构有 74 名雇佣员工，但只有两个是"永久职位"，而其他都
是临时雇佣。阿根廷媒体也强调了金融情报机构缺乏足够的人力资源，
并指出 2010 年间发生了深刻变化，当时有 11 个人承担协调工作。[①]

在另一方面，评估组认为金融活动监管委员会是"巴西反洗钱框架
中的一个重要机构"，也是"一个高效并备受重视的金融情报机构"。报
告中强调了几个需要改进的地方以"确保这种情况能保持下去"（巴西
年度评估报告，2010：71）。和阿根廷当局不同，巴西当局能够提供很
多详细的信息，其中包括金融活动监管委员会收到的可疑交易报告
（STR）和货币交易报告（CTRs）的数量，与本地和外国当局相互间的
信息交流，甚至还有人员培训所用的时间长度（巴西年度评估报告，
2010：60 – 71）。

许多因素都造成了两国金融情报机构在运作方面的差距。一个重要
的原因可能是阿根廷花了好几年时间才通过一项法律，授权财政部门提
交金融情报机构要求的信息。当阿根廷金融情报机构在 2002 年开始运
行时，银行机构和公共收入联邦管理局仍然认为，银行和税务保密限制
了向金融情报机构提交所需的信息。在很多情况下，这就需要启动一个
司法程序，要求取消银行或税务保密。2006 年 4 月，《第 26087 号法规》
指出，经济和金融部门有义务报告且不能以银行或职业保密，以及保密
的法律或合同承诺为由规避其报告义务。该法规还规定，公共收入联邦
管理局只能是在其自身报告可疑交易时方可解除税务保密，并且报告的
交易中直接涉及的参与者是人（自然人或法人）。在其他情况下，金融
情报机构必须请求联邦法官取消税务保密，法官有最多 30 天时间对这
一问题做出决定（阿根廷年度评估报告，2010：60）。

---

① 该信息在 2010 年 12 月 29 日的 La Nacion 有所报道，通过采访得到证实。

巴西不得不改变其税收和银行保密法并允许金融情报机构工作。当巴西成为会员国时，特别工作组在第一轮评估中就要求它做出这一改变。几个月后，巴西在 2001 年通过一项新的法律，支持金融活动监管委员会（巴西的金融情报机构）不受限制地获取信息。

对巴西和阿根廷之间存在差异的一贯解释似乎是，每个国家应对政府干预金融活动问题的方式不同。我的采访显示，在阿根廷，洗钱一直被视为一种外部现象，并未在该国政府控制金融活动中受到重视且优先进行处理。如果没有特别工作组的施压，阿根廷绝不会采取措施。事实上，阿根廷仅部分取消限制金融情报机构工作的保密机制就花了六年时间。由于国内利益间的矛盾，这一过程在阿根廷一直受到阻挠，造成的结果是，阿根廷政策上的变化大部分都是应对特别工作组压力的临时措施（Machado & Jorge，2009）。

C. 《反洗钱法令》：巴西的倡议

与阿根廷不同，巴西积极制定了自己的战略计划，并相应地调整机构设置。巴西行政部门已经严格实施反洗钱规范，即使是面临预算受限和内部政策争论时仍旧坚持这样做。巴西的许多国家体制变革是十分必要的。它们可以分为两类：建立新的体制和规则，以及在现有机构内实施新的任务。第一类变革的证明是，（在经济部门内）建立金融情报机构和（在司法部）建立中央机关，国际合作的责任由司法部门转移到管理部门，以及在巴西的联邦司法部和中央银行设立处理金融犯罪的专门小组。关于第二类变革，现有的政府机构已经建立并重新整理它们的数据库，并依据《建议》要求提供有关其活动的统计数据。很明显，特别工作组的评价政策极大地促进了这两类国家变革的发展。

然而，当巴西对内政策受到质疑，从内部认识到国内政策的不足之处时，会采用自己的方法来处理。第一个例子是关于 BacenJud 系统的发展。BacenJud 是一个互联网信息请求系统，它允许信息在司法机关和金融部门之间直接传递。巴西于 2001 年引入该系统。在此之前，由中央银行从司法部门接受这些请求，再将其转发给金融机构。然后，金融机构会复制账户单据和其他所需的银行文件，并将其发送给提出请求的司法部门。此过程产生了大量的文书工作，并且十分耗时。BacenJud 的引进允许法官用事先注册的密码请求金融信息，该信息会被自动转发到相应的各个金融机构。该系统采用数据加密技术，能够识别解除金融保密以及银行账户冻结和解冻的命令（Bacenjud，2005）。

第二个例子是司法部和相关部门以及行政机关共同制定一个新的打击洗钱的国家战略（ENCLA，Estrate'gia Nacional de Combate a' Lavagem de Dinheiro）。司法部长在 2003 年年底提出一项倡议，以弥补巴西各个政府机构之间缺乏协调合作的不足。当时，并没有统一的公众代理人培训计划，也没有统一的数据库政策和技术标准。此后，一个由这些公共机构的高层和中层代表组成的小组都会每年一聚，讨论其内在的不足，找出重复的任务，并制定行动计划。这个组织不限制民间团体的投入和参与。截至 2006 年年底，另一个"C"被添加进 ENCLA（现在称为 ENCCLA），用以体现打击腐败的任务正式加入该计划。巴西由 70 多个机构出席了 ENCCLA 会议。2010 年《特别工作组巴西报告》强调指出，ENCCLA 已作为一个"主管部门与私营部门之间协商的机制"在运作（巴西年度评估报告，2010：226），因此，是"促进巴西取得进步的一个重要因素"（巴西年度评估报告，2010：26）。

虽然阿根廷的改革过程看上去基本还是为了满足特别工作组的要求，但是阿根廷已注意到 ENCCLA 的发展。阿根廷金融情报机构 2006 年的报告中指出，设立一个"国家协调员"代表阿根廷在特别工作组和南美特别工作组中的地位。在阿根廷的各项活动中，有一个国家项目是为解决洗钱问题而制定的。该项目拟邀请公共行政机关参与这一进程。我的采访表明阿根廷代表们密切关注着 ENCCLA 的进展。尽管如此，2007 年阿根廷政府批准了"打击洗钱和恐怖融资的国家议程"，看起来仍是基本遵循了特别工作组的建议。该文件设定了 20 项目标以及负责达成这些目标的机构。每个目标均以一条或多条《建议》内容作为参考。这一点表明了确立这些目标只是为了遵守《建议》，而未能根据阿根廷的需要建立一个全国性的计划。① 该议程通过一年后，也没能实现其中任何一项目标（Marteau，2008）。

在收到《报告（2010）》之后，阿根廷当局推行了一个加强金融情报机构建设的计划。2010 年 12 月 1 日，阿根廷决定让金融情报机构收回所有的监管权力，并由它在特别工作组及其他国际机构中代表阿根廷履行职责。通过我的采访证实，据阿根廷报载，这一改变属于阿根廷当局采用的一系列措施之一，打算用来弥补《特别工作组报告（2010）》中指出的明显不足。

3. 国家的跨国转型

A. 国家变革的五个维度

处理洗钱问题的跨国法律秩序，导致这两个国家的国内法发生了大范围的变化。以上分析的三套方案分别适用于个人、金融和经济部门以及国家，均由国家议会通过颁布法律的形式实施。适用于私营部门的规范为该跨国法律秩序在两国产生的法律文书提供了一个范例。跨国法律秩序三大支柱在法律上的变化从象征意义来看非常相似。这些变化的实际维度也是如此：这两个国家都正在努力调查和起诉洗钱犯罪行为；金融和经济部门正拟定可疑交易报告；而且，现有的金融情报机构重点关注信息的交流。通过跨国法律程序来处理洗钱问题已引起巴西和阿根廷的法律发生变化，其中，既有象征意义上的变化，也有实际操作上的变化。然而，为了实现特别工作组设定的目标而产生的这些变化，其程度及范围还会引起极大关注。在规则制定者看来，在法律层面，尤其是制度层面还有很多工作有待完成。

跨国法律秩序得益于早于洗钱现象出现的其他程序。西方国家现代刑法理性的基础牢固，为实现《反洗钱法令》对刑事定罪的要求提供了十分有利的条件（Pires，2008）。在这一点上阿根廷和巴西的经历是非常

---

① 相反，根据笔者的采访，国家议程的主要目的是确定一个国家战略，以解决金融犯罪和洗钱的问题，其结果之一就是将特别工作组的建议付诸实践。

相似的。这两个国家对"适度的、劝诫式的制裁"的理解相同，均处以最低两到三年、最高十年的监禁。在其他国家，最低惩罚和最高处罚可能会有不同，但对监禁的解释肯定不会是"这种"制裁。

跨国法律程序也引发了这两个国家边界的变化。这些变化支持了这个观点——这些国家并未退却，而是被重塑（Shaffer, Chapter 2）。首先，《反洗钱法令》体现了明显的公私混合特点。金融和经济部门是反洗钱规范管理的主要目标领域。因为"了解你的客户""保存记录"和"报告可疑交易"这一机制，可以说让这些行业与部门处于洗钱调查的第一线。正如越来越多的个体行为人出现在 ENCCLA 会议上所显示的，无论是在跨国层面，还是在国内层面，都能发现个体行为人参与到了法律和制度改革的决策过程中。其次，谢弗认为在"国家关于提高专业化水平和国家行政多样化的决定性能力"方面的发展也能让人观察到国家边界的变化（Shaffer, Chapter 2）。除了建立金融情报机构和为国际合作特设的中央机关，行政部门内部的几个机构也创建了自己的反洗钱部门来处理监管和执行问题。在司法部门，巴西法院和公诉人以及阿根廷的司法部长办公室积累了专业的知识。

变化的第三个维度关注的是国家的体制结构。无论是立法机关与行政部门之间的相互作用，还是法院和行政部门之间的相互作用，都不能明确决定"究竟是谁赋予谁权力"。然而，在新机构的建立以及现有机构的重组方面，从该项目中收集到的证据是十分清楚的（Shaffer, Chapter 2）。

乍一看，跨国法律程序可能会支持由行政赋权的说法，"让立法机关按照国际谈判的结果行事"（Shaffer, Chapter 2）。如前所述，通过金融情报机构或国家法令实现的行政管理，引出《反洗钱法令》的制定和不断修改。① 然而，至少在巴西的实践经验中，在处理洗钱问题方面，我们无法证明行政相对立法赋权是跨国法律程序的一大特色。相反，司法部一直在许多领域发挥着重要的作用。此外，尽管立法机构在制定规范方面影响不大，却能决定改变规范的时机。对自身支持的规范的变

---

① 司法部设想的巴西法律框架（《第 9613/98 法规》）和对恐怖融资项目的讨论是两个主要例子。

革,《建议》始终坚持其"法律地位"的重要性。立法机关总是被看作国家管理的"一个参谋",因为它决定什么是可能通过的,什么是不能通过的。

建立金融情报机构,将其作为反洗钱法令的核心支柱之一,对权力在政府不同部门之间的分配有着明显的影响。虽然金融情报机构的标准定义包含了司法的、执法的、行政的以及混合的等不同形式,但这两个国家的机构均具有"管理模型"的特点,如同埃格蒙特集团所定义的(2004:2):是一个"行政权威机构,它接收并处理来自金融部门的信息,然后将信息传递给司法或执法部门供其起诉"。巴西的金融活动监管委员会直属财政部,阿根廷的金融情报机构直属司法部,都作为"金融和执法部门之间的缓冲区"发挥着作用(Egmont Gruop,2004:2)。将金融情报机构的活动视为金融和执法部门之间的"缓冲"或"桥梁"来观察,打破了它们从法院转移走权力的说法。依照《反洗钱法令》"跟着钱走"的办法,金融情报机构正在为法院提供一些新工具,以加强它们打击某些犯罪活动的能力。法官赋权的说法也靠巴西 BacenJud 的建立来说明,在巴西,现在司法部门能够方便、快捷且直接地得到银行信息。然而,反过来看,授予行政部门对财务信息的"调查权"和使用权也证明了法院的有些权力正被转走。国家变革的第四个维度关注的是专业知识市场的形成(Shaffer, Chapter 2)。正如许多作者所认识到,由于《反洗钱法令》形式特殊、覆盖面广,一个面对律师、会计师、经济学家和商业管理者这类专业技术人员的新市场已经出现。[①] 尤其是《反洗钱法令》要求私营部门的专家监测并报告经济部门不断增加的交易;协助金融情报机构处理和交换接收到的信息;启动并组织专业部门内的调查和起诉工作;最后,代表本国参加一些国际论坛。

通过特别工作组相互评估过程,专业知识在跨国法律程序中的作用可以得到充分展示。这个过程为该国国内团队和评估团队提供谈判的余地,双方可商量如何解释影响评估定级的法律和制度实践,这对评估定

---

① 专家在互评过程中的作用,参见 Wilke(2008:520)。又见 Sharman(2008:642)(重点指出 AML 顾问的"暴利行业")。

级起到很大作用。在能力建设和国家间认知技术的发展问题上，国内专
家参与国外评估具有决定性的作用。

最后，国家变革的第五个维度关注协作模式和问责机制之间的转
换，以传达特定规范框架（Shaffer，Chapter 2）。《反洗钱法令》是建立
在监测义务、监视义务基础上的，报告义务理念中至少涉及两个层面：
从经济和金融部门到金融情报机构，以及从整个国家机构到国际标准制
定者。巴西和阿根廷在这些跨国问责机制中的参与度已经对两个国家产
生了巨大影响。

然而，在回应这些问责诉求时，两国的政治意愿程度和机构投入力
度有很大的不同。巴西 ENCCLA 的建立说明，考虑到对国内情况的担
忧，巴西在打击洗钱工作上投入更多。ENCCLA 调节内部和外部之间的
需求。一方面，《特别工作组互评报告（2010）》明确认定 ENCCLA 是
巴西取得进步的重要工具。ENCCLA 的目标、监测活动和数据库在整个
特别工作组报告中被多次引用。另一方面，虽然国家利益和民族情怀并
不属于优先考虑的事项，但是 ENCCLA 仍以对它们做出反应为目标。当
美国主导的跨国法律秩序以恐怖融资为"主要问题"时，ENCCLA 扩大
了活动范围，以覆盖贪污腐败问题，这一点表明外部需求虽然也有影
响，但并不是唯一的影响因素。

B. 合法性

在讨论《反洗钱法令》，特别是，讨论特别工作组活动的合法性时，
几乎都会将成员国和非成员国分开来讨论。该文献中最引人注目的部分
是特别工作组对"不合作国家或地区"的政策及其通过特别工作组区域
组织进行扩张的机制。本章两个特别工作组成员国之间的比较揭示了
"成员国和非成员国"二分法不能解决的一些问题。因此，我们需要通
过谢弗的提议来加深这些对比研究，即需要从"输入（谁参与该过程）、
过程（描述这个过程的公正程度和审议质量）和输出（该过程对一个问
题实质性的反应）"方面评估一个跨国法律秩序的合法性（Shaffer，
Chapter 2）。

输入合法性通常被描述为"具有发言权"（Brummer，2011：307；

Wilke，2008：520）。从巴西和阿根廷的角度来看，在 2003/2004 年，在这两个国家成为正式成员国之前，它们就已经表达了对正式代表权的关注。在此之后，这两个国家不仅拥有了发言权，而且还拥有投票权，尽管其实际参与程度与特别工作组的核心成员国相比是不对称的。投票权的分布可能与输入的合法性有关，但其对决策过程的质量影响不大。在国家报告的前期准备过程中，在评估小组的谈判中，以及在特别工作组全体会议上对评估过程的政治探讨中，专家的数量和技术能力都起着举足轻重的作用。

最后，输出合法性是本章所研究的跨国法律程序中最敏感和最复杂的维度。这一主题在刑法文献中经常以"效力"的概念被广泛讨论。主要的困难来自辩论如何定义程序回应的问题，以及相应地需要达到怎样的目标。

当犯罪被定义为"问题"时，那么其主要目标是减少犯罪，并且，对《反洗钱法令》如何应对这个问题持怀疑态度通常是不错的。怀疑由有关现象本身的不确定性（相比正式规定而言的行为)[1] 和《反洗钱法令》规范所要解决的社会问题的实际损害产生。[2] 当人们开始担心缺少证据表明目标正在实现的时候，这一怀疑变得更加强烈。许多作者观点的最大不同是发现效力"几乎没有证据"和"完全没有证据"。[3] 这种提高效力的方式面临着方法论的质疑，长久以来，在犯罪学文献中这些质疑都有所讨论。值得关注的是，经常能够通过刑事司法系统的官方统计看出犯罪现象是在增加还是在减少：由警方确定展开调查的数量、检察官决定起诉的数量、法院进行定罪的数量。特别工作组以这种方式评

---

[1] "洗钱在合法和经验上仍然是一个模糊区域。一部分原因是现象本身，另一部分原因是政治家和政策制定者处理问题的方式"（Van Duyne，Groenhui - jsen，Schudelaro，2005：135）。

[2] "洗钱已成为我们这个时代最大的道德恐慌之一。包括大众媒体在内的多种宣传方式都说它不好、又引人关注，而且还有点大胆，但是不大会问它是什么、如何实现以及为什么（和以前的一些犯罪中的共有形式不同）伤害那么大"（Alldridge，2008：437）。

[3] 例如，Sharman（2008：636）指出，"很少有证据表明它确实可以发挥作用。"可以在Braithwaite & Levi（2002：190）中找到同样的关注点。Levi & Reuter（2006：347 - 65）对评估《反洗钱法令》的效力问题提供了更广泛的讨论，并得出结论，认为"该系统是否能在抑制犯罪和防止恐怖行为中很好地发挥作用完全是一个值得深思的问题"。

定《反洗钱法令》刑事规范的效力。我们关心的不是缺乏统计数据（这一点在特别工作组对巴西和阿根廷的报告中被一再批评），而是关心公布该问题及完成目标的官方统计数据作用有限。犯罪文献就有关"统计犯罪"的方法问题列出了数据采集过程中的几个缺点，并得出结论，认为这些数字并不能衡量犯罪本身，而只能表明那些提供数据的机构在起作用。① 从这个角度来看，用统计数据来衡量《反洗钱法令》的禁止性规范对个人行为的影响，会让人质疑它的效力或输出合法性。

表 3.1 中提出的另外两类方案也可解释《反洗钱法令》正在解决的问题，即财政部门应承担的义务和国家金融情报机构的创立。这个问题可能会被认为缺乏对经济和金融活动的控制，缺乏执法部门之间的协调，或缺乏信息交流机制。当它们被定性为"问题"时，《反洗钱法令》就会积极地对这些问题做出实质性的回应。② 就这点而言，通过互评过程收集的定性信息，能够很好地为如何执行规范，以及私人和国家机构如何处理问题提供资料。而且，通常情况下人们认为执行的规范对个人行为的影响是理所当然的，但在这种情况下其实并非如此。

自 18 世纪所谓的"惩罚的现代理论"出现以来，关于"法律规范"和"个人行为"之间的调解理念已经占据了主导地位（Pires，2001，2008）。威慑的概念已经作为一个系统的理论工具来表达国家实施跨国规范对个人行为的影响。巴西和阿根廷特别工作组的报告已经表明，不同的情况会影响对威慑效果的评估。有时候立法的信息似乎是足够的，并且威慑效果被用于犯罪活动本身，或更多的是处罚的性质和数量。其他时候，威慑效果被认为是对法院判决进行调整，特别是对于定罪数量的调整（阿根廷年度评估报告，2010：35）。

然而，刑事处罚的威慑效果争议性很大。一部研究犯罪级别和量刑实践之间联系的大型文献已编写完成并已通过了系统的评审。安东尼·

---

① Evans 和 Himelfarb（1990：3）得出结论，"你对这个系统的了解越深，对系统本身的运行方式和犯罪的官方裁定的依赖就越明显"。另见，Muncie（2001：196）和 Walker（1983：292）。

② Brummer（2011：303）认为，特别工作组的情况是"高额的预算费用遇到极其严格的机制"，因此"绝非完美"。这些机制"似乎促进了被列入黑名单的国家开展协调工作和不同程度的执行工作"。

杜布和谢丽尔·韦伯斯特（Anthony Doob & Cheryl Webster, 2003：147）在过去 25 年的研究基础上指出："大多数经过审查的观点都不支持更严厉的制裁才具有威慑效果这种说法。"[①] 这些研究主要关注制裁的轻重程度与犯罪率的关系，而非注重整个司法系统阻止个人行为的能力。换言之，这里并不是说威慑效果的理想状态至关重要，而是惩罚力度变化的影响。[②] 在反洗钱案例中，威慑的观念并不只是与刑法有关。期望某一法律规范能阻止直接参与者（特定威慑）和其他那些能意识到法律规范执行的人（普遍威慑），这一点与行政制裁、财务控制甚至民事诉讼也有关系。[③] 巴西和阿根廷的特别工作组报告还将威慑效果分派到其他法律分支。[④]

只依赖威慑是不够的，这不在本章讨论的内容中。在这一点上我们主要有两重目的。首先，我们强调包括个人行为在内，所有为论证输出合法性或效力所做的尝试，都必须以接受具有极大争议的威慑观点为前提。其次，通过刑法制裁达到威慑效果，并不是从执法角度来评估跨国法律程序合法性的唯一途径。相反，人们还可以评估金融和经济部门以及监管机构的规则实施情况，所有这些都能使个体对违法行为负责。

C. 递归性

巴西和阿根廷两国处理洗钱问题的跨国法律程序包含了国内和跨国决策制定的动态影响和张力。继谢弗（Shaffer, Chapter 2）提出递归变化的动态周期概念之后，这项研究中收集的证据有力地支持了一些流

---

① 另外参见 Braithwaite 和 Petit（1990：3），他们声称，"谈到威慑问题的文献也未能给出证据，证明更多的警察、更多的监狱、更加确定和严厉的处罚能对犯罪率产生显著的影响。"

② 无论是在概念上还是在实践中，威慑的理想状态都受到质疑。在这方面，可参考 Pires（2008）（Cesare Beccaria 的威慑理论）；Doob 和 Webster（2003：191）（指出一些西方量刑系统"部分或完全不同意普遍威慑"）；以及 Tonry（2008）。

③ 参见 Brummer（2011：290），他指出，"有效的监测系统也可以起到很重要的威慑作用"，也可参见 Levi 和 Reuter（2006：297），他们描述反洗钱制度"具有预防和执法两个基本支柱"，并断言"使用预防支柱旨在震慑犯罪分子，防止其利用机构清洗其犯罪所得"。

④ 阿根廷年度评估报告（2010：12）指出，"SSN［保险监管局］的监督力度也明显不够；它没有采取惩戒的制裁方式，而且它的处罚制度也效果不好"。巴西年度评估报告（2010：39）讨论在巴西引入法人刑事责任的宪法障碍时，总结如下："巴西应该立法为 ML 设定直接的民事或行政企业责任，并确保对法人的制裁是有效的、适当的和劝诫性的。"

程，并就其他方面提出了问题和疑虑。

第一个流程强调国家监管模式的输出在形成跨国法律秩序的过程中所起到的作用。在这方面，美国的主导地位是显而易见的（Andreas & Nadelman，2006：10；Braithwaite & Drahos，2000：27；Dezalay & Garth，2002a：58；Nadelman，1993：477）。虽然其他国家的支持也不容忽视，但从界定这个社会问题，到建立详细的法律制度，整套反洗钱规范的形成在很大程度上都要归功于美国（Andreas & Nadelman，2006：147；Levi & Gilmore，2002：342）。此外，对不合规行为实施监测技术以及设置"白名单"或"黑名单"也是美国国内政策的一部分，并且被特别工作组广泛接受（Braithwaite，2005：329）。在几乎所有特别工作组区域组织中，美国除了能正式参与立法过程和执法工作以外，至少都拥有观察国身份。[①]

递归变化的第二个流程涉及实施过程中跨国法律规范可能面临的阻力（Shaffer，Chapter 2）。在这方面，巴西和阿根廷的经历说明在多个不同层面都能观察到这些阻力。在巴西的案例中，关于阻力，本章讨论的第一个例子是金融情报机构（金融活动监管委员会）不需要法院命令就可以获取银行信息，这一点是宪法要求的。在特别工作组第一次评估的压力下，新的法律很快就得以通过。[②] 然而，新法律尚未开始实施。该法律的反对者即声称其违宪。虽然多年来此文件一直在等待最高法院裁决，但是一系列关于改革该立法的项目仍在不断提交给国会，并受到ENCCLA 密切监控（ENCCLA，2010：Action 7）。巴西的第二个例子是，行政部门内部未能就恐怖融资的立法达成共识。根据我的采访，形成这一问题旷日持久的紧张局势，其主要原因是，如果不放开对合法社会运

---

① 现有的八个特别工作组区域组织中，美国是其中四个（包括南美特别工作组区域组织在内）组织的观察员，是加勒比地区组织公认的"合作并支持的国家"，以及亚太地区组织的正式成员。另外两个组织只是成员国。

② 根据笔者的采访，政府——该项目的作者——拥有中央银行、司法部以及"国际社会"的支持。

动的刑事定罪就无法从技术上定义"恐怖主义"。① 经过七年的辩论，2008 年，巴西法律框架的改革项目（9613/98 法律）在没有使用"恐怖主义"一词的情况下，新创出"恐怖融资"来定义特定罪行。该解决方案有望既能满足特别工作组的要求又不损害合法的社会运动活动。

巴西的经历可被描述为来自各种社会力量的适时阻力，这些阻力试图通过转移战场以保持张力。但是在阿根廷的经历中，特别是在前几年阿根廷被认为打算退出的时候，我们很难发现适时阻力并将之描述出来。根据我的采访，2010 年的评估显示，"洗钱问题完全不在阿根廷议事日程当中。"正如表 3.2 所示，阿根廷花了近三年时间来完成第二次评估。很多后续报告需要内部的努力和修改，其中最后一个国家议程在 2007 年 9 月才获得批准。在那之后，阿根廷为处理洗钱问题而制定的政策遭受了更大的挫折。②

最后，虽然本章收集的证据能强有力地支持递归变化的前两个流程，但却很少涉及其他方面。第三和第四个流程关注的是国家阻力可能带来的影响，也许会"引起对跨国规范的重新评估和修改"，然后再次传递到"国家机构和国家程序"（Shaffer，Chapter 2）。没有证据表明过去十年中《反洗钱法令》所经历的任何变化是由这里提到的阻力造成的。巴西和阿根廷的跨国法律程序给人的总体印象表明，这两个国家都太过于遵守《反洗钱法令》的各项要求，以至于无法为跨国议程做出自己的贡献。巴西担任特别工作组主席国一职可能会为该国提供一个不同寻常的机遇，可能引发种种建立在拉丁美洲经验基础之上的改革。巴西国内认为，担任这个主席职位能让巴西在国际社会中变得更强，但对跨国法律规范本身影响不大。

---

① 其中一个受访者补充说，行政部门在为"满足特别工作组需求"拟定的提议中指出的阻碍只会出现在左翼性质的卢拉政府。"另外的政府，在国际压力和社会运动的压力之中，肯定会选择前者。"

② 对接下来几年的期望反映了第二轮互评估之后阿根廷的表现。下一次特别工作组全体会议上会提交几个后续报告，继续强调其达到国际标准要求的重要性。然而，国外和本地受访者都不相信特别工作组第一次就会对一个成员国使用《建议》的第 21 条，或者取消阿根廷的成员国资格。

4. 结　论

本章结论强调三点内容。首先本章阐述了书中建立的分析框架概念上的优势，包含过去 20 年里为解决洗钱问题而制定的大量复杂多样的规则和制度。跨国法律的概念已经作为国际法律的补充得到了有效发展，用以建立处理跨境交易多样化问题的法律规范。然而，跨国法的传统概念是"适用于跨国情况的法律"，它未能抓住跨国法律程序的特点，跨国法律程序并不仅仅包括传统国际法律，或新的私有或混合的跨国立法形式，而是动态的、多层次的。正如本章所谈到的，跨国法规意即跨国法律制度体系或法规的跨国建设和流通，记录了多年来法律规范的建设和改造，这些法规可以构成一个跨国法律秩序，但其影响仍然取决于各国的具体情况。谢弗的观点十分全面，通过跨国法律程序专注于法律规范的制定与传播，涵盖了通过跨政府网络、国际机构、国家议会、国内行政部门和私人银行制定和重申的规范（包括不具正式约束力的原则宣言，具有正式约束力的联合国条约，工作实践和一套多样化的监督和执行机制）。"跨国法律秩序"的概念提供了一个强大的分析工具，评估在特定领域功能内（此处为反洗钱领域）跨国法律规范的发展以及影响。

其次，本研究对合法性问题提出了质疑，这一点与在国际机构中的代表性关系很大。从国家代表性的角度来衡量特别工作组活动的"输入合法性"，忽略了各国实际参与构建全球议程和发展全球规则的能力不同。关注程序公平性的"过程合法性"是重要的，但它在实践中很难评估。尽管对文件的分析提供了过程参与者的有效信息，但只有交互式的方法，如直接观察和深入访谈等，才能为审议程序的高质量和公正性提供有力的证据。在这方面，由特别工作组相互评估报告所提供的大量信息所起的作用不大。正如这项研究表明的，他们更关心的是衡量一个国家跨国法律规范的实施情况，而非收集该国政策制定的信息。处理洗钱问题的跨国法律程序在巴西和阿根廷产生的差别性影响证明，在国家变革的传递过程中，通过会员制度促进一国对跨国规范的接受并不能起到决定性作用。有些文献想要使用"成员国与非成员国"二分法来说明反洗钱法令和接受国之间的不平衡，以及用它来解决人们对特别工作组规则制定战略和合法性所持有的顾虑，这些都是不合适的。

最后，本章强调需要对跨国法律秩序的实证评估效力进行一个系统性的分析。这项研究表明，在反洗钱领域，一国仅在形式上对某一特定跨国法律程序给出回应是不足以制定出一个"输出合法性"评估标准的。我们必须评估国情以及各种自下而上的因素，特别是国家机构能力和政治意愿，以解释国家变革轨迹。各国在实施跨国法律规范过程中可以改变其目标，如巴西在反对恐怖融资中专注于打击腐败，或像阿根廷那样，国家并没有为实施规范占用大量资源。本研究为进一步研究该领域和其他领域中与犯罪控制策略相关的问题提供了丰富的新思路。应如何评估跨国法律秩序的输出合法性？跨国法律秩序效力又能带来怎样的"重大成果"？

以本书中提出的基本框架为基础，本章检验了为洗钱问题制定的跨国法律秩序与该行为准则的目标对象（国家、国家机构、公司和个人）的关系，并展示了巴西和阿根廷运用这些准则上有什么不同。收集到的证据支持福斯托和德沃托（Fausto & Devoto，2004：20）的一种说法，他们声称"历史上，这些国家对西方政治和经济中心的隶属程度远远大于它们彼此之间的隶属程度"。南美反洗钱金融行动特别工作组（GAFISUD）的经验和国家金融情报机构间的制度交流为探究这一观点提供了实证研究的领域。

第四章 国家设计师：东亚地区的
国际组织与国家重组

自柏林墙倒塌以来，或者说再晚一点，自亚洲金融危机之后，国际金融机构就致力于建立一个庞大的法律机构（世界银行，2002b）。世界货币基金组织（IMF）、世界银行和区域性发展银行的法律部门依靠或消极或积极的经济制裁，摆脱了事务性法律文件的束缚，带头提出方案，为市场建立法律基础（Carruthers, Babb & Halliday, 2001；Carruthers & Halliday, 即将出版；Halliday & Carruthers, 2009）。在这项事业中，多家机构通过国际组织（IOs）联合起来，比如联合国国际贸易法委员会（UNCITRAL）、经济合作与发展组织（OECD）。这项事业的目标是建立一个国际金融结构，即跨国法律制度体系，这个体系需要牢固建立在全球认可的国家法律系统基础之上（G22, 1998a, 1998b）。

法律与发展会影响国家建设和国家重建，能认识到这一点已然不是什么新鲜事了（Salacuse, 2000；Santos, 2000）。在法律与发展的第一次浪潮中，中央集权国家就利用公法推动经济变革。在法律与发展的第二次浪潮中，为了将经济责任从政府机构下放至私营经济行为人，私法得到了人们的支持。每一次浪潮都会预先假定，不同国家在结构上，尤其是在法院权利上有所不同。然而，在法律与发展的第二次浪潮中，那些针对国家重建的法律改革，其含义往往并不明显又或是令人费解的，不是因为其本身被所谓的技术性法律改革所掩盖，就是因为国际组织不能干涉一国政治。这样，法律改革的表现形式就是一些令人费解的变化，它们颇具商业性、看上去与市场息息相关，而且不打算参与权力及权力的再分配（Halliday, 2010）。企业破产法就是这样一个具有高度技术性的全球规范，是国际金融机构试图在转型期国家和发展中国家传播推广的法律领域。准确地说，正是因为这个领域的技术专家和专业组织数量不多，所以这个例子很有价值，说明技术性商法对国家结构产生的实质性影响有多明显。

1998 年至 2006 年间，主权国家和跨国多边组织发起了大量倡议，希望能有序地处理跨境公司破产事务（Clift，2002；Flaschen & Silverman，1994，1998；Fletcher，1997；Westbrook，2000）[1]，并建立国家破产体系（Halliday，Block-Lieb& Carruthers，2009；Halliday & Carruthers，2009）[2]。人们敦促发展中国家[3]执行这些主张，事实上这些国家在国家活力、国际地位，甚至经济形式方面都有很大程度的不同（Halliday & Carruthers，2007，2009）。人们主张用不同程度的热情、劝导、诱惑，甚至经济胁迫来激励发展中国家。

在亚洲金融危机发生 15 年之后，也是苏联的计划经济体制瓦解 20 年之后，国际金融机构终于承认是自身的许多作为引起了人们的抵制、曲解和排斥。因此，国际金融机构和其他贸易立法组织认为"执行空白"是一个严峻的问题。

本章就产生执行空白的原因展开了讨论：它的产生是因为改革的幅度远远超出了狭隘的技术性改革范围，实际上，改革已触及国家自身的重组。而在贸易立法的掩饰下，国际金融机构扮演着国家规划者的角色。

本章将分为五步来详细讨论这一观点。第一步，我将展示英美两国在全球规范制定中的先例，它们预示着国家重组的大致轮廓；第二步，我会讲述，为了在全球范围内推广企业破产规范，全球跨国法律制定者

---

[1] 我们在本章区分了"跨国"规范和流程，它们指的是全球所有超越主权领域的规范和流程（包括双边、区域、多边和全球制度），其中，"全球"的规范和流程已经覆盖或旨在覆盖世界范围。参见 Shaffer（Chapter 1）。

[2] 一个明确定义的企业破产体系应该包含六个要素：（1）实体法；（2）程序法；（3）法院；（4）处理低资产破产和管理私人从业人员的政府机构；（5）负责处理重组企业债务的庭外机制，可以由私人或国家负责，也可由二者共同负责；（6）能够处理进行公司清算和修复工作的专业人员。参看下文，Halliday & Carruthers（2004b）。

[3] 这是对发展中经济体和转型期经济体的简称，尽管不是所有国家，但大部分都不成比例地集中分布在赤道以南。另外，中欧、东欧、中亚等地区的一些国家也包括在其中。

是如何对英美两国的先例进行解释和修订的；第三步，我将介绍中国、印度尼西亚和韩国改革的概况，它们显示了破产相关职能在国内的转换是如何对国家自身进行重组的——这个过程会产生不同的后果，而且常常失败。第四步，我将说明国家设计师之所以没能成功进行计划好的重大改革，是由复杂的递归动力学造成的。第五步，我明确了四组条件，它们决定了由设计师所制定的跨国法律制度体系的最终效力。

1. 跨国法律制度体系的国家模型

桑托斯（Santos，2000）认为全球常常对本地进行制度化。该观点甚至认为，任何全球或跨国制度化规范都是由一国某一特定规范发展而来，随后在国际上被普遍接受。事实上，在企业破产法这一案例中，两组主要的国家改革对全球新规范的制定和传播产生了双重影响。1978年，美国发起了一场后来发展到全球范围的运动，该国破产法大幅度修订，并围绕一个统一概念，即在破产法庭的保护下，让那些还有救助希望的企业得到恢复。到了1986年，《英国破产法》谨慎地选择了跟随美国的步伐，建立一套破产法体系，增加破产公司进行重组的可能性，而不是简单地清算了事。

一方面，密切贸易或地缘政治关系的原因，每一个国家的改革都对其他国家有着广泛的潜在影响。美国改革的实施对美国势力范围内的国家来说，其影响力与日俱增，尤其是柏林墙倒塌之后更是如此。而英国法律的重大改革同样在整个英联邦各国中有着不同的影响。

另一方面，特别是在美国的例子中，美国改革的主要趋势成为所有国际金融机构和国际组织的试金石，这些组织都试图为企业破产制度建立全球性和区域性跨国规范。的确，美国重组制度和英国重组制度之间的一些不同促成了全球国际组织内的辩论①。概括说来，"华盛顿共识"要素借鉴了《英国破产法》的基础——撒切尔主义的观点——

① 本章借鉴了与 Bruce Carruthers, Susan Block – Lieb, and Sooguen Oh 合作进行的研究项目。参见 Block – Lieb & Halliday（2007a）；Carruthers, Babb, & Halliday（2001）；Carruthers & Halliday（2007）；Halliday & Carruthers（2004a, 2007）。

它们将被推广到发展中国家，特别是运用到国家的私有化和精简规模方面。

1978年的《美国破产法》与1986年的《英国破产法》带来了大规模实质性和程序性的法律变革。尽管没有那么明显，但是它们也是实体法的制度基础。两部破产法都涉及：（1）市场与国家之间监管权力的转移；（2）国家结构重组和职能重新分配的要素；（3）市场结构和功能上的变化（Carruthers & Halliday，1998）。以后我还会说明，对亚洲金融危机后发展中国家的重组问题，二者有着不同意见。

A. 市场和国家界线的重新划分

广义上来讲，企业重组可以在三个机构中进行。首先，它可以由国家控制，并在国家机构的监督下进行。当企业重组是政府管理部门的主要责任时，政府官员代表国家利益来主持并购、重组、清算工作，以处理企业危机。其次，重组有可能完全留待市场规律解决，这样，例如银行等债权人可以冻结住无力支付到期债务的企业资产；也可授权财务上更强大的公司接管实力较弱的企业；或所有者和管理者只是解散无法继续运营下去的企业。最后，重组可能主要发生在市场，但须由一个国家实体机构监管，通常情况下是法院来主持，不过有时也可由专门委托机构处理。如何划分公私界线，对于破产中的各方会产生巨大的影响。如果它存在于国家层面，则会赋予官员极大的权力，而由私人债权人和债务人承担责任。如将其移交给市场，则私人方为主要受益者，但通常会牺牲公共利益。然而，划分出国家与市场破产控制的界线，不仅对于破产本身极其重要，对市场整体也有十分重要的作用。

简单来说，正是存在于市场和国家之间的这个断层和软肋定义了撒切尔夫人政策中的关键内容，以便彻底清除凯恩斯主义在英国市场监管中残留的痕迹，并重振英国市场。撒切尔夫人的破产改革从两条道路来达成这一目标。其一就是精简政府，坚持在任何可能的方面对政府职能进行私有化改革的方针，1979年英国的工业和贸易部向政府破产委员会建议，提出进行彻底的私有化，并认为应该在可管理范围内尽可能将破产工作转让给私营部门①。1982 年该部门还发布了绿皮书，建议将大部分私人破产业务从官方接管人移交到私人从业人员手上。而政府机关则将工作重心转移到更为重要的破产管理上。虽然，政府基本上输掉了这场"战役"，但在另一条道路上却是进步了，也就是将对问题企业公司董事会的一线监管工作，从政府官员手里移交给了私人破产执业人员（Halliday & Carruthers，1996）。它提出建议并定下制度，配置一个破产专业人员，专门负责报告董事的行为。政府官员将对监管者进行监督，从而免除了政府亲自参与监管工作的责任（Carruthers & Halliday，1998）。

讽刺的是，美国的破产改革政策提出了一个与其想法完全相反的建议。不是依靠法官和律师合作进行破产管理，而是采用了一种可能导致腐败出现和企业资产萎缩的做法，同时一份由布鲁金斯学会的报告（后来的美国破产委员会）提出要建立一个全新的政府机构，即美国破产管理局（Stanley & Girth，1971；US Bankruptcy Commission，1973）。用没有利益关系的专家取代"清算受托律师联盟"，这意味着 70% ~ 80% 的常规破产案件将从私人市场交付到破产专业服务行业，并使用行政手段进行处理。"国有化"受到法官和律师的强烈抵制，并最终从国会委员会起草的决议中消失，主要是因为当时卡特总统下决心精简机构，完全无法容忍增加更多机构（Carruthers & Halliday，1998）。

这些建议的意义并不在于其是否实施，事实上，这两个规定都被驳回了。可以这么说，它们意味着将以下两种发展可能性提上了破产政策改革的议事日程：一个国家可能放弃自己的某些权力或攫取以前不属于自己的某些权力。国家与市场界限的易变性预示着可以为发展中国家拟定各种不同的制度，而这些国家的公私界限总是会朝着其中一个方向转移的。

B. 国家重组

美国破产管理局的努力不仅仅是将业务从私人律师手中移交给政府

---

① 科克委员会备忘录，September 19，1979，paras. 6 - 7。

官员，它还提议设立一个新的国家机构，该机构不由其传统上隶属的司法部门管理，也不由它天生应该属于的行政部门管理，而是由国会进行管理。由此产生的争斗指出了在未来围绕破产公司治理进行国家重组的可能性。

英国则采取了相对温和的形式。英国政府设立库克委员会来推行破产改革，并提出所有的破产案件都应交由破产法庭处理，因为这个法庭是专业的、高效的而且合理的，一名委员还曾指出它与现下"完全疯狂的司法状况"之间对比强烈。从地方县级法院到高级法院形成了一个有层级的法院体系，遵循"自上而下"原则。当然，一些案件也会移交给庭外的破产服务行业处理。但这一想法最后也化为泡影，因为当时的撒切尔政府不能容忍在减少公务员数量和公务支出的同时，管理成本却反而增加（Carruthers & Halliday，1998：456-70）。

而在美国，改革派所倡导的全面提升破产法庭地位所取得的结果则完全不同。因为美国早就设立了专门的破产法庭，但一直受到布鲁金斯研究所的指责，认为它"办事方式单一、花费甚高，效率低下且成果不显，既破败寒酸又不近情理"，这些评论造成许多大公司和银行对破产法庭采取敬而远之的态度。在破产法官和金融团体的推动的推动下，委员会提出将"破产法庭"升级为拥有"宪法第三条"所规定地位的联邦法院，其法官由总统任命，任期15年。他们这些专家都是不会有腐败行为的。简言之，他们会提供高效的、中立的和足够的司法正义。虽然这个提案引起了地位显赫的联邦司法界强烈的抵制，但其纲要仍于1978年11月6日被签署为法律（Halliday & Carruthers，1998）。

虽然人们在1978年并没有预料到这一创举的影响力，但是它的影响却不仅仅局限在美国境内。世界银行和国际货币基金组织都采用了专门的破产法庭的概念，将其纳入它们的全球规范中，并同时在它们的国别改革计划中大力推行。（International Monetary Fund［IMF］，1999；Oh & Halliday，forthcoming，World Bank，2001a）。这一举措在全球范围内掀起了法院体系内部以及司法与行政部门之间的激烈政治斗争。

C. 市场重组

破产体系需要专家。因为公司破产会涉及资金流和资产负债表，所以了解会计方面的专业知识是必不可少的。因为重组需要引入新的资本，想要扭亏为盈，财务上的复杂性是不可避免的。公司的清算或重组经常会涉及法律规定，因此法律的建议通常是至关重要的。但各国破产实践的历史表明，劳工部门有可能变化极大。

1986 年以前，英国的模式与一些发展中国家有着不少相似之处。由于破产从业人士不需要申请从业许可证，也不受政府和行业协会的监管，故而在英国的破产行业出现了为数不多的一群人，他们被称为"清算牛仔"或"公司秃鹰"。因为绝大多数从业者都是合格的会计，他们就成为抓住了机会的那部分人，赶上了破产实践的专业化改革。因此，《英国破产法》能出名的原因是它对专业私营行业的制度化，这个行业主要包括有资格主持公司清算和重组工作的专业人士。议会给数个专业机构授予自主管理的权力，但前提是该机构必须拥有完善的职业道德行为规范、严格的会计规则、入行测试、纪律惩戒、不断更新的要求，以及清晰的保险范围（Halliday & Carruthers，1996）。而破产行业的专业人士包括律师、会计，甚至调查员。然而，最重要的是，通过将自主监管的权利委派给私人机构，对政府而言能尽量减少其监管责任和干预任务，这也是将工作从政府转到市场的另一种机制。

改革对美国各行业产生的影响形式不同，但对后来的跨国规范并非毫无影响。在美国，虽然律师按惯例垄断了破产工作，但直到 1978 年以前，这项业务在法律行业内部都被极度贬低，同时被高端律师事务所边缘化。这一业务被边缘化的原因一部分是因为完成任务缺少挑战性，一部分是因为它的付费结构，其奖励机制不足以吸引那些老于世故的律师涉足该领域的业务。美国联邦《破产法典》（*Bankruptcy Code*）对收费制度的调整改变了这种情况，这一看似无关紧要的举措对这个专业的人才招募产生了巨大影响。一方面，1978 年的《破产法典》让人们极为期待的一件事成为可能，那就是大公司能在法律意义上的破产之前寻求法律庇护，规避债权人，实现企业重组，最终以更具竞争力的形式重新进入市场。另一方面，这种创新型重组的合法前景带来新挑战，由于同时改变了收费结构，因此吸引了业内最精明能干的律师。《破产法典》规定破产业务的收费由破产公司规模（公司债务人的所有资产）和它给重组企业所带来的价值决定。律师不再受到以小时计费的约束，他们为破产公司挽回数百万、数十亿的资产，使重组的成功率大大提升，而他们自己也能收到相应的好处。这样，这种业务就与利润丰厚的兼并和收购业务没什么不同。其效果就是吸引了最优秀的律师涉足这个行业，保证了该私营行业内的服务质量，使其能与法院的司法精确性和权威性提升相适应（Carruthers & Halliday，1998：441－9）。

各类国际组织没有忽视破产实践性质的革新所带来的惊人成就，它们开始建立全球规范和跨国规范。一个复杂的私营行业开始以两种方式运作，并能适应范围更广的意识形态。它允许政府收回自己对市场的干预权，因为只要私人专业人士最终对法院负责，国家可以放心地交由他们来管理市场。更重要的是，它表明，对从计划经济体制中转型的国有企业以及国家主导经济中庞大而笨拙的企业集团来说，专业人士可以处理的企业重组范围可能比迄今所能想象的更加广泛。经济发达国家的先例又一次成为国际规范并辐射全球，帮助各国重组政府和市场，以及重新规定两者之间的界限。

2. 法律制度体系的全球及跨国规划

三组事件推动国际组织加入发展中国家和转型国家的国内破产制度建设：柏林墙的倒塌、几个重要的发展中国家和转型经济体的债务危机，如墨西哥、俄罗斯，以及亚洲金融危机。

苏联解体后，放开的计划经济体将推动破产制度的建立当作市场经济的一个条件。国家重组出现了新的机会，但以国家为中心的模式在意识形态上不大可信，现在需要找到替代的方式。在寻找新模式的时候，人们开始提倡用新自由主义来填补这一空白。破产制度推崇以市场解决破产公司问题，尽管这些解决方案受到法律的约束或者支持，但却迅速而直接，具有吸引力。不仅是欧盟，甚至连欧洲复兴开发银行（European

Bank for Reconstruction and Development，EBRD)、经合组织（OECD）、世界银行、国际货币基金组织等跨国组织，都聘请了顾问，并在需要时给出建议，为改革提供帮助。发生这种情况时，国际组织之间关于实体法或机构没有任何统一模板或共识，但它们都涉及实质性和机构性改革，而且它们通常倾向于放宽硬性的清算规定，以免过早地扼杀那些还存有恢复希望的企业。

在墨西哥和厄瓜多尔的债务危机中，或是更为极端例子，如亚洲金融危机期间，国际金融机构在泰国、印度尼西亚和韩国采取的干预措施中，一系列有关机构和结构的提案最终被收入国家政府和多边银行之间的最终协议。它们已经开始显露出趋同的迹象。对于国际组织来说，它们也清楚地意识到，只是重复临时性的、不正式的方法，浪费了国际金融机构积累的经验，同时，即使有些国家希望避开可能出现的危机，国际组织对它们也无法给予足够的规范性引导。

A. 规划者

这三组实践带来的结果就是，各种国际规范在五种级别的机构影响下制定形成，从不同的角度对同一组事件以渐进、趋同的方式做出回应（Halliday & Carruthers，2007）。第一，就是跨国集团，最著名的是七国集团和二十二国集团，为了防范金融风险和促进经济发展，一直向国际组织施压建立规范和监管框架，这其中包含了债权人－债务制度（G－22，1998a）。第二，全球的金融机构（由国际货币基金组织和世界银行领头），以及区域性金融机构，特别是亚洲开发银行（ADB）和欧洲复兴开发银行，它们均参与了制定国际规范，包括标准（Asian Development ment Bank，2000）、结论（International Monetary Fund［IMF］，1999）、原则（world Bank，1999；world Band/UNCITRAL，2005），诊断（European Bank for Reconstruction and Development［EBRD］，1999）。第三，来自国际行业协会的专业支持功不可没，其中表现最为突出的是国际重组和破产行业协会（International Association of Restructuring, Insolvency & Bankruptcy Professionals［INSOL］）和国际律师协会（IBA）。第四，联合国国际贸易法委员会（UNCITRAL）提出制定破产规范的建议形成了全球共识，这一点吸引了其他有兴趣的国际组织参与讨论，同时它还吸引了六十个具有代表性的国家代表团（UNCITRAL，2004），这是因为它作为一个有代表性的联合国组织具有更大的合法性（Halliday & Carruthers，2009）。第五，一些发达国家，其中最有影响力的是美国，在国家救助期间直接对国际金融机构施加影响，并直接以联合国国际贸易法委员会为代表直接发声施加影响。而另一个国际组织——经济合作与发展组织则主要通过其在亚洲的年度区域论坛来促进规范的发展和传播，因为该地区的债务危机威胁到整个世界经济的稳定。

这些国际规范及跨国方案主要有三个来源。一是来自发达国家的经验，特别是英国和美国，在其国内立法中努力建设破产体系，力求保全破产公司，保留那些即将被清算的公司内残留的一切资产价值，保护债权人、工人和公共利益。另一个则来自国际金融机构本身的经验，这些经验既包括他们在原本没有相关制度的地区建立破产制度的反复尝试，也包含他们对发展中国家的破产制度的改革，这些国家混乱的社会情况会引起金融危机。

第三个来源是经济意识形态，它传播得更为广泛，其中一些已经影响了发达国家进行的改革，比如英国的撒切尔主义；而另外一些将为贫穷国家的经济发展提供资讯。对于后者，第二波浪潮中法律与发展的范例（Salacuse，2000）来自华盛顿共识与后华盛顿共识。其中前者强调私有化，后者承认整个制度以及其中的法律机构，是发展中国家关键性的监管结构（Easterly，2007）。20 世纪 90 年代后期，法律和金融的新学说有时会用可疑数据来增强可信度（La Porta et al，1997），它们和制度经济学（North，1990）一起推动国际金融机构的法律部门参与到制度建设中去。因为，这也使国际金融组织的律师改变了原本只对经济学家进行辅助性服务的角色，有些理论强调可行市场的法律基础，正是它们给予律师所需的理由，这些理论坚持认为法律重组必须与经济重组并行。

一份由国际金融危机工作小组发布的有关二十二国集团的报告就开诚布公地断言，"国际金融危机始于亚洲，现在已经蔓延至其他大洲，这也敦促国际上尽快规划并投入国际金融体系建设中"①。而这其中的主要观点包含了"对预防危机、缓解危机以及解决危机来说，强有力的破产制度和债务人－债权人制度十分重要"②。而这个体系还必须为濒临破产的公司提供一个"可预见的法律框架"，这就意味着，这个体系应该具有公平性和可预见性两个特征。

在这里我们不难看出，二十二国集团特别指出破产是法律和金融的基本前提，"一个全面有效的法律和监管框架是经济发展的先决条件"。③国际金融组织反复声明这条口号，将亚行的这一所谓前提融合进法律和市场理论中，宣称"好的法律可以带动投资的增长，进而反过来刺激经济的发展（并且，对于有的组织来说，还可以帮助减少贫困现象）"。而亚行也提到，好的破产法满足以下几个要求，即"明确性和可预见性""商业的稳定和秩序""商业效率"和"公平的商业或平等的待遇"，以及"透明度"等④。对于世界银行而言，"透明度、问责制和可预测性是健全信用关系的基础⑤"。同时，世界银行还总结了国际货币基金组织（IMF），联合国国际贸易法委员会（UNCITRAL）、亚洲开发银行和其他国际组织的观点，那就是强有力的制度和法规对一个破产制度是不可或缺的。国家贸易法联合会的《立法指南》开篇就指出：一个破产制度必须提供"最高效、最及时、最公平"的服务⑥。因此，经过反复推敲研究，我们选取了以下三个术语："现代性""普遍性"和"必然性"来表现该规范的合法性（Halliday，Block－Lieb，& Carruthers，2009）。

B. 规划

全球规范集中在九个关键目标上，这些目标均来源于联合国国际贸易法委员会颁布的《破产立法指南》中的破产制度（2004）。

---

① G－22. 1998a.

② Id.，p. 5.

③ Asian Development Bank 2000.

④ Id.

⑤ World Bank/UNCITRAL 2005.

⑥ 联合国国际贸易法律委员会（UNCITRAL）2004。

事实上，这些规范和那些已经附在 1997 年二十二国集团关于全球金融体系报告中的规范非常相似，大多数国际组织都将那些规范纳入自己的规划之中。于是，联合国国际贸易法委员会没费什么力气就根据其几个主要成员国表达的意见做出了总结：

为了建立和发展有效的破产法规，应该考虑以下几个重要目标：

a）保障市场促进经济稳定和增长；

b）资产价值最大化；

c）在清算和重组之间取得平衡；

d）确保给予相似处境的债权人同等待遇；

e）提供及时、有效、公正的破产解决方案；

f）保留破产资产，以确保公平地分配给债权人；

g）确保破产法案透明、可预见，鼓励收集和传播信息；

h）承认现有债权人权利，并为优先索赔的排序建立明确的规则。①

推动所有这些目标的潜在原则是，只要有可能，濒临破产的企业都应该有选择重组的机会和方法，而不是一刀切地对它们进行破产清算（Block - Lieb & Halliday，2006）。这一点不仅成为专业人士的战斗口号，也是政策制定者的战斗口号；前者是因为能借此得到助其恢复元气的特别待遇，而后者则是因为偏爱那些能软化硬预算约束和保证工人就业的法律（Carruthers，Babb，& Halliday，2001）。

全球和跨国行为人最终确定了六种制度要素，以使任何一种破产制度符合共识。这些要素成为模型，被活动家和干涉主义者的国际金融组织应用于特定国家，它们认为这些国家存在体制缺陷，并给这些国家指定了制度上的补救措施。

1. 实体法和程序法

破产制度需要实体破产法和程序破产法。简单来说，这就要求立法

---

① Ibid.

将一项或多项法规记录下来，使得商业行为人能管理他们在市场中的行为。通常它还需要采取行政措施，以制定具体的程序，从而使这个过程可被预测并能有序进行。

2. 法庭

破产制度还需要法庭的参与，其职能可谓广泛。从基本的职责来说，它们可以负责仲裁当事人的纠纷，否则就得通过市场交易来进行清算或重组；它们在约束私人协议方面也更具权威性。从更广泛的角度来说，它们可以作为一个授权平台进行清算，也可以作为一个对公司重组提供监督的中立机构。并且，在开发银行制定的破产规范中，一再强调法院必须是所有破产制度的核心（International Monetary Fund［IMF］，1999；World Bank，1999，2001a）。即使大多数清算和重组案例并未在法庭内进行，但法院至少可以将庭外调解行为置于自己的荫蔽之下并给予支持（United Nations Commission on International Trade Law［UNCI-TRAL］，2004）。但是，国际金融组织的官员和顾问反复表示，只有当债务人和债权人同时意识到庭外调解失败将导致清算或其他违背当事人意愿的行为时，法院对绝大多数的庭外企业重组案例的影响才会起作用。

3. 庭外机构

有些时候，当庭外机构能帮助公司重组，而且不会因为法律诉讼程序产生开支和造成延迟的情况下，则破产制度发挥的作用最大。英格兰银行就制定了伦敦规则（London Rules），以推进由这家银行代理的计划（Meyerman，2000）。国际破产从业者协会则为债务人和债权人就庭外贷款事宜进行重新谈判制定了原则。

4. 政府机构

许多国家都设立政府机构或部门专门处理破产事务，他们并不仅仅是为了提供中介服务，而是作为一个不可或缺的组织存在。负责该业务的机构较多，既有较为少见的能代替法院成为清算和重组中心的机构（如哥伦比亚），也有负责处理小型破产业务的机构，后者常常连私人执业者的费用都无法支付（例如，英国破产服务）。政府机构常常负责监管被国家指定为信托人的个人执业者和受托人。国际金融机构在拉美和亚洲已经设立了各式各样的庭外机构（Mako，2001，2003）。当然，如果庭外机构没有发挥作用，公司还可以转而向法院寻求帮助。

5. 专业

最后，破产制度需要业内专家。虽然可以想象，一个完全由政府工作人员管理的破产体系，但在发达国家这种情况是不可能发生的。如果出于稳妥和公平的考虑，有一部分的破产业务需要在法庭内解决，那么另一部分则可交由私人市场的专业机构处理。根据各类案例，破产企业通常需要律师、会计师、专业破产从业者的综合服务，而且这些专业从业者本身应该具有律师或会计的从业许可。因此，一个行之有效的破产制度应该是从私人专业服务市场发展而来，且该市场还受到国家鼓励或监管等措施的激励和制约（Asian Development Bank［ADB］，1999；International Monetary Fund［IMF］，1999；World Bank，2001b，2005）。

破产制度的六要素是制度推论出来的结果。例如，如果一个发展中的市场不再运行破产制度，那么引入一个强有力的法院会使商业活动中增加一个行为人，让国家机构能干预迄今仍由个体行为人进行的谈判活动。如果一个国家已经习惯于由行政命令决定，哪些重要企业会继续保留下来，哪些会面临被合并或被清算的结局，那么，企业私有化和破产行为则取消了政府直接干预企业日常事务的能力。这两个例子指出了一个更为普遍的现象。几乎所有全面采用破产规范的发展中国家或转型国家，都需要进行一定程度的国家重组，从而对国家内部和外部权力进行重新分配。

3. 国家重组

20 世纪 90 年代至 2007 年，在中国、韩国和印度尼西亚等国家的实证研究表明，国家重组可以通过三组方式进行：赋予新的国家职能；国家内部职能和权力的转移；国家职能的替换。

新的职能。这一类型主要是东亚国家，它们赋予法院更多权力，提升法官的能力和廉洁品行，让法院更多地参与市场债务重组事务，所有这些改革都是为了提高法院的地位。有时，部分国家（例如印度尼西亚）则会经由国际金融机构设立一个全新的机构，以便缓解法院的压力。这一庭外机构参与国内的仲裁事务，希望能为债权人和债务人提供一个公正、中立的谈判平台，让企业无须求助法院就能完成重组。

国家内部的职能转移。破产法律体系的建立或是重建，都会涉及国家机构的职能和权力重新洗牌。例如，在法院系统内部，国际金融机构就一直建议设立专门法院，因为这类机构在亚洲国家地位不高，有时可以赋予它特别的权力，提高对法官的奖励和在公众中的曝光度，通过这些方式，使其知名度和影响力得以提升。但是，如果法官被赋予更大权力来判决具有重大经济后果的问题，那么他们本身就需要接受监管，这也在某种程度上促使国际组织推动新的监管结构制度化，以审查公职人员的财务状况，预防腐败，因为腐败在企业破产案件中普遍存在，并对国家权威产生负面影响。在中国、韩国和印度尼西亚等以政府主导发展的经济体中，国际金融机构模式实际上将监管控制权从国家机构移交给了法院。这种转变，如果发生在韩国，就是从财政经济部转移到法院；如果发生在中国，就是从国有企业和贸易委员会，或是它的继任者国资委转到法院，在 2006 年企业破产法生效之后几年里，这个转变仍是局部的、不确定的。此外，在中国、韩国和印度尼西亚，每个国家都设立了一个有效的破产法律体系，都不可避免地强化立法机关，牺牲更多的行政权力。在取代公务员仲裁或调整时，无论是中国、韩国，还是印度尼西亚，都起草或是通过了法规，授权专门机构治理企业重组。从表面上看来，中国和印度尼西亚将核心的决策权从技术官僚机构转移到推选出来的机构——一个完全不同的国家权力核心，有着明显不同的权力配置和治理责任。我将在下文回顾国家内部权力转移的一个重要例子：韩国政府干预了市场参与者的重组，取消了官僚性干预并扩大了法院的权力。

代替政府职能。20 世纪 90 年代，随着对外开放的力度加大，政府职能从政府转移到市场或是"中介组织"手里，这个转变带有典型中国特色。这种转变与以下几个方面有关：一是无论作为计划经济还是国家主导型经济的经济管理者，政府已威望不再；二是国家表现出压倒一切的决心。重设破产体系期间，在国际金融组织的敦促下，中国政府采取两种主要形式的重组。其一，设立破产专业，或者重新发展会计、法律和其他专业，以确保为企业摆脱困境提供充足的、有效的专业技术服务。实际上，政府建立了监管体系来管理相关专业服务市场。其二，就是针对个体市场行为人如债权人和债务人的要求，建立全新的责任感和能力，以便了解和适应公司不断变化的财政状况。破产体系因此降低了政府官员的直接监管责任，同时也让市场行为人自身对债务人公司的财政情况提高警觉性，从而能够及时采取措施挽救信用风险和公司危机。我在后文回顾了一个典型案例：中国政府撤销了对国有企业的直接行政控制，并鼓励使用市场解决方案。

我们还总结了在三个国家内政府的重组形式，第三节剩余的内容分别选取了三个国家在国家重组过程中的一个著名案例，阐释了国家变革的典型类型。

A. 替代政府职能：中国①

在计划经济时期，完全由政府官员做出企业决策。一方面，苏联计划经济失败，东亚地区实行计划经济的国家数量减少（如越南、中国），而与此同时，这些国家都放开了私有市场，任其发展，同时对国有经济进行改革，将国有企业从国家的层层保护中推向市场、参与竞争。

20 世纪 70 年代后期，邓小平在中国掀起了改革开放大潮，中国开始走向市场经济，随后几年间，人民代表大会通过了一系列商业法律（Peerenboom，2002）。共和国建立以来的第一部破产法——《企业破产法》（1986 EBL），于 1986 年 12 月由人大常委会批准通过（Cao，1998a，1998b；Zheng，1986）。该草案只适用于国有企业，但其中有两项重要的规定：其一，如果企业宣告破产，将进入清算流程；其二，如果企业能在经济上表现出还有继续经营的可能性，那么该企业可以有机会在金融和运行方面进行重组（Peng，1987）。有了这两个规定，该法规已超出了计划经济的范围。因为迄今为止，计划经济从未考虑过关闭

---

① 对于本案例的进一步分析，请参见 Halliday & Carruthers（2009），Chapter 7。

企业和解雇工人的可能。该法规还预见了在未来几十年里，政府政策的核心是重组企业，而非解散企业。

中国国家经济贸易委员会（SETC）的主要行政职责是管理国有企业。1994 年，该机构踏出了行政改革的第一步，以此来弥补几乎完全失败的《破产法》（1986）的不足，以便完成企业的清算和重组。[①] 它敦促国有企业进行内部重组，而非清算。与此同时，中央银行在 1994 年推出了《资本结构的优化方案》（CSOP），根据这个计划，银行通过允许实力较弱的企业进行清算，来免除一定数额的贷款。1994 至 1995 年间，这项试验在 18 个大城市开展，预期免除大约 70 亿元人民币的贷款额，1996 年扩大到 56 座城市，1998 年的时候，已达到 118 座城市，免除贷款额也上升至 400 亿元人民币。外国专家抱怨说，一般情况下，政府都会采取强硬措施来指导企业的破产、兼并、收购以及重组的权限（World Bank，2000：4-3）。然而，最终结果是增强了最优秀企业的财务能力，使得大多数企业最终都可以在市场上与其他企业竞争，同时也关闭了大多数需要作为政府的附属才能运营而且永远无法盈利的企业。

尽管破产法庭介入企业破产，但是越来越明显的是，中国发展迅猛的市场经济长期为该国"原始的破产制度"所困扰（ADB，1996）。而《企业破产法》仅适用于国有企业，大多数中国企业既不在它的管辖范围内，也不是政府机构密切关注的对象。中国采取了多种方法来处理企业倒闭事务：（1）1996 年的《企业破产法》适用于国有企业；（2）对于部分城市和行业的国有企业，采用国家经贸委制定的监管制度；（3）《民事诉讼法》和《商法》中有限的一些破产条款则适用于其他法人（非国有制企业）；（4）一些特别法规适用于深圳等经济特区的公司；（5）对外贸易经济合作部（MOFTEC，以下简称外经贸部）对于中外合资公司有特殊规定。

1994 年初，政府从立法入手开始了第二轮改革。全国人大财政经济委员会成立一个起草小组，并授命该小组制定一套全面的破产法规，该法规适用于中国境内所有的企业，无论是国有企业还是私营企业，无论

---

① 亚洲发展银行（ADB）1996：32。

是法人还是非法人均可适用。为了证实此行动的决心，中国政府还向亚洲开发银行（ADB）寻求了技术援助。在一系列的研究与报告中①，亚行要求为所有具有法人或是自然人地位的贸易实体建立一个全面的、持续的破产法规。它还提议建立一个完整的破产体系：设置专门的法庭、配备训练有素的法官和官员以及资深专家，并在政府内部设置一个监管机构。与此同时，它也在寻求结构上的变化，将破产实践与行政干预区分开来，以便"在政府行政部门和司法部门对管理新法律的不同参与度之间划分出清晰的界线"。然而，亚行还建议设立一个政府机构——中央清算所，专门负责处理银行的漏洞以及国有企业之间的巨额债务，同时设置一个强大、独立且专业的国家机构，负责处理在竞争激烈的市场中无法立足的国有企业破产事务②，但其实质上还是强调企业重组。

　　亚行的分析和方案与四年后世界银行的判断惊人相似③。世行倡导制定一套全面的、适用于所有企业（包括自然人企业）的破产法体系，但是为了尽量减轻潜在的社会影响④，建议在国有企业中逐步实施。

　　1996 年，全国人大技术起草委员会起草了一份草案，既保持多数资本主义国家普遍具有的特点又具有明显中国特色⑤。该法律草案提出了对清算企业的常规规定，但却着重强调了重组企业的能力。不同于 1986 年的《企业破产法》，该草案反映了发达国家，特别是德国和澳大利亚对破产制度的进一步认识。这是一个重大的转变，标志着由法院掌控、债权人主导、极度依赖专业的受托人和从业人员的破产法律体系开始形成。然而，这一程序在 1996 年被全国人大法律工作委员会叫停。其后四年间，起草小组成员考察了世界许多国家和地区，加深了对国外体系

---

①　R38 - 95（1995），致 ADB 董事的报告；TA2271 - PRC（1997），关于国有企业破产改革的最终报告，TA2748 - PRC（1997），重组破产国有企业的最终报告草案。

②　ADB 1996：6.

③　该行开展了更广泛和系统的评估活动，其中包括对国家经贸委和法院的破产数据，在五个城市（上海、沈阳、长沙、芜湖和娄底）进行访谈，对 4 个城市中 15 个研究案例中涉及 195 个已破产企业进行统计分析（世界银行报告草稿，2000 年 9 月：i）。

④　因为世界银行认为，政府担心社会不稳定对国有企业的影响尤其严重，所以这是一项战术性措施，旨在消除法律即时通过程序中所存在的障碍。

⑤　这里引用是《中华人民共和国企业破产法（草案）》，此后引用的是 2001 年 4 月 26 日颁布的法律草案。

制度的认识，并获准在 2000 年重新对草案开展审议工作。

随后，在 2000 年至 2005 年间，全国人大起草小组拟定了一系列草案，给破产企业提供了三个选择：接受清算、调解（针对小型企业的债权人－债务人协商），或是在法院保护下重组。全国人大不同单位还向世界银行和亚洲开发银行咨询，最重要的是，德国的援助组织德国技术合作公司（GTZ）就后续草案主办了一系列会议，邀请世界上前沿的专家就如何完善该法的问题发表意见[①]。2006 年，经合组织在北京又召开了另一次大型会议，以促进改革与国际标准保持一致（OECD，2008）。同年，新的《企业破产法》就由全国人大常委会通过，并于 2007 年 6 月 1 日起生效。

这个法律文本对国家结构具有两个重大影响。一方面，它宣称要基本取消国家对企业的行政管理权。其中属于例外的是 2167 家国有企业，至少有一段时间，它们并不在破产体系之内，而是由国家资产管理委员会（国资委）管理。国家监管机构还保留了一些自由裁量权，使国有企业可以不进入法庭程序而实现重组。2006 年《企业破产法》也意味着收回国家的直接经济管理权。另一方面，转向市场力量、管理的自由裁量权以及市场专业领域的这一变化，极大增强了法院的潜在权力。尽管现在大部分破产事宜都交由私人专业人员处理，尽管政府机关已成为债务人和债权人的协商平台，但在其他途径都不可行的情况下，政府机关仍然是最后一个选择。

中国建立破产体系，以及国家参与企业重组过程，并不是迫于跨国规范强加于该国财政和政治体系的压力。国际金融组织和双边援助组织的加入是按照中国的要求进行的，因为改革的大部分遵循了中国的时间表。然而最终结果显示，与世界银行和联合国国际贸易法委员会宣布的国际规范有着明显的趋同。因此，中国社会市场经济的长期变化也迫切需要法律机制来处理市场失灵问题。政府在开展改革的过程中十分谨慎，采取试点，逐步落实这些措施，还为国际金融组织和捐赠人的参与设定条件。最终，国际组织不断地参与到中国的改革中，改革者们也不

---

① Cf. GTZ，"中国破产法最新发展简报"，2004 年。内部报告。

断学习其他国家的实践经验，最终制定了一部广泛遵守国际破产规范的管理原则。而正式法律的这种变化能否与法律实践一致，还是一个未知数（Halliday，2007）。

B. 国家内部的权力转移：韩国

韩国这个案例反映的是，在跨国压力下国家机构权力分配如何发生转移。在韩国的破产改革中，政府机构成为一个聚焦点，尤其是因为亚洲金融危机带来了大量的改革计划，这些改革主要集中在1998年韩国政府与多边机构谈判达成的一揽子方案里。韩国之所以能够在三十年间从第三世界国家跻身第一世界国家的行列，得益于其政府大力开展的经济发展举措，遵循了经典的国家发展模式，在这个过程中，强大的政府不仅制定了宏观政策，并且还对微观经济进行了深入干预。其产业政策主要出自强大的韩国财政部和经济规划委员会，这两个机构权力极大，提供信贷的机构负责决定哪些属于优先考虑的产业，以及如何对新兴产业实行关税保护，直到它们做好准备参与国际市场竞争（Cumings，1997；Woo‐Cumings，1999；Woo，1991）。政府部门直接干预大型企业的事务，并决定与融资、重组和清算相关的重要事务。因此，企业重组实质上并不是由市场行为人决定，而是以政府作为代理人来处理，对于工业部门和经济部门情况都是一样。

当企业命运基本上掌握在官员手中的时候，破产法几乎无用武之地。在1990年至1996年间，韩国处理财政困境的案例中只有平均不到100起求诸企业重组、合并和破产法（Nam & Oh，2000；Oh，2001）。几乎没有法官处理过破产案件。陷入财政困境的企业往往会收到行政回应，但是企业结构性的问题远远超出了韩国破产诉讼范围。该国强大的财政机构对法院处理重大经济案件的能力提出了质疑。尽管法官们都是最优秀的法学院毕业生，地位也极高，但是他们受过的专业训练和个人的倾向性使得他们对于此类经济案件掌控有限。正如1997年《博思艾伦报告》所建议的那样，政府部门要收回对经济的指导，需要一个涉及经济治理典型变化的重大转变过程（Booz‐Allen & Hamilton，1997）。

发生在1997年下半年的金融危机迫使韩国政府寻求财政援助，国际金融机构贡献出其制度模板进行宏观经济改革，方案中包括为市场监管制定法律制度。破产改革和企业重组体系是国际金融机构授权变革的显著特征（Mako，2001，2002a，2002b；Oh，1999）。实际上最明显的一点是严格限制财政经济部参与微观经济决策，尤其是信用的扩展与导向。银行和债权人应该根据市场做出决策，选择重组和清算的企业也不例外。对那些在私人市场无法处理的破产企业，现在可以移交给法庭处理。总之，世界银行和国际货币基金组织设想重振以法庭为基础的破产体系，将微观经济权从经济财政部归还市场参与人和法庭。法律，而不是行政裁量，将为财政困难的企业提供新的治理体系。

国际金融机构也意识到，在危机最严重的时期，决定性的行政行为措施是避无可避的。1998 年 10 月，韩国政府出台一系列"大动作"，促使其国内的许多大型企业选择合并，主要是为了保存自身的财政实力，并改善其资产负债情况（Nam & Oh，2000）。经济财政部与新的财政监管局合作，敦促国内银行签署一个协议，银行承诺开展一系列的庭外活动，以便更有效地监控其借贷方的财政状况（Iskander et al.，1999；Meyerman，2000；Oh，2005）。一旦企业出现财政困境，银行应该出面促进资产重组的活动，所有这些都是为了让企业免于破产——或被送上公堂（Iskander et al.，1999；Meyerman，2000；Oh，2005）。在接下来的几年里，经济财政部不断增加这些庭外审查的权宜之计，2001 年通过了《解决方法修正案》，并在同年颁布了《企业促进重组法案》，极其讽刺的是，这些措施意在寻求法院的力量，拟定了具有约束力的谅解备忘录，可是到目前为止，备忘录仍然不具备法律效力（Mako，2002a；Ministry of Finance and Economy，Korea，2001，2002；Oh，2002）。

在最理想的条件下，银行实施庭外措施可以减少政府机构对企业事务直接进行行政干预。事实上，韩国最著名的几家银行也需要政府资金注入，故此政府监管机构常常全程参与银行的日常决策制定。然而，更重要的是，在财政经济部门收回对企业微观经济管理的同时，世界银行与国际货币基金组织也向韩国政府施压，要求将法院融入商业生活中去，提升法官在商业方面的专业知识，加强法院的竞争力。为实现上述目标，他们提出在韩国设立一个专门的破产法庭。

专门法庭的概念直接来自美国《破产法典》，并且已经进入了国际金融机构（总部位于华盛顿）的规范体系。与美国国会通过 1978 年《法典》期间的辩论一致，国际金融机构认为，即使是最复杂的公司重组工作，也可以委托给一个十分专业的、高度称职的、经验丰富的司法机构办理，同时，该机构还需具备明确的管辖权和广泛的权力。几个月前，印度尼西亚政府接受了国际货币基金组织的提议，在印度尼西亚国内设立专门商业法庭。鉴于韩国国内已经设有行政法庭和专利法庭，看来，韩国距离实现这个对市场稳定至关重要的职能，只有一步之遥了。

这一提议却在法律体系内部引起了激烈的反对。虽然韩国设有专门法庭，但是法官们只是在例行轮岗的时候待在那里。一个真正意义上的专门法庭，需要重新规划司法职业，以及放弃通才型法官的模式。最高法院不大确定案件的数量能否支撑一个专门法院的运行，但正是专门法庭的财政问题，最终让最高法院认识到这是它自己无法承担的（Oh，2001）。

然而，最高法院也承认了专门法庭在处理复杂案件时的价值。它采取的做法是，在审理复杂案件时，法院可指派由商业专家组成的破产委员会协助法官判案，事实证明，这一方案十分有效。并且，与国际金融机构的意向一致，韩国政府在国内设置了与专门破产法庭具有同等职能的机构：该专门办事处设在首尔区法院和全国其他一些中心城镇。政府任命优秀法官到这类法院任职，并建立破产法律体系，其中包括意见、实践手册、工作坊以及专业培训等（Oh，2001）。结果证明，国际金融机构的估计是正确的。立案数量迅速增加。法官在处理此类复杂案件时也变得越来越得心应手。相应地，债务人和债权人开始将法院视作一个可以进行重组工作的平台，而不再期待任意形式的政府干预。在差不多十年后，预期中对于法院的授权似乎在日常工作中得以实现。

C. 赋予政府新的权力：印度尼西亚[1]

印度尼西亚这个案例证明，在国际压力和跨国压力下，再加上金融

---

[1] 关于印度尼西亚破产改革的政治细节，参见 Halliday & Carruthers，2009：Chapter 5。

危机的杠杆作用，印度尼西亚加快了新法律制定，赋予政府新的权力，其目的在于提高机构的能力。1998 年 2 月，印度尼西亚请求国际货币基金组织帮助处理本国一场大规模的金融危机，这次危机由于印度尼西亚国内开展的外债重组、银行及公司重组等一系列问题而进一步恶化（Lane et al.，1999；Pincus & Ramli，1998）。正是 1998 年的这一场金融危机促使国际货币基金组织和世界银行以及其他一些多边机构认识到对破产法进行彻底改革的迫切要求。于是，国际金融机构试图对无力偿还 300～800 亿美元外债的公司进行即时分类，更不用说以卢比计算的债务也堆积如山。国际金融机构采取了更加富有远见的措施，他们致力于建立一个长期的解决方案，以预防未来危机发生，为今后处理公司债务提供了有序的机制①。

国际金融机构在印度尼西亚完整的干预措施包括开展实体性和程序性的法律改革，设立新的商业法庭专门负责处理企业破产问题，同时设立庭外机构处理债权人与债务人的协商，并形成了新的破产领域职业。国际货币基金组织与一些印度尼西亚国内的改革者合作开展法院改革，而世界银行的私人重组小组则率先建立负责处理债务重组业务的庭外机制。②

此次金融危机初期，印度尼西亚政府承认该国企业欠债额达 1200 亿美元，其中包括 600 亿美元的不良债务。该债务需要通过多种机制来进行重组，比如免除债务，或是将债务转为股权，或是延长还款期限、变更利率。在世界银行重组专家的领导下，国际金融机构借鉴了墨西哥、委内瑞拉、泰国和英国的实验和实践，与印度尼西亚政府达成一致，于 1998 年 11 月成立了雅加达倡议工作队（JITF）———一个半独立的政府机构，为公司及其贷款人提供专家谈判服务。③ 这项服务宣称是公平公正的，不偏袒债权人与债务人任何一方。而设立该机构的目的也是为了能够将主要债权人和债务人拉到谈判桌前，帮助双方达成公司债

---

① 访谈 2256，2305。

② 访谈 2351，2252，2268，2318，2356，3002。

③ GOI，意向书，October 19，1998（http://www.imf.org/external/np/loi/101998.htm，last accessed June 8，2007）。

务重组的协议，从而避免对簿公堂。在机构设立初期，外国专家会提供短期的协助。在庭外协商没能达成一致的情况，债权人有权向破产法庭提起诉讼。

事实上，雅加达倡议工作小组是设立在市场和法院之间的一个机构。一个可以在不直接诉诸司法的情况下，帮助解决债权人与债务人解决纠纷的庭外组织，并因此受到大力推荐。国际金融机构认为，让新的商业法庭在拥有绝对实力以前处理过多案件，会使脆弱的新法庭在萌芽期被摧毁。不过说到法院，依据国际金融机构的假设，它们被设计为公司债务人的"锤子"，就是说可能在法院进行清算的实际威胁将使债务人倾向于在雅加达倡议工作小组内进行真诚的谈判。

这一由财政部出面搭建的协商平台，虽然属于自主运营，但是，也标志着政府更加积极地投入债权人 – 债务人领域，这也是以前在印度尼西亚不曾有过的。作为债权人的银行抱怨称，它们在私人市场上没有能力强制执行他们的借贷行为，也没有能力迫使债务人就不良贷款进行重新谈判，采用的方式是能解决银行的问题，稳定运营债务问题。政府的干预给银行方面带来了切实可行的补救方法。

因此雅加达倡议似乎和印度尼西亚人倾向于采取非对抗的方式解决纠纷的偏好有着密切关联（Bappenas，1998）。世界银行的解决方案没有过多考虑文化契合度，而是考虑在相似或完全不同的文化背景下进行的实践。事实上，JITF 部分失误的出现，是由于国际金融机构的制度设计者未能在设立制度中的几个关键因素上获得政治支持。他们认为一个有效力的庭外机构能够将债务人带到谈判桌前，以达成切实可行的协议，而该协议的执行也需要积极和消极刺激间的平衡。积极的规定包括税收减免、银行和资本激励，去除债转股产生的不利税收，并保护公司在雅加达证券交易所不被摘牌。但是，这些规定还不够。因此，国际金融机构推出了处罚措施，其中包括吊销公司营业许可证的警告，而总检察长可以将拒不服从的公司直接移交给破产法庭处理，而那些协商中缺乏诚信的债务人名单将被公布，最终将面临破产法庭的一定程度的清算。但政府拒绝采取消极措施，有的直接拒绝采纳，或是采纳了但根本没有去执行。再加上，商业法庭没能有效地约束债务人，从而导致了消极措施的缺席，进而使得很多有力的制裁没能实行，最终，也就不能敦促公司与它们的银行达成事实合同①。

结构创新的结果既具有象征意义，同时也能作为先例。雅加达倡议工作组于 2003 年 12 月完成其工作。在它的最终报告中，记录着其曾为 96 家企业组织重组，涉及的总负债额达 205 亿美元，约占危机开始时企业未偿不良债务的三分之一②。然而，对于雅加达倡议的批评始终存在，评论家认为其更多只具象征意义，却不具有足够的实际意义。由于负面制裁极少，债权人几乎无法施加影响，无法强制执行真正的金融改组工作。相反，为了签订《谅解备忘录》，他们不得不选择进行大规模的"减免"，其中，高达九成的债务被拖欠多年③。这些债务到底偿还了多少仍旧不得而知。然而，即使从象征意义上来说，雅加达倡议工作组的确为庭外协商开创了先例——庭外法院的潜在价值，特别是在市场机制不起作用，需要国家机构来促进谈判的时候。雅加达倡议工作组于 2003 年解散时，印度尼西亚政府成立了一个新的机构——国家调解中心，迫使任何涉及民事纠纷的公司都要在诉诸法庭之前申请调解。而该新机构内的核心官员曾供职于 JITF，这一点表明，即使是有缺陷的模式也能够为一个国家后续的改革提供基础。

4. 递归和国家转型的解决办法

我展示了亚洲三个国家的改革案例，这三个国家在过去十年里进行的国家转型十分明显。自苏哈托下台以来，印度尼西亚的改革运动让它摘掉了"裙带资本主义"的帽子，政府选择对这个国家进行了转型重组，该国所采取的方式符合全球规范许多方面的核心观点，其中包括廉政治理、市场监管、国家权力分散和法规措施制定等。在中国，三十年的改革开放让"社会主义市场经济"得以迅速发展，逐步取代了计划经

---

① 2277，2251 号采访。

② 雅加达倡议工作小组"成功完成雅加达倡议工作小组工作任务"。2003 年 12 月 18 日发布新闻稿。2004 年 10 月 19 日访问 www. indonesia – oslo – no/pr – 10. htm。

③ 2260，2277，2251 号采访。

济，同时遵循国际组织的建议设置配套的法律机制，保证经济发展的稳定。对于韩国这个发展型的国家而言，亚洲金融危机能被视为一种解体，至少也是重组，将整个国家结构颠覆重组，原本掌握在财政部和其他机构的宏观和微观经济管理权也发生转移。

尽管法律和财政都是专业要求极高的领域，破产改革一直都是这些转型不可或缺的一部分。它为评价国家转型提供了一个特定框架，特别是，一方面它可以抓住清晰的全球规范，另一方面它又可以密切观察在这些规范影响下的国家不同的制度化进程。

我已经证实了国际金融机构的所谓制度立法，实质上就是监管职能和国家重组及其与市场关系的转变。案例研究显示，改革的执行情况千差万别，但是目标与结果间的差距一直存在。然而，理论的发展还需要继续两个步骤。第一步，确定有助于建立新政府结构配置的推动力量。第二步，结合制度变化和移植的研究发现，来确定在哪一特定条件下跨国政府设计会影响政府结构，简而言之，全球变革设计在什么条件下才会发挥效力？我将会依次谈到这些问题。

有关研究证实，重大法律变革具有递归特征（Halliday & Carruthers，2007）。代表重大法律变革的某个活动总是以国内或国际压力的积聚为开端，并通过导火索或者危机引发，这种导火索有时甚至是爆炸性的。法律变革的活动通常会在以下情况中结束：其上限是制度和行为达到一个新的活动平衡，而下限则是因为疲惫、失败和分心等原因，使要求变革的各方组织所承受的压力都消失不见。因此，安定的现象成为法律变革的重要标志，而且在国家机构重组过程中也是一样（Grattet，Jenness，& Curry，1998；Jenness & Grattet，2001）。

在全球范围内，法律变革需要经历三个主要的周期：（1）全球规范制定机构之间，它们对具有争议或者一致同意的全球规范进行协商（Halliday，2009）；（2）国内法律周期之中，书本上的法律描述和行动中的法律实践发生碰撞，常常会引起法院、立法和行政机关进一步的改革（Liu & Halliday，2009）；（3）国内立法者和全球规范制定机构之间，进行协商或相互参照的周期（Halliday & Carruthers，2007，2009）。

这些周期是否会使制度与实践在新的平衡点上达成协议，以及需要多长时间才能做到，都取决于如何解决四个反复出现的问题，它们可能会破坏实际变革的进行：（1）行为人不匹配（国内立法者或全球规范制定者不能反映法律变革中的全部利益，特别是那些能够抵消实践中正规法律变革的利益）；（2）诊断性斗争（各种利益集团，无论是支持还是反对改革的，都在寻求将他们对法律改革中亟待解决问题的特殊定义建立到立法者的头脑中去）；（3）矛盾（全球行为人或国内利益集团之间的竞争未能获得有效的政治解决方案，将会导致法律改革产生紧张局势，并造成法律改革的不稳定）；（4）不确定性（全球规范或制度改革中出现的差距、歧义、矛盾、冲突都使得在后续工作中必须努力弥补差距，消除歧义并解决冲突）。

国家或市场以及它们之间的关系变革会发生重大的权力转移，一旦法律变革涉及这些权力转移时，改革道路上的那些障碍就会加剧。未能在实践中实施改革，未能建立基于国际金融机构规划的有效机构，未能实现全球建筑师规划的结构，这些都是在具体实施时普遍存在的问题，国际金融机构早已接受这个事实。企业破产改革的四个例子强调了这样一个观点：实践中重组的可能性，即设定一个新的行动标准状态，减少实践上的差距，这一点需要学者的实证关注，也需要规划师与立法者在实践中的参与，还需要持续关注推动改革周期化进行的机制，直到改革成功。

印度尼西亚无法在企业重组中授权法院来处理案件，主要是因为法律变革政治中的行为人不匹配。对于国内债务企业的利益，国际金融机构与印度尼西亚政府方面都没有给予足够的重视。在立法过程中，一些最有实力的公司在实际案件到达破产法院后，允许甚至授权其法律顾问颠覆司法程序。法院成为债务人的避风港，部分原因是未经协商或未使用有效的政治解决办法，法院就直接采取了一套他们几乎无法控制的措施。这样造成的结果是破坏了《雅加达倡议》或是贿赂法官，以至于债权人对法院失去了信心并在实际上放弃。我们必须认识到，这是一场权力斗争，其焦点在于，这个迄今仍然弱势的机构（法院）能否从行政机构中夺回权力，这些行政机构常常与印度尼西亚的大企业集团有着密切联系。

在亚洲金融危机发生后的最初几个法律改革周期中，对于法院为何不能有效处理企业清算和重组这一问题，律师和经济学家从各自的理解角度出发，实际上进行了诊断性斗争（Halliday & Carruthers，2004a）。经济学家坚持认为，问题的症结在于司法裁量权过大，且在改革中过多地施压，这一点迫使法官在严格的金融算法基础上迅速做出裁决。律师则反驳称，使用自由裁量权和切实的司法权力是法律要求，因为企业及其会计可能会编造数字，而且无论怎样严格的金融算法均可能带来灾难性的实际结果，东阿案件（Dong Ah）就戏剧性地证明了这一点①。

中国商业法庭的地位说明，在私营市场发展过程中，存在着困扰立法和机构建设的矛盾。由于该矛盾的严重性被夸大，有一种主流观点坚持认为重大商业案件有可能会影响社会稳定，地方政府或者国家政府不应该给予法院太多自治权。强调社会主义市场经济的同时，可以倡导从政治上提高法院自治权，因为社会主义市场经济必须为投资者和市场参与者所重视，且地位远高于任意干预行为和规则的随意运用。通常，这一分界线体现在正式法律与实践的矛盾之中，正式法律似乎证明了后者的意识形态是正确的，而生活实践又还原到前者的思想意识。行为人错配、诊断性斗争和矛盾常常导致正式法律的制定是不确定的、模棱两可的，现行法律的不一致，通常因为职能被分配给相互对立的官僚机构，它们往往以与其利益一致的方式来解释法律。比如在印度尼西亚，企业领导们攻击破产法庭，是因为他们对自己被排除在立法之外感到不满。究其原因，开始于一种法律策略，这一策略使人们对破产法最基本、大概也是最明确的概念之一——"债务"的含义产生了怀疑。因此，法院的潜在权力开始不断被侵蚀，从而使得在一个经过重组的国家内建立新权力中心的可能性更加降低，也更不容易建立一个更加有效、更有预见性和更加透明的债务人－债权人关系体系。

---

① 在这个案例中，一个大企业被过早地清算，许多人认为，如果存在一个更加灵活的机制，就可以保留企业中仍能运行的部门，也可以保留许多工作岗位。

5. 政府重组的效力

　　如果递归的动力推动全球规范的制定和国家重组，那么国家的全球设计在什么时候更能起到作用？什么因素决定其效力？如何解释平衡水平下的沉淀？而国际目标和国内行动的实施差距会有多大？

　　中国、印度尼西亚和韩国都开展了企业破产法改革，通过密切观察，可以从中发现这些国家对国内危机和国际压力的反应。在这些斗争中，涌现出一组命题，它们和制度化及法律移植的文献相关。从这两点来看，我提出了跨国压力对国家重组的效力取决于以下几个方面：（1）全球和跨国规范的明确性；（2）国际组织的权力；（3）民族国家的软弱；（4）国内需求范围与动员力度；（5）带有国内轨迹，对改革持续的外部鼓励；（6）全球设计被置于国家政策议程的情况；（7）为与全球设计保持一致，一国所需的权力转移力度。这些因素可以归结到四组当中。

A. 全球和跨国规范的明确性

　　国家重组的规范和时间背景千差万别。也许，在某一个历史时刻，跨国标准会出现无政府状态，大量相互冲突的、局部的规范无法为接受国提供清晰的和最大限度的选择。而在另外一个历史时刻，会存在全球或跨国规范的合并，这时各国应对变化重组方案趋于一致。在亚洲金融危机期间，国际金融机构一直在为计划经济转向市场经济以及在 20 世纪 90 年代面临债务危机的国家制定一套关于公司破产制度的特别规定（Block – Lieb & Halliday，2007a；G –22，1998a；Halliday，Block – Lieb，& Carruthers，2009；International Monetary Fund［IMF］，1999）。1997 年危机爆发时，在任何国际审议论坛上，这些原则都还没有被编成法典。因此，从 1997 年到 2000 年，在重组问题上，印度尼西亚国内的部分斗争转到了相互竞争的国内团体之间，而这些团体又向相互冲突的国际规范求助（Halliday & Carruthers，2009）。

　　21 世纪初，几个国际金融机构发布了高度重合的规范，于是，2004

年，联合国国际贸易法委员会完成了《破产法立法指南》（*Legislative Guide*），声称该指南为一个全球共识，内容涉及破产体系认可的备选方案，建立在由联合国国际贸易法联合会作为代表机构的基础上，特别是与国际金融机构相比，该联合会具有较大的合法性（Block – Lieb & Halliday，2007b）。这些影响虽然来得迟了些，但是对印度尼西亚却具有确定的作用。该国立法机关于 2005 年最终通过了一揽子破产修正案。韩国的改革也反映了全球共识，不仅仅表现在收回国家对日常市场决策的干预权，并且还建立了一套破产体系，增强了法院的权力，并将韩国的三个破产法合并为一个独立的统一法案（Oh & Halliday，2009）。此外，中国从 1994 年到 2007 年的长期改革，从表面上看，也在向联合国国际贸易法委员会、世界银行和一些核心国家颁布的连贯性规范靠拢。

因此，1997 年至 2004 年间，由国际组织领头的快速规范制定周期促使了合并的迅速实现。国际规范从互相之间的脱离，不连贯，到最终合成了一套规范，有助于立法快速通过，进而肯定进行中的制度改革。然而，仅仅全球规范的趋同还是不够，各国对跨国架构的不同反应明确说明了这一点。

B. 国际组织与民族国家的权力不对称

亚洲金融危机之前，中国、印度尼西亚和韩国三个国家都存在国际和国家权力不对称的情况（Carruthers & Halliday，2006）。印度尼西亚是三国中最不堪一击的，韩国则相对最强。这种一般性的差别也因为危机本身发生了改变。金融紧急情况由外汇储备的急剧减少和国内货币的崩溃造成，这给国际金融机构带来机会，对国家当局产生巨大影响。

印度尼西亚面临国际金融危机时，处于极端权力不对称的弱势地位。国际金融机构控制的资本足以决定印度尼西亚金融体系的存亡。故而，印度尼西亚政府别无选择，唯有满足外在要求对其主体制度改革，这其中也包括企业重组，其中最显著的就是设立了一个全新的商业法庭和庭外重组机构。而当 1998 年，韩国最后尝试让银行家来解决问题时，他们坚持立即进行改革，这样，国内法律和制度改革的时机和方向就出现了（Oh，2003）。政府当时几乎毫无选择余地，只能舍弃其在企业重组中固有的主导模式，在这一领域不断向国际规范靠拢，制定一套全新的规范。

中国基本上没受到亚洲金融危机的实质性影响，所以国际金融机构与国家权力不对称的情况发生在于韩国和印度尼西亚等国，但在中国却并不明显。然而，中国从危机中吸取了教训，从而大力开展改革。对于中国一系列的法律和制度改革，不断有国际组织的专家和发达经济体向中国施压，试图使其向 2004 年达成的全球共识靠拢，这一共识现在已经编入《联合国国际贸易法委员会示范法》与《立法指南》。尤其重要的是，这项法律的通过是在欧盟的强压下得以实现的，他们坚称，如果中国没有一个可预见的破产体系，那么欧盟方面在中国的投资以及商业活动都将会停滞。

权力不对称的变化主要取决于国际金融机构采取什么机制来力促政府遵守国际规范。世界货币基金组织和世界银行在处理印度尼西亚和韩国案例时所采用的经济强制措施在中国根本行不通。针对中国问题，国际金融机构主要依赖规劝与说服的方法。对韩国来说，尽管其债务畸形快速增长，与世界货币基金组织和世界银行有着紧密的技术关系，国际金融机构也会迅速转向说服协商的方式，并呼吁韩国承诺在危机中有所作为。

另外，权力不对称的明显差异可能比实际情况更容易被看出来。虽然在危机中，国际金融机构有着最大的影响力来力促重组的实现，但弱者挫败强者的力量不能被轻视，特别是在实施阶段（Halliday & Carruthers，2009）。在国家商业法体系协商过程中，政府机构也充当了跨国和国家团体之间一个含蓄的协商者角色。

因此，权力不对称的程度并不能独自决定改革实践的效力，虽然它能影响国际－地方的对抗机制，还会影响全球和地方精英在达成最终政治解决方案之前必须经历几个循环。

C. 国内需求与社会动员

超越人们的常规想象，表面上的弱国的确有打败国际组织的能力，那么有效重组的可能性则更多地由两个国内条件来决定。其中一个是受到外部鼓励的改革与国内制度、国家传统和变革轨迹之间推测中的或实际上的一致性。

例如，在印度尼西亚，在新的准国家级的法庭外机构重组公司债务的活动中，不管《雅加达倡议》取得了多么大的成功，都部分源于国际金融机构将跨国模式与文化偏好相结合的策略（Campbell，2004）。《雅加达倡议》可以被解释成用印度尼西亚规范解决争端，也可以被理解为一个外来机构能在处理其他危机时证实自身实力。

有效重组也取决于本地需求和动员的力度（Campbell，2004；Carruthers & Halliday，2006；Pistor et al.，2002）。例如，归根到底，《雅加达倡议》失败的部分原因还是由于各方对待雅加达倡议工作小组的深刻分歧：印度尼西亚的银行家与国际金融机构友好合作，而印度尼西亚的企业领导者却对它进行抵制。这一准国家机构试图重新校正市场权力的分配标准，将债务人拒绝执行债权人的要求，从不受任何惩罚的现状转变为对债务人使用积极或者消极的刺激，让债务重组通过银行业稳定和规范的方式进行。因此，需求是局部的、分离的。政府深入市场以维护公共利益，而这原是只能依靠市场行为人自身的市场力量进行。因此，《雅加达倡议》反映出一个模棱两可的结果，一方面，反映了一种权力平衡，在其中，国际金融机构可以对一个新机构的正式建立提出要求，这是带有一定文化合法性的；另一方面，大的公司可以在实施阶段遏制其影响。

中国开展国内改革计划时十分明确地关注着境外的市场经济，但有其独特的发展模式和发展速度。就其自身条件来看，中国已逐步熟悉了国际金融机构领头的破产体系，无论它是地区性的还是国际性的。该国政府也接受技术援助，虽然在起草综合破产制度的条款规定时，一直反复与国外规范进行比较和对比，但是极具中国特色，从未偏离过谨慎的、实证性方法，即精简政府规模，将权力授予至今尚未发展起来的法院。

但是国内需求本身就具有高度的政治意图：跨国设计师们引发了利益集团的竞争。在三个国家，国内都有改革的支持者。印度尼西亚国内改革者表面上进行了一些法律和机构制度上的改革，但是付诸实施的却很少。韩国的学者和政策制定者虽然回应了来自国际社会的压力，但却缺乏热情——这就是国内改革的周期需要持续十年时间的原因之一。在中国，全球规范加强了法律学术改革者和商业利益相关人员的控制力，以稳住国外资本的流动。同时，国内利益集团赞成提高改革的门槛，而其他团体则希望将门槛降到最低。国内需求的影响主要体现在，将宝押在有能力抵制的、而不是愿意接受的行为人身上。

D. 重组范围

最终，重构的水平和实现变革的概率还取决于一个国家认同国际和跨国设计时的权力变化的尺度。国际金融机构的政府设计师们主要面对的是获得国家既定利益的精英，因为那是目前政治权力的所在。国家重组几乎总是意味着权力的再分配。要达到这一要求，只有与目前掌握着影响变革权力的人谈判。其中就存在一个悖论，因为法律改革行为人的错配就暗含了既得利益者和实践中的实权派没能参与国家重组谈判。那么，国家重组的程度有一部分是由目前掌权人丧失的权力范围决定，也可以说是根据无权者获得权力的多少来决定。可以预料的是，权力丧失与获得的程度越高，那么该国的斗争就越激烈，在实现真正改革之前所经历的周期也会相对较长。

全球和地区组织的干预为国内外围或敌对的各方提供了一个契机，使他们有机会获得一个强有力的国际同盟。如果目前国内改革者以一种受监督的、"行为人不匹配"的方式与政府权力仍有一定距离，那么为了追求更多的权力，他们有两个途径可以选择：要么保持目前的机构不变取代政府掌权者的地位，要么改组政府为他们及其事业创造空缺职位。

在韩国，权力转移的力度，表现在约束财政经济部的职权，将权力转移到法院，这一点有助于说明改革中的周期为什么是相继发生，几乎是每年循环的，而权力转移的发展存在着不确定性，因为财政经济部试图限制法院每一步发展。

而在印度尼西亚，则是将企业高层部门的行政控制权移交给授权法院，这是其国家权力的一次巨大转变。数十年以来，法官与法院的地位都不高，也没有什么实权。这个转变意味着他们也许很快就能成为仲裁者，处理国家内部最强大的经济参与人之间的纠纷，这就彻底打破了企业主管长期占据的优势地位，也中断了他们与行业领袖之间或明白无误或心照不宣的往来交易。最重要的是，在中国，获得授权的法院可能会影响到政府对整个国家机器的把控，同时也会影响到地方政治机关和经济利益团体之间隐蔽的经济关系网。出于这两个原因，的确让人无法肯定政府重组的迅速实现。

因此，国际组织提出结构改变的范围越大，对既得利益者构成的威胁也就越大，而使无权者获得权力的机会就更多。该含义很明确：国际金融机构要求的结构变化越广泛，它可能引起的国内斗争就越激烈，而这一点又会转而推动国内立法和国际转向的不断循环。涉及的权力越多，执行缺口也会随之增多。但是，国际金融机构在提出更广泛的要求时，如果能得到国内同盟的支持，即使没有达到国际金融机构的预期标准，或没有像精英的担忧一样更深入一层，固定的结构变化也极有可能随之而来。

6. 结　论

关于跨国法律制度体系的分析显示，国际组织和国际金融机构的制度设立一再失败的根源，在于全球北方国家或发达国家[①]的政策制定者要么不承认，要么没有说明白它的真正含义——重组国家。此类重组并不仅仅停留在表面上通过宪法或治理方案进行，还涉及专业领域，诸如企业破产法等贸易监管。在后面一种情况下，政府重组往往于无形中进行，完全不在政治观察家的视线范围之内。本章完整地诠释了企业破产体系的制度化进程，这不仅包括中央银行或反腐委员会的参与，还涉及前所未有的权力转移。该过程包含了权力再分配，将权力转移到当前社会权力结构的边缘（比如：法院）（Santos，2000）。它设想了授权给迄

---

① 与全球化中的南方国家对应，指位于世界地缘政治中心的发达国家，也包含全球化中具有影响力的国际机构，比如国际货币基金组织、世界银行和区域开发银行等。

今为止被国家精英列为二流或三流的职业（如法官）（Dezalay & Garth，2002b）。它要求占据优势的行为人和地位牢固的机构同意放弃权力，以支持处于劣势的或者根基不稳的行为人。因此，公认的法律改革事实上代表统治阶级、权力精英和党派体系面临着危机。不出意外的话，外部利益和反叛利益威胁到根深蒂固的权力结构，很可能会引起强烈的抵制。

亚洲金融危机后，对企业破产改革进行的详细实证分析，揭示了全球设计师重组国家的行为具有递归特性——国内和国际行为人反复努力以引起改革的产生，而这些努力却要面对无时不在的困难——诊断性斗争、行为人不匹配、矛盾以及不确定性。因此，国家设计师对重组的干预是没有什么不可避免的也没有什么不可改变的。任何诱发性变革都会带来不同程度的国家重组，可能是小范围的（如印度尼西亚）、温和的（如韩国），也可能是影响深远的（如中国）。四组主要因素的相互作用决定了解决办法涉及的范围、国家重组的等级以及国际金融机构由此而产生的效力。这四组因素是：全球规范的一致性、全球与国家的相对权力、国内对重组的需求与动员、改革引发的国家重组范围。

因此，跨国法律制度体系研究要求，政府重组的时机不仅仅出现在对"精简政府规模"或"公共职能私有化"的明确诉求上，还会出现在复杂的商业领域里。在这些领域中，国际金融机构致力于重新设置政府结构和权力分配，但它们的努力很容易就为该主题所谓的中立性和技术性所掩盖。国际金融机构干预手段的多样性说明了参与国家重组的全球代理人的总量。为了揭示这些干预活动的后果，就必须认识到国际金融机构的决心大小，还必须出现能解释其效力局限性的理论。

第五章　新自由主义、跨国教育规范和发展中国家的教育支出

　　在某些方面，教育政策在全球的传播紧跟世界政治理论所预测的模式，它强调将民族国家放入更加广阔的世界文化中（Meyer et al.，1997）。世界政治理论提出一个观点，尽管一些国家存在着巨大差异，但在极短的时间内，相同的观点与结构却能在各国间迅速地蔓延开来。以世界政治的视角看来，那些采纳教育政策的国家是为了表明自身是国际社会的合法参与者，而且他们也从中获得了实际的利益——这些国家从国际上获得的资金明显上升（参看 Barrett & Tsui，1999）。跨国法律程序可以看作国际社会的一种表达，而且它们会带来国家变革。在过去的一个世纪里，为公民提供免费教育成为国家理所当然的义务，这是因为国际民间团体的推动和国际法的明文规定（Meyer，1980）。今天，世界上 90% 的国家通过立法规定实施初级义务教育（Benavot & Resnick，2006）。而在其他方面，教育经费问题揭示出世界政治理论在解释这一问题时出现的一些分歧。虽然义务教育已经写入法律，但是在 20 世纪80—90 年代，免费教育这一观点还是受到了国际金融机构的强烈质疑，义务教育的维护和实施均受到了严重影响。

　　按照当前的形势，世界政治理论很少提到制度化观念的保持过程，以及不同意见对制度化观念长期存在产生的影响。根据世界政治理论家的观点，全球民间团体中的主要参与者还是跨国组织，包括国际政府组织（International Governmental Organization，IGO）和国际非政府组织

（International Nongovernmental Organization，INGO）① （Meyer et al.，1997）。这些组织因为被视作第三方，并非代表其自身利益，故而拥有制定政策与标准的特殊合法性（Boil & Thomas，1999）。特别是国际非政府组织（INGO）与当地基层活动家合作，用当地语言解释国际法的原则和条款（Merry，2006），并使用网络分享宣传策略（Smith，1995）。然而，这并不意味着所有的组织都有着相同的想法，而是提出了一个问题，那就是，在不同视角的发展和实施过程中，这些组织各自扮演了什么角色。

　　另外，迄今为止，世界政治理论家并没有过多地关注国际金融机构（最近一个案例属于例外，参见 Boyle & Kim，2009）。这个全球规范的案例与义务教育的经费问题有关，反映出国际金融机构与以人权为导向的政府组织和非政府组织之间的矛盾。直到最近，前者仍在提倡收取学生费用来支付其教育开支，而后者则一直坚持认为每一个孩子都有权利获得免费的、由公众资助的教育。

　　一般而言，国际金融机构都会通过承诺提供相关资源来行使其权力，而其他国际政府组织和国际非政府组织则因为自身的主张具有特殊合法性，常被认为在更多地行使权力。② 对国际金融机构和人权组织的仔细审查为人们打开了思路，以便更好地考虑如何将材料和象征性的资源用来支撑特定观点。但是，我们认为这已经超越了简单的二分法范围，因为国际金融机构注重物质利益的同时，也同样关注合法性问题，而国际非政府组织则可以在声称自己代表着道德制高点的同时，还获得

---

　　① 虽然，我们采用了"国际非政府组织"（INGO）一词，但如本书突出强调的，这类组织的高度跨国特点是显而易见的。国际非政府组织数量的增加和影响力的不断提升，都预示着全球民间团体具有一致性和发言权，带来了一种新的世界文化（Boli & Thomas，1999）。而且，全球民间团体也是高度跨国的存在，非政府行为人跨越国界联合在一起，详细论述、认真实践（比如人权问题、环保问题和社会经济发展等话题）。此外，这些话题和实践的影响也超越了国家边界。国际非政府组织，是非政府行为人建立的跨国组织得以运行和合法化的关键（Keck & Sikkink，1998；Smith，Chatfield，& Pagnucco，1997）。此前有关全球化的文献使用了"INGOs"来描述此类组织，我们使用"INGOs"来与我们前期的工作以及我们参与编写的文献保持一致。因此，比起"跨国主义"的普遍使用，这一术语用得更早。

　　② 合法性是一个复杂的概念。我们使用的是一个广泛的、综合的含义，将合法性视作可以感知到的正义，依附某些行为人、某些行为以及某些思想。有关这一概念的详细解释参见 Shaffer（Chapter 1）。

财政上的支持。

最后，本文将制度化观点的延续和实施看作独立进程，并以这种方式，推进了世界政治理论和跨国法律进程理论的发展（Koh，2006；Shaffer，Chpater 1）。根据世界政治理论家的观点，规范在国际民间团体中获得合法效力，此种方式与全球模式在国家政策和结果中产生变化的方式几乎一致，后者还曾经占据过主导地位（Meyer，2007）。一旦规范被制度化，它在全球领域和国家领域就都会被视作理所当然了。虽然这些内容的实现需要或长或短的时间才能产生实际效果，但民族国家致力于接受这些有价值的原则。在教育经费问题方面，对政府教育经费和执法工具持反对意见的个人和组织，都会参与到发展和教育中来。此外，每个国家在执行涉及国家资助的全球规范时，特别容易受到该国的全球经济地位和能力的影响（参见 Halliday & Carruthers，2009）。因此，观念在全球层面得到的肯定和可持续的时间与具体实施有关，但是实施情况独立于观念的发展。我们在本文的分析中对两个进程都会予以考虑。

1. 教育作为一个全球性话题：跨国法律规范的建立

在这一节，我们将论述国际上关于教育经费的反复争论。第二次世界大战结束以后，全面普及义务教育的理念很快就在国际法中被制度化，而联合国教育、科学及文化组织（UNESCO）则是传播这一法律的中坚力量。但是 20 世纪 80 年代有一段时间，国际金融机构，例如世界银行等组织提出来公众应该分担教育等公共服务的花费，这种行为可能削弱了该国际规范的影响。尽管"用户付费"的观点对各国政府颇具吸引力，但是却受到国际非政府组织的反对。最终，到了 21 世纪初，就连国际金融机构也拒绝分担教育方面的支出。历史证明，国际金融机构在金融方面的影响力，还不足以永久阻止免费提供初级教育的想法。

1949 年颁布的《世界人权宣言》（*Universal Declaration of Human Rights*，UDHR）中第 26 条规定："人人都有受教育的权利，教育应当免费，至少在初级和基本阶段应如此。初级教育应属义务性质。"《世界人权宣言》是各国对人权进行承诺的声明，但它并非具有约束力的法律条款。其后，在 20 世纪 60 年代，两部具有约束力的权利公约接连颁布。1966 年颁布的《经济、社会及文化权利国际公约》（*International Cove-nanton Economic, Social, and Cultural Rights*，ICESCR）将受教育权编写了进来，它在第 13 节中指出，初等教育"应为义务教育，并向所有人免费提供"，中等教育"应通过一切恰当的手段，特别是通过逐步实行免费教育的方式，向所有人提供"。该公约还对高等教育以及学校体系建设做出了规定。这些国际法律使国家提供教育这一全球性承诺得以正式化。

20 世纪 50 和 60 年代是对教育问题进行全球性讨论的鼎盛时期（Benavot & Resnick，2006），而 1946 年成立的联合国教科文组织则是国际上处理这一问题的中坚力量（Joneswith Coleman，2005）。该组织将教育作为一个全球性的议题（Benavot & Riddle，1988），促进了对教育的认识——教育引领发展；教育为新兴独立的民族国家指出了实现现代化的道路（Chabbott，1999）。同时，联合国教科文组织还负责培训非政府国际组织的人员来完成教育政策的实施（Mundy，1998）。总体而言，这几十年中，在紧密围绕教育理念进行制度化的问题上，联合国教科文组织起到了核心作用①。这些被庄严地收入国际法规的观念包括：所有国家向其境内的所有儿童提供免费的初等义务教育，并逐步向提供免费的中等教育发展。

到了 20 世纪 70 年代，国际社会对教育的关注度下降，许多富裕国家削减了对教育项目的资助（Mundy，1998）。第三世界集团的崛起对联合国的结构和政策都产生了影响（Mundy，1998）。该集团强调依附理论的观点，也就是说，发展中国家的不发达情况就是由各国经济关系不平等造成的。联合国教科文组织试图将发展中国家的需求与发达国家的自由发展主义意识形态联系起来，但是最终失败（Mundy，1998）。随着教科文组织问题的恶化，1984 年，美国总统里根以教科文组织有共产主义

---

①　在此期间，国际金融机构在建立全球范围内教育政策方面所做的贡献微乎其微（Jones with Coleman，2005）。同时，20 世纪 60 年代，世界银行为教育提供了数额不多的贷款，联合国教科文组织还为其提供了技术支持（Jones，2007）。

倾向为由，宣布美国退出该组织（Jones，2007）①。1985 年，英国和新加坡也纷纷效仿美国。随着这些缴纳会费成员国的退出，教科文组织本已十分紧张的预算，再次骤降了四分之一（Mundy，1998）。这使得教科文组织在教育改革中所起的领导作用及其倡导的教育系统扩大和教育资助都被中断。同时，其他国际组织开始取代教科文组织在教育领域的地位。与此同时，国际金融机构开始强调新自由主义经济原则，采用诸如分担成本等方法来解决贫穷国家的问题。

在 20 世纪 80 年代，国际金融组织以实施新自由主义经济政策为条件来提供贷款的想法获得了支持。发展中国家只要同意实施政策改革，就能够从国际金融机构获得急需的资金（Babb，2005）。结构调整协议（Structural Adjustment Agreement，SAAs）严格规定了贷款条件，强调自由市场原则，其中包括：限制国家开支、平衡预算、市场解决机制、放松管制、有利于投资的环境、私有化和贸易开放（Sadasivam，1997；Babb，2005）。这些改革增加了全球财富的总量，从长远看来，对每一个人都是有利的。

新政策和早期的观点有所不同。20 世纪 50 年代以来，联合国教科文组织鼓励大力推行免费初等教育，但在 80 年代，世界银行却在教育、公共医疗和其他公共财物方面，限制公共支出并推动收费服务体系的运行。这一举措并不表示金融机构不再支持教育发展，只是说明，政府教育资金的重要性被减小到最低，而这一点对于免费教育的制度化是至关重要的。虽然，世界银行没有明确表示支持收取学费，但是它主张基础教育期间收取各种其他费用，例如教材费（Kattan & Burnett，2004）。我们还必须注意的是，世界银行建议，可以制定一些项目分担或补充这些费用，将节省的费用用于补偿穷人及其他一些目标群体，比如女孩（Kattan & Burnett，2004）。但是，总的说来，金融机构所强调的公共支出紧缩政策，意味着全面削减公共支出，教育支出也不能幸免（Tilak，1992）。

20 世纪 80 年代末，结构调整协议（SAA）已经成为欠发达国家教

---

① 直到 2002 年，美国才重新加入联合国教科文组织。

育系统改革的定义性文件（Benavot & Resnick，2006）。国际金融机构贷款协议中的语言含糊不清，不得不由政策补充指南和合规性评估来提供细节。根据结构调整贷款条件，国际金融机构提倡，通过在公共教育方面增加成本分摊和私有化进程，来实现教育资金的多元化（World Bank，1987）。

　　总之，20世纪80年代，在教育方面存在两个互相冲突的跨国法律秩序，一个倡导新自由主义政策，提倡分摊教育成本；另外一个则要求政府保证公民接受免费初等教育的法律权利。到2000年，根据世界银行的报告显示，在其研究的79个国家中，有77个国家在初等教育阶段对用户收取了某种类型的费用（Kattan & Burnett，2004）[①]。38%的国家收取学费，它们有时还会对教材、校服、家校协会以及/或者各种活动收取费用。在初等教育阶段强制收费，违背了联合国教科文组织努力促使免费初等教育成为一项制度的初衷，不符合国际法要求。再者，《世界人权宣言》本就不具备法律约束力，美国（世界银行和国际货币基金组织最大的投资者）并未批准《经济、社会及文化权利国际公约》，故而世界银行不受这些规定条款的严格约束。

　　然而，矛盾的是，教育政策中新自由主义模式的出现，与各个国际非政府组织倡导更开放的教育政策的观点一致（Mundy，1998；see also Boyle & Kim，2009）。与国际政府组织不同，国际非政府组织在联合国大会上没有一席之地，因此他们对建设国际法律也没有发言权（Merry，2006）。不过，国际非政府组织在国际民间团体中扮演着核心角色（Smith，Chatfield，& Pagnucco，1997）。在20世纪80年代，出现了一批"具有凝聚力和影响力的"国际非政府组织，它们都捍卫着为每个儿童提供教育机会的事业（Schafer，1999：69）。一般说来，这类组织致力于提高教育质量和促进教育公平。他们还十分担心入学率的问题，这一数字由1960年的33%上升到1980年的66%之后，就开始停滞不前了（Schafer，1999）。

---

　　① 国际金融机构的教育政策是否直接影响了这些使用费的收取，我们不得而知。但是，学者们注意到，国际金融机构的政策使得教育方面的国际援助减少。

全球教育运动（Global Campaign for Education）和世界教育论坛（World Education Forum）的案例都说明，提升儿童教育的运动中，话语和行动具有跨国特征。在这些运动中，国际非政府组织始终关注的是儿童教育（Oxfam, Education International, and Action Aid），他们在运动中已经超越了自身的服务角色，形成了一个全球联盟，倡导向所有孩子提供免费的公共教育（Mundy & Murphy, 2001）。为了实现其需求，他们在国际和当地均加强了基层工作。在国际上，他们与联合国教科文组织和联合国儿童基金会（UNICEF）合作，支持这些国际政府组织扩大全面教育规范的各种努力。国际非政府组织也获得了国际支持，用来改变国际金融机构的资源配置和援助实践。在基层领域，他们与国内非政府组织和民间组织行为人建立了强大的联盟，以便向发展中国家政府提出要求（Mundy & Murphy, 2001）。国际非政府组织在教育改革中，不仅可以筹集资金，还能为其提供网络支持。

这一全球性的集体组织活动带来了全世界对免费教育的承诺，同时也鼓励人们对新自由主义政权进行抵制。1989 年，联合国大会通过了《儿童权利公约》（Convention on the Rights of the Chilk, CRC），它重申了各国政府有义务为本国最年轻的公民——儿童提供免费的基础教育。除了两个国家以外，其他国家都批准了《儿童权利公约》。许多人认为，《儿童权利公约》为重建经济、社会和文化权利的工作迈出第一步（Fernando, 2001）。

在国际范围内，出现了不少民间组织，它们越来越有发言权，也越来越有组织，这至少可以部分解释为什么世界银行愿意与联合国教科文组织、联合国儿童基金会、联合国发展基金合作共同参与 1990 年在泰国宗甸（Jomtien）举行的世界全民教育大会（World Conference on Education For All）。《宗甸宣言》实际上是《儿童权利公约》和其他国际法律义务做出的让步，比如呼吁公私伙伴合作关系（Tomas evski, 2003）。因此，世界银行仍然强调，可限制政府在社会服务领域的支出以及执行用户收费的制度。

到了 1995 年，针对世界银行政策的批评不断增多，已经到了不容忽视的地步（Gertler & Glewwe, 1992；Harrigan & Mosley, 1991；Ogbu &

Gallagher，1991；Sadasivam，1997；Sen，1999；World Bank，1994）。研究甚至显示世界银行的教育政策给儿童生活带来了不利影响（Vavrus，2005）。国际非政府组织用权利说话，强调了结构调整协议（SAA）给普及初等教育带来的负面影响，在这个问题上，它发挥了关键作用（Mundy，2006）。

1995 年，世界银行对高层管理人员进行了一定的调整，部分原因是为了回应日渐增多的批评。新任官员承诺不再一味关注经济增长，而是将更多的精力投入到减少贫困现象中去。发展中国家的儿童人均教育支出开始增加，基础教育入学率也开始缓慢上升。但是，世界银行仍然致力于推广其自由市场的思想，并继续以实施新自由主义经济政策为条件来发放贷款。例如，在《2000/2001 年世界发展报告》中，世界银行（2000）扩大了其经济增长目标，其中还特别强调减少贫困的目标，但世界银行仍然坚持认为，新自由主义策略是实现这些目标的最佳机制。

来自国际非政府组织方面的压力一直存在，世界银行在 2001 年做出了一个惊人转变，改变其自身政策，提出 2015 年以前在世界范围内实现免费普及基础教育的目标。2001 年，世界银行向各国表示其不支持向用户收取教育费用的态度（Makene，2007）。在其 2004 年的一份报告中，世界银行声称自己从未建议任何国家在初等教育阶段收取费用，并在这种情况下，宣布放弃对用户收费（Kattan & Burnett，2004）。这项声明突出强调了两点：一是对初等教育用户收费是不合法的，二是表明世界银行的官员们开始关心其政策的合法性。

到了 2006 年，尽管在推动国家增加对教育的公共支出上，世界银行本身并未为实现这一目标投入大量资金，但它已被看作是这个领域的主要发起人（Mundy，2006）。发展中国家的教育经费只有 2% 来自国际援助，而政府资助 63% 的教育支出，剩下的 35% 则来自于私人资助（UNESCO，2003）。尽管如此，在教育方面的政府财政支出上，发展中国家仍远低于经济合作与发展组织成员国家——这些国家 82% 的义务教育支出由政府负责（OECD，2004）。最近，作为公共教育支出的倡导人，世界银行正在与教科文组织以及其他国际政府组织合作，使由各国政府提供优质教育。

这一段短暂的历史，展示了国际政策跌宕起伏的命运。最初，教育被视为发展经济的必经之路，也被视作消除全球南北差距的最佳途径。从 20 世纪 70 年代末期开始，联合国教科文组织和世界银行却开始提出完全相反的教育政策。最重要的是，对于国家在资助教育问题的上应该起到的作用，二者有着不同的看法。国际金融机构提倡限制政府的教育支出，并鼓励由用户付费的制度。在这一点上，国际金融机构更具优势，一方面是因为，其拥有统一的改革方案，而教科文组织却没有；另一方面是因为美国和其他富裕国家利用它们的经济优势削弱了教科文组织的权力。

然而，这个向新自由主义经济学靠拢并脱离国际法律的趋势，与联合国教科文组织和国际非政府组织之间的合作互惠互利，甚至可能有助于促进二者间的合作。20 世纪 80 年代，为了确立统一的教育观点，并促进其发展，国际非政府组织建立了一个紧密的网络结构。在世纪之交，以人权为基础的教育方法，在与新自由主义方法的交锋中取得胜利，这一点能从世界银行正式与收取教育费用的要求保持距离上看出。全球教育原则的跨国建设历史表明，在相反的观点均具有大量资金支持的情况下，合法性是如何给相应观点带来权力的。国际法所制定的原则继续保持着无限的权威。这些原则之所以是合法的，是因为它的产生过程涉及所有国家，而非仅仅关乎富裕国家（比较 Halliday & Carruthers, 2009）。此外，在全球范围内，国际政府组织与国际非政府组织的合作使其获得了民间社会团体的支持，并提升了教育相关倡议的合法性。

虽然，在全球社会，公民获得免费义务教育的权力已基本实现，但是政府预算中教育支出所占的配额仍然是全球范围内的实际问题。政府对于国际法或全球激进主义的正式认可，是否就意味着国家承诺了更多的教育投入？而结构调整协议与其倡导的"政府应减少教育方面的财政支出"，是否就意味着发展中国家教育支出面临下行压力？在下一节中，我们将分析 1983 年至 2004 年间全球竞争和全球协议给国家教育政策带来的影响。

2. 国家对全球法律和政策的回应：教育支出

在这一节，我们将详细阐释特定的跨国行为人如何推动关于教育经费观点的发展。我们将研究反对教育资助的观点是如何从本土上升到国际层面的。特别是，在政府迫于压力选择维持财政紧缩政策、削减政府支出，并增加债务的情况之下，政府往往会选择削减教育方面的财政支出，将教育行业私有化，并收取费用。如此看来，国际法需要顶住这一压力，保证免费初等教育的实现。

我们知道，在本研究进行期间，经济改革所采取的新自由主义方法影响了各国的教育经费问题。例如，奥维利诺、布朗和亨特（Avelino，Brown，and Hunter，2005）发现，贸易开放对于社会保障和教育支出有着积极的影响。与此不同的是，穆唐阿杜拉、布劳和兰姆（Mutangadura，Blau，and Lamb，2002）则发现，国际金融机构的贷款额度对撒哈拉沙漠以南非洲地区的教育成果有着负面影响。而马可尼（Makene，2007）关于坦桑尼亚教育的案例研究发现，因为要交学费，一些父母只能让他们的一部分孩子上学。减少赤字是贷款条件的核心组成部分，也会对教育造成影响（Goldman，2005；Mahdavi，2004；Mosley，Harrigan，& Toye，1991）。1986 年，91% 的结构调整规划获准减少中央政府开支，83% 的规划方案要求消减作为国内生产总值（GDP）组成部分的预算赤字（Cornia，1987）。虽然，一些研究已经迈出了重要的一步——开始考虑经济全球化对特定国家的影响，但是它们还没能对更多国家在较长时间里做出的教育承诺进行考察。

关于免费义务教育规范的影响，研究表明，无论以宣言的形式还是公约的形式出现，国际法都是各国对相关政策做出正式承诺的重要途径。最初，这些国内政策可能更多是一种表达志向的宣言，而不是可执行的实际行为（Boyle，Smith，& Guenther，2006），但是，随着时间的推移，这些政策却能产生真正的影响。例如，规定义务教育的国内法律章程与儿童上学的实际情况之间的差距现在已经大大减少（Benavot & Resnick，2006）。在其他领域，如人权（Hafner - Burton & Tsutsui，

2005）、女性权利（Berkovitch，1999）和环保主义（Hironaka & Schofer，2002）等领域也是如此。跨国倡议网络由各种各样的个人与组织构成，他们指责那些未能很好执行其政策的国家并以此方式来促进这个进程（Keck & Sikkink，1998）。但是，国际法律框架的效力可能是缓慢的、分散的，并且是难以追踪的，而且，因为不同的国际行为人提出的想法相互矛盾，上述情况在教育经费问题方面极有可能更加严重。

A. 统计分析假设

我们已经说明，国际组织推出的若干条约和政策影响了全球教育政策。这些法律和政策给国内教育体系带来的影响，以及当矛盾出现时，哪些法律和政策应优先选择，都属于实证问题。我们对 1983 年至 2004 年中低收入国家教育支出的统计分析，初步回答了这些问题。

我们从两个方面分析了国家对教育的投入：（1）国家在每个孩子的教育上花费的总额；（2）政府支出中教育经费所占的比重。前者与孩子们的实际经历联系最为紧密①。另一项衡量标准就是政府总教育支出的百分比，它能反映出一个国家对教育的相对投入。虽然它没有明显与衡量教育质量的变量（比如小学毕业率）联系在一起，但它有一个优点，即与国家的财富无关，而是与教育在不同领域的政府支出中具有的相对优先级别紧密相关。通过研究这两个变量，我们能更加全面地了解国家如何转型，其公民又在这个进程中受到了哪些影响。

虽然，我们承认一些本土因素（如该国儿童在总人口的比例和政府形式等）可能会对政府的支出决策产生影响，但是如果把各个国家看作纯粹的自主决策者，就是错误的。据我们估计，全球环境中的因素，包括国际公约、综合市场和与国际金融机构的协议，也会影响政府关于教育经费的决定。然而，"全球化"的影响并不是这样直截了当的。如上所述，教育政策的全球化是一个复杂的过程，方方面面的因素都可能对

---

① 我们发现每个孩子的教育支出与初等教育的完成情况、中等教育和高等教育的招生情况以及青年识字率高度相关（二元测试）。必须对这些二元统计数据进行谨慎解释，因为这些措施也与一国的财力有着紧密联系。

国家的教育支出产生影响。

说到我们的特定假设，可以从新自由主义经济政策可能产生的影响开始。在一国加入结构调整协议（SAA）的那一年，该国往往已经采取措施来展示其财政职责（Abouharb & Cingranelli，2006）。例如，成本分担和预算效率可以使某国看起来更像是国际金融机构希望的贷款对象。因此，我们预测：

假设1A：国家进入结构调整协议（SAA）意味着降低对每个孩子的教育支出水平。

一旦国家受制于SAA，其中最典型的规定就是将偿还债务作为最重要的任务来完成，将会对教育支出的相对资金数额产生直接的负面影响：

假设1B：一国实施SAA，会引起教育预算支出所占比重降低、同时对每个孩子的教育支出额也会降低。

总而言之，我们期望各国能为了加入SAA做好准备，提前削减总体预算，因为加入SAA就会使公共服务，如教育等方面的相关开支减少。

值得注意的是，SAA被采纳并被运用于更广阔的背景。在以前的一篇文章中（Boyle & Kim，2009），我们发现SAA的实施促进了各国国内儿童权利非政府组织数量的增长，进而也提高了小学和中学的入学率。因此，结构调整政策可能会反复带来反霸权主义的后果，吸引那些希望减轻SAA有害影响的国际非政府组织。如果这种情况发生在教育支出领域，我们将看到SAA对每位学生教育支出产生的负面影响更少。究其原因，则是由于国际金融机构干预措施带来的递归影响占据了重要的研究领域（Halliday，2007）。

我们的历史分析研究表明，全球经济一体化和SAA并不包含全球化的整个过程。儿童权利国际政府组织，如联合国教科文组织等，支持批准国际条约，并监督其实施情况。批准关键国际条约的国家很可能是支持教育最坚定的国家：

假设2：一国批准儿童权利相关条约的数量越多，则教育支出在其财政预算中所占比重就会越大，每个孩子的教育支出水平也会越高。

我们提议建立的是一种关联性关系，而非因果性关系——对教育相关国际法支持力度最大的国家，也是最有可能把教育作为国家头等大事来抓的。

人权领域的研究表明，在不良人权方面做得不好的国家，相比其他国家，批准人权条约的可能性更大（Hafner – Burton & Tsutsui，2005）。这是因为，即使这些国家并未打算遵守条约的内容，批准相关条约的举动也可以为该国政府树立良好的国际形象。或许这些国家的政府官员认为，批准国际条约会转移人们的注意力，人们不再关注他们违反条约的行径。这一模式同样适用于对教育投入最少的国家。如果各国签署教育友好条约只是出于一种形式，那么假设 2 则不成立。

国际非政府组织的存在有助于推动教育普及这一国际规范在当地的执行。实证研究表明，根据国际政治理论，国际非政府组织间的联系是促使各国政府兑现其承诺的关键（Hafner – Burton & Tsutsui，2005）：

相比国际金融机构，联合国组织和国际非政府组织没有那么多的资源，因此它们一般也无法为教育方面的国际法律提供财政支持。同时，因为这些组织都不以营利为动机，而且它们并非仅仅代表某一个民族国家的利益，所以他们具有特殊的合法性。如果这些非财政因素影响了教育支出，那么世界性的整体化理论就有了依据。

B. 统计研究设计

我们研究的目标是确定与教育相关的全球法律和政策的影响，以及跨国动员对于国家在教育领域的资源分配的影响。需要考察的核心观点是：新自由主义经济改革是否真的造成了政府减少教育方面的财政支出，而政府是否迫于国际上关于儿童权利的言论和组织的压力，从而做出了更多的教育承诺，特别是在财政方面。我们抽取的是 1983 年至 2004 年全球中低收入国家每年的纵向数据，分析评估新自由主义经济和儿童权利制度带来的发展和影响，相关文献提供了这些数据测量和来源的详细信息。

a. 因变量：教育支出

正如上文指出，现有几种衡量教育经费的方法。我们可以将花销换算成美元来查看实际支出水平。但该测量方式存在的问题在于，它无法在不同国家间进行适当的比较。例如中国和印度这样的人口大国，生产能力较强，故而其教育支出自然会高于瓦努阿图和赤道几内亚这样的小国。即使是固定效应统计模型，可以控制初始支出水平，但也不能保证将这一点完全准确地反映出来。因为美元支出的增加，尽管是随着时间的推移而产生的，但是仍在极大程度上取决于支出的初始水平。那么，问题就是如何选取一个恰当的衡量标准在各国之间"相对化"比较它们的教育支出。这就存在几种可能性，而且每一种都或多或少有着不同的含义。

说到一国提供教育的能力，我们将各国的生产能力标准化，通过各国教育支出占国内生产总值的百分比来表示，这个数值反映了政府教育投资占据国内生产总值的比重（Kaufman & Segura – Ubiergo，2001；Rudra & Haggard，2005）[①]

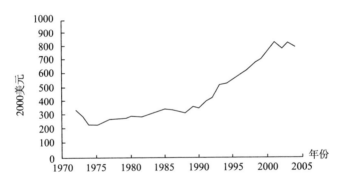

图5.1　1972年至2004年非经合组织（OECD）国家14周岁以下儿童人均政府教育支出

图5.2显示的是，我们选来作为样本的国家，其教育支出所占国家财政支出的百分比。数据来源是国际货币基金组织每年发布的政府财政统计。最终，根据这两个独立的变量，我们能够同时获得能力（教育支

---

① 另一标准化工具就是观察教育开支与国内生产总值的相对关系。然而，这一标准容易将一国的经济规模和政府规模混为一谈，例如该研究区分不了，政府规模大而教育投入少和政府规模小而教育投入相对较多的情况。我们用该方法进行了单独的研究，发现其结果与前一种研究类型的结果相似。

出占政府总支出的比重）和需求（潜在学生的人均教育开支）数据。

衡量国家教育支出水平存在的一个问题是：在联邦体系内，可能会有地方政府投入教育的资金未被纳入国家的衡量标准体系内。虽然将教育支出总额都包括进来是最理想的，但年度数据中只有中央政府的支出可用。值得庆幸的是，此前的分析报告指出，中央政府在权力下放之后，仍然对大部分社会服务负有责任（Kaufman& Segura – Ubiergo，2001）。为了支持这个结论，我们的研究排除了有分散倾向的东欧国家，发现结果没有多大差别。值得注意的是，虽然美国是分散支出水平最高的国家，但是我们的研究不包括美国，因为它不在中低收入国家之列。

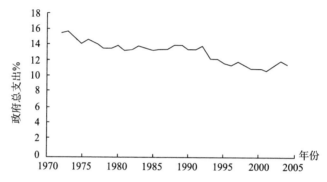

图 5.2　1972 年至 2004 年间非经合组织（OECD）国家教育支出占政府支出总额的比重

b. 自变量

每个国家批准的儿童权利条约的比例。我们深入研究了 1983 年以来与教育相关的全球规范。我们首先考虑的是由各国批准通过的五项主要儿童权利条约以及相关的《经济、社会和文化权利国际公约》。这五个儿童权利条约包括：《国际劳工组织最低年龄公约》（1973）、《联合国儿童权利公约》（1989）、《国际劳工组织最恶劣形式童工劳动公约》（1999），以及联合国 2000 年颁布的《关于儿童卷入武装冲突问题的任择议定书（2000a）》（简称《禁止使用童军议定书》）和《关于买卖儿童、儿童卖淫和儿童色情制品问题的任择议定书（2000b）》。而条约批准的比例指的是每个国家在一年内实际签署条约数在可以签署的条约数中所占比例。我们预计各个国家之间在不同时间上这一数值会有差别

（0 到 100% 之间）。我们的假设是一国对条约做出的承诺越多，该国政府教育支出也越多。

儿童权利—国际非政府组织—国内民间团体之间的联系。儿童权利动员的第二个衡量标准就是一国公民或组织所属的国际非政府组织的数量。国际非政府组织这个连接点能够反映一国在国际组织中的参与程度，在本研究中，主要体现在儿童权利领域（Boli & Thomas，1999）。会员数据由《国际组织年鉴》（国际协会联盟多年的数据）提供，报告了自 1982 年来每年各会员国的情况。从 2007 年的数据来看（这也是可用的最新一组数据），全球有 93 个关于儿童权利的国际非政府组织在运营。如果一个国际非政府组织的工作目标包括提高儿童权利、促进教育发展、消除童工现象、消除拐卖儿童现象和消除体罚现象，或者有着类似的目标或活动，则被视作国际儿童非政府组织[①]。国际非政府组织连接点的操作定义是按照每个国家内部现有儿童权利国际非政府组织所占比例来进行的。这种衡量方法的优点在于它不受国际非政府组织逐渐增长的影响。

结构调整协议与实施情况。一些研究指出，那些希望从世界银行或者国际货币基金组织贷款的国家被设置了贷款条件，实际损害了最弱势社会成员的利益，这其中也包含儿童在内（Evans，2002；Tomasěvski，2005）。这些研究往往基于单一个案研究或世界银行、国际货币基金组织的政策文件。这些研究对于展示实际工作的详细过程、世界银行及国际货币基金组织与教育相关政策的本质和转变是必不可少的。然而，我们仍旧不清楚是否可以在不同的时期将这些主张推广到不同的国家、以及它们能被推广到何种程度。因此，为了评估不同时期、不同国家的要求，我们的分析利用世界银行《结构调整协议》提供的信息。每年每个国家只要加入一项《结构调整协议》就被记作"1"，而所有其他年份一律被记作"0"。我们还对《结构调整协议》的实施设置了单独的衡量办

---

① 我们对儿童权利非政府组织 1981、1985、1990、1995、2000、2005 年度会员信息进行整理，同时将这些年间的数据加入进去。因为非政府组织的数据具有一系列的高度自相关性，所以解读其数据是处理数据缺失问题的合适方法（Boli & Thomas，1999；Boyle & Kim，2009；Meyer et al.，1997）。

法。我们假设《结构调整协议》实施效果不能立即体现，而是需要花费一段时间。与文献一致（Abouharb & Cingranelli，2006），我们的数据显示《结构调整协议》的影响平均持续 3 年时间。因此，我们似乎能有理由假设，大多数与《结构调整协议》实施直接相关的变化，都发生在其运行了三年之后（比较 Zack–Williams，2000）①。我们将实施《结构调整协议》之后的三年算作"1"。

14 周岁以下的人口比例。一旦某国政府承诺普及教育，我们也许能预计到，教育公共投资的数额会随着学龄人口数量变化。因为，从效率的角度来看，每增加一个入学儿童，可能会使教育支出增加的速度降低。因此，我们认为，一国国内 14 周岁以下人口比例越高，该国儿童人均教育支出比率就会越低。我们还控制了另一项重要的人口因素：人口总数。这些变量全部来源于《世界银行世界发展指数（2006）》。

c. 控制变量

民主。我们考虑的另一个本地因素是政府的性质。民主体制和专制体制无疑对教育有着不同的态度。虽然两者都关心年轻人培养以满足就业需求，但是民主体制当局可能更为关注通过教育来培养年轻一代的个人主动性，而专制体制当局则更有可能利用教育向年轻人灌输拥护政府的观念。虽然很难就此断定它会如何影响整个教育支出，但它的的确确会产生影响。这一指标源于政治学家马歇尔和贾格斯（Marshall and Jaggers，2002）创建的政治评分制度，其得分指标取值范围为 – 10（完全独裁）到 10（完全民主）。该指标每年都会更新，我们选取的是 2004 年的数据版本，包含了 1993 年至 2004 年的数据（我们只使用相关年份的数据）。使用这个指标的目的，是评估一国政府的民主或专制程度会如何影响文化与经济的全球化。

人均国内生产总值。为了说明一国经济发展的总体水平，我们将人均国内生产总值一并考虑进来。因为当国内生产总值增长时，政府在各个领域的财政支出都会增加，其中也包括教育领域。但是，这一点并不

---

① 虽然考虑《结构调整协议》长期的影响是有意义的，但是在该研究中这一方法并不可行。

一定能反映出政府加大了对教育的相关投入。人均国内生产总值数据源于《世界银行世界发展指数》(2006)，它被对数化处理以减少偏颇。

外商直接投资（FDI）与贸易。我们的贸易评判标准严格遵循文献中的标准方法，即考虑进出口总额占国内生产总值的比重。而外商直接投资选取的是其净流入值，估算其在国内生产总值中所占的百分比。两种标准均源于《世界银行世界发展指数》(2006)。

滞后因变量。教育支出和我们的变量指数只会随着时间逐渐增加，因此我们的时间模型将呈现出高度的序列自相关性（Baltagi，1995；Kennedy，1998；Ostrom，1990）。我们增加了一个三年的滞后期来处理这个问题。由于我们的分析覆盖了1983年至2004年这个时间段，所以滞后因变量包括了1979年至2000年间的数值。滞后因变量能适用于我们的研究，其原因有两点。其一，这个方法造成的最严重后果就是低估了因变量的重要性，没有意识到它具有的实际影响力（Achen，2000）。尽管如此，结果虽然更加保守，但仍不失公正。其二，实质上本研究关注在时间轴上影响教育支出水平的因素，而不是各国之间的差异，因此，控制前期的教育支出因素对本研究来说是至关重要的。

C. 统计分析

我们研究了跨国新自由主义秩序和全球免费普及教育规范对教育支出的影响，采取的是以一年为单位的联合时间序列分析方法。研究包括大多数国家22年的数据。联合时间序列分析方法适用于评判衡量动态历史趋势，比如全球化程度的提高及其对各国教育支出的影响。1983至2004年是国际金融机构（特别是通过《结构调整协议》）加强新自由主义教育方案的关键时期，也是扩大全球儿童权力讨论的关键时期。此外，这段时期还伴随着各国经济情况及政治情况的巨大变化。

在一个联合时间序列回归中，变量一般发生在两个维度上：空间和时间。跨越空间的变量就是不同国家的差异。即使将发达国家排除在本研究范围以外，这些差异仍是极大的。各国的人口规模、土地面积、生产能力和不平等程度等方面都千差万别，此外还有着上百其他方面的差别。相较之下，跨越时间的变量只与每个国家在一段指定时间内的特征变化有关。总的来说，这些变量与国家差异相比要小得多。例如，即使孟加拉国将本国国内生产总值奇迹般地翻一番，但它仍然没有韩国或智利那么富裕。因此，任何跨国统计研究必须要考虑，变化在哪个维度与核心问题的相关——是空间还是时间，或者两个维度都会涉及。

在目前的分析中，我们更倾向于时间维度的变化，因为我们想知道在特定的历史时期内，国家的特定干预措施如何对该国教育支出产生影响。由于这个原因，我们需要保证我们的长时分析不受跨国（空间）差异的影响。带有滞后因变量的固定效应模型是允许我们这样做的（参看Halady，2004）[1]。该模型计算的重点是跨时带来的变化，同时控制国家之间的变量（包括研究中为每个国家设置的"虚拟"变量）。例如，使用固定效应分析，我们可以认为某国在 X 年到 Y 年间人口变化对同时期教育支出产生影响，同时控制国家在人口规模上的差异[2]。

采用这个通用结构，我们对我们的模型详细说明如下：

教育支出 g_{it} = α + $β_1$ 过去的水平（pastlevel）it – 3 + $β_2$SAA 赞同（approval）it + $β_3$SAA 实施（implementation）it + $β_4$ 条约（treaty）it + $β_5$INGOit + $β_6$pop14it + I：（βk 控制 controls）it + εit

教育支出 it 代表了两个因变量，即在 i 国家 t 年内，每个孩子的人均教育支出和在中央政府教育支出中分配给教育的份额。《结构调整协议》变量就是世界银行批准的贷款和实施。儿童权利的全球化变量是儿童权利条约获得批准的比例和儿童权利国际非政府组织与国家的联系。14 周岁以下的人口所占该国人口的比例是关系到该国的教育需求。控制的项目包括一般的经济全球化（外国直接投资 FDI［净流入］和贸易），各国特定的政治环境（民主还是专制），经济（GDP）和人口变量。通

---

[1] 另一个选择是随机效应模型，但 Hausman 的卡方检验显示固定效益模式更适合我们的研究。固定效益模型的一个优点是纵向数据允许固定、不可观测的数据与自变量相关，而随机效益模型则假设为自变量（Halaby，2004）。这是该模型的显著优势，其一般形式是：

Y_{it} = I：$(\alpha_i D_i)$ + $\beta_{it} X_{it}$ + ε_{it}

Y_{it} 代表 i 国在 t 年的自变量，D_i 代表一个向量，α_i. 指的是国家带有自身特点的具体指标变量 α_i. X_{it} 代表独立变量向量和系数 $s\beta_{it}$，ε_{it} 指的是误差项。

[2] 这种分析的缺点是，我们无法控制时不变（time – invariant）的标准，例如区域效应和民族语言。我们用这些附加的控制因素分别进行了随机效应分析（结果未显示），发现我们的关键时变标准在幅度和方向上没有明显变化。

过控制政治、经济和人口因素——这些常见的影响教育支出的因素——我们希望在超越这些因素的情况下能够更好地理解经济和文化全球化对教育支出的影响。针对每一个假设我们采用了双尾检验，意欲将文献提供的反对论点考虑在内。

D. 统计分析结果

图 5.1 和图 5.2 显示的是在不考虑其他变量的情况下，我们样本中发展中国家教育支出的变化趋势。1990 年以前，青年的人均教育支出一直保持稳定，从 1990 年之后开始出现稳步增长（图 5.1）[①]。在这一时期，教育支出在政府支出总额中所占份额也十分稳定，一直保持在 14% 左右，直到 1990 年代初才逐渐降至 12% 左右（图 5.2）。这个原始趋势很难解释。它们可能反映了人口结构的变化——即使教育预算保持不变或者数额变少，年轻人数目的减少仍可能意味着儿童的人均教育支出增加。另一方面，由不收取学费造成高入学率，可能就要求各国加大对教育的投资。这就可以解释各国儿童人均教育支出为什么在不断增加。图 5.2 表明，当教育支出增加时，其他预算项目还会增加得更多。这些数据综合起来，是对以下观点的有力证明：在新自由主义的鼎盛时期，政府总支出即使有所减少，减少的数额也不大。除此之外，它们主要表明了多元分析的必要性——仅靠不同时期的平均值无法分析全球化程度产生的影响。

转头再说我们的多变量分析，我们提出的三个模型集中表现 1983

---

① 自 20 世纪 90 年代以来，小学入学率再次开始上升，儿童人均教育支出开始缓慢而稳定地增加。要注意的是，这和学生人均教育支出是不同的，因为我们没有这方面的数据。这个时期，学生人均教育支出很可能是减少了。然而，有些人认为，国际金融机构仍然是儿童接受教育和政府资助教育得以实现的障碍（Tomas ěvski，2006）。从这个角度来看，全世界应该比现在更快地向高质量的全民基础教育迈进。尽管国际金融机构鼓励小学入学率的提高，但他们仍然建议设定国家教育经费的上限。例如，1996 年至 1999 年间，乌干达在世界银行的《结构调整协议》指导下，让该国小学入学率翻了一番（World Bank，2002a）。然而，这种增长伴随着教学质量的急剧下降，考试成绩糟糕极了（例如，三年级学生在英语口语考试中取得"满意分数"的人数从 92% 下降到 56%），每名教师教授的学生人数增加（从 35.2 人增加到 60.1 人）（Clemens，2004；World Bank，2002a）。这些都是因为，虽然乌干达的入学人数增加了一倍，但是它的教育经费却没有相应增加造成的。

年至 2004 年间，政府对儿童人口的人均教育支出。模型 1 只包含了控制变量。模型 2 增加了《结构调整协议》变量。最后，在模型 3 还增加了全球教育规范推广行为的评价标准。可以看出，已经批准通过的条约或是《结构调整协议》明显没有直接影响到国家政策，反而是如儿童权利国际非政府组织和全球资金流这些间接和分散的因素，会因为响应这些条约和协定规则而对国家政策产生影响。

谈到结构调整贷款，我们在模型 2 和模型 3 中没有找到依据来支持假设 1A 和 1B。无论是进入《结构调整协议》，还是执行《结构调整协议》，都与每个孩子的教育支出无关。然而，鉴于增加出口是国际金融机构赞成的核心策略，我们发现贷款的限制条件可能会间接地减少花费在每个孩子身上的教育支出。世界银行通过对贷款制定各种限制条件，来达到"增加贸易"这个主要目标，但是它对教育支出产生的影响是消极的。

关于法律和国际非政府组织的影响，我们发现结果让人觉得混淆不清。通过批准解决儿童问题的条约，国家对国际政府组织关于免费义务教育理念的正式承诺没有直接转化为国家对教育的更多支持。[①] 因此假设 2 缺少支持依据。然而，民族国家如果引入了全球儿童权利制度，通过加强与儿童权利国际非政府组织的联系，能够明显提高对每个儿童的教育支出水平，这样就让假设 3 更为可信。国际非政府组织似乎在跨国程序传播规范的过程中起着关键作用。与儿童权利国际非政府组织的联系程度每增加十个百分点，对每个儿童的教育支出就增加八个点。与哈夫纳－伯顿和筒井（Hafner－Burton，Tsutsui，2005）以及波义耳和金（2009）的发现一致，这个结果说明建立在跨国法律基础上的动员比跨国法律本身产生的作用更大。

儿童权利国际非政府组织并非唯一一个与国家教育支出有关的国际非政府组织。事实上，在一项分析中，我们发现女权国际非政府组织（Paxton，Hughes，& Green，2006）同样对两种教育支出措施有着积极

---

① 我们使用由整套人权条约组成的替代条约措施，测试了更为普遍的人权法而不是有限的儿童权利条约是否与教育支出相关，但这种替代措施对教育支出也没有显著影响（结果未显示）。

影响。然而，儿童权利国际非政府组织似乎并不代表一个国家跨国民间组织的总体活动。在另一项分析中，我们没有发现人权国际非政府组织联系或国际非政府组织的全部联系对教育支出有明显影响（Tsutsui & Wotipka，2004）。

我们对条约批准和国际非政府组织的联系进行了综合调查，其结果为全球化的文化因素如何改变国家财政决策提供了重要见解。在之前的一篇文章中，波义耳和金（2009）发现，批准儿童权利条约会对儿童权利国际组织中的成员国数量产生积极而显著的影响。虽然表面上看来，儿童权利条约的批准仅仅具有象征意义，但它似乎使全球民间组织的儿童权利话语得以合法化，这一点又反过来促进了儿童权利国际非政府组织对国内民间社会组织的影响，并在国内围绕儿童权利问题进行动员（Boyle & Kim，2009；Hafner－Burton & Tsutsui，2005；Liu & Boyle，2001）。对儿童权利进行跨国动员，以及联系国内民间组织的行为都会极大地影响政府对基础教育的财政投入。这就是一种具体方法的体现，说明了跨国工作是如何在教育领域改变国家的。

谈到控制变量，我们发现，正如我们所料，一个国家中 14 岁以下人口的比例越大，儿童人均教育支出就会越少。人均国内生产总值与儿童人均教育支出是正相关的。这就证实了以前的研究发现，也就是在教育上，相对较为富裕的国家有能力投入更多。民主与儿童人均教育支出是正相关的。总的来说，我们的发现表明，一国的经济能力和儿童在总人口中的相对比例对一国教育经费的原始水平十分重要，其中，总人口包含了国家教育经费在供给和需求两方面的能力。

在模型 1 中，我们发现，外国直接投资和贸易对儿童人均教育支出的原始数据具有混合效应。外国直接投资与儿童人均教育经费水平呈正相关性。高水平的外国投资可能会提高对熟练劳动力的需求（或者意识到需求），从而加大对教育的投资。贸易则对教育支出产生了相反的影响，进出口贸易（相对于其经济规模而言）增多，就会引起教育经费减少。我们在今后的工作中需要更深入地研究这些相反的趋势。发展中国家的贸易增长可能与以下几个领域有关：农业、原材料开采以及制造业扩张（进口材料加工后出口）。这些往往只需要低技能的劳动力，因此降低了人们投资技能和教育的愿望（Grootaert & Kanbur，1995）。对这一发现的另一个解释是，开放贸易使各国"竞相压价"，在这种情况下，政府会以商业竞争和财政紧缩的名义削减社会项目（Huber & Stephens，2001；Palley，2002）。相反，外国投资者可能对利用廉价劳动力不太感兴趣，而是更注重经济增长，这将对政府教育投资能力产生间接影响（De Soysa & Oneal，1999）。外国投资者可能会受到媒体、人权组织和其他活动团体的严格审查，并与儿童权利国际非政府组织以及国际政府间组织保有联系（McClintock，1999；Spar，1998）。

我们总结了衡量各国教育支出其他指标的模型：教育支出占政府总支出的比例。这个研究与我们对儿童人均教育支出的研究一样，都分析了1983—2004年间的数据。批准儿童权利条约对教育支出的份额分配有积极影响，但对儿童人均教育支出却没有影响。另外，推广全球综合教育规范对相对教育支出和儿童人均教育支出影响差不多大。联系儿童权利国际非政府组织，能从两个方面对教育支出产生明显的积极影响。这表明，在国家投入方面，无论是绝对投入还是相对投入，全面教育全球规范都以同样的方式发挥着作用。考虑到在过去的几十年里，发展中国家政府支出总额中，教育支出所占比例有着下降的趋势，而与儿童权利国际非政府组织的联系能对教育支出产生健康的、积极的影响，这一点说明，儿童权利国际非政府组织能在特定国家内部增加政府的教育支出。

在其他方面，这两种分析是不同的。首先，外国投资对教育支出所占份额的影响与它对人均教育支出的影响不同，而加入《结构调整协议》（无关联）和贸易（负关联）的影响则与对人均教育支出的影响相同。《结构调整协议》的实施会对教育支出份额产生负面影响（这种影响的统计意义几乎可以忽略不计）。贸易开放与教育支出份额的关系也是负相关的。国外投资对教育支出份额没有明显影响。其次，从统计数据来看，经济能力和人口统计需求因素与儿童人均教育支出的原始水平具有显著的相关性，但对于决定教育支出在政府总支出中所占份额的问题，它们却几乎没有什么影响。换句话说，一个国家用于教育的经费预算百分比并不是由该国的年轻人数量、人均国内生产总值或民主水平决定的。在预测教育较其他领域优先的地位时，这些因素并不十分重要。

3. 结　论

本章展示了，全球层面制度化原则的持续性，即使它们成为争议和分歧的对象，也仍在继续进行。尽管两个跨国法律秩序之间关系紧张，一方倡导普及接受免费基础教育的权利，而另一方则主张新自由主义方法，比如分摊教育成本，但是政府大力支持基础教育作为一个制度化概念，仍在全球体系中占据主导地位。在全球政策制定和国家政策执行两个层面都是这样。于是，世界银行在 20 世纪 80 年代初提出了公共服务向使用者收费的概念，但在 21 世纪初教育已不属于收费范围。与此同时，各国普遍不重视提倡在教育领域缩小管理规模——至少没有直接这么做。在我们的统计研究中，与我们预测相反的是，《结构调整协议》对教育支出的影响微乎其微。这与希利克（Killick，1996）的观点一致，即《结构调整协议》执行力度不够。然而，当全球经济一体化以进出口形式进行时，它的确给这类开支施加了下行的压力。因为国际金融机构的目标之一就是增加全球贸易往来，这意味着其政策会给教育支出带来一些间接的负面影响。总的来说，《结构调整协议》、贸易和外国直接投资带来的不一致的影响表明，尽管物质资源也被附加在新自由主义政策内，但是各个国家能够抵制该政策的全面实施。

我们找到有力且稳定的证据，说明了在我们研究的期间内，国际非政府组织在维持国家对教育的投入和支持方面起到了重要的作用。比起颁布的国际儿童权利条约或《结构调整协议》，国际非政府组织的影响更大，也更持久。而我们的历史研究显示，他们的成员网络能同时带来物资和规范资源，来支持免费普及教育，以及尽可能减少收取学费带来的影响。研究结果突出了跨国民间组织的关键作用，它是跨国建设、传播以及执行基础教育法律规范的媒介。

后续的研究将对国际非政府组织产生影响的原因及方式进行精确

分析。一种可能性是儿童权利国际非政府组织积极行动起来并且加强免费普及教育规范的合法性。还有一种可能性是他们为免费普及教育创造了许多"入境口岸"。这些行动又反过来促使国内民间组织更多地参与到儿童权利运动中来，并且缓解矛盾消息对各国产生的影响。也有可能国际非政府组织仅仅预示着国家向全球民间组织开放。因为，一国政府如果允许或是鼓励大量国际非政府组织存在，那么它往往会对联合国和联合国教科文组织提出的观点报以包容的态度。根据我们的研究，国际非政府组织不会仅仅替换掉该国通常用于教育的资源。这与我们的发现不一致，即国际非政府组织的存在有利于不断增加政府教育支出。

我们的研究结果表明，合法性在跨国法律规范的建设、传播与实施过程中具有十分重要的作用。比起新自由主义的教育经费筹集模式，倡导推行免费义务教育的合法性更强。因为前者已被收录进国际法，并在数十年间由联合国教科文组织成功推广到各国。最终，世界银行的合法性已然受到教育使用者付费观点的威胁，只能被迫改变立场。同时，物质资源也很重要。使用者付费的观点之所以能获得支持，是因为联合国教科文组织在关键时期失去了大量资金。此外，国际非政府组织向国家提供资源以及合法性。通过将国际金融机构收进我们的历史分析和统计分析中，我们得以避开一种过于简化的二分法，即只讨论物质资源和合法性之间的关系。

最后，我们的研究揭示了全球教育经费的未来发展方向。虽然，全球民间组织成功地缓冲了教育支出的下行压力，并且促进了原始数据和相对数据的增加，但是其增长幅度可能不够充分。如前所述，自 20 世纪 90 年代以来，许多发展中国家的小学入学率急剧上升（World Bank，2002a）。但是国家预算拨款却没有跟上。这种趋势令人担忧。因为，在这种情况下，小学入学率快速增长，往往意味着办学条件和教学质量的恶化，其中涉及教师素质、上课时间、上课教室，以及其他教学设施等方面（Clemens 2004；Duraisamy et al.，1997）。我们下一步将要研究的是，这些条件是否或如何成为跨国教育规范转换的基础（Shaffer，Chapter 2）。[①]

　　为了测试我们所获结果的稳定性，我们首先考虑异常情况和有影响的情况。我们使用了包括部分平面图在内的许多诊断程序，以便识别这些案例。我们发现一些东欧国家有着不同的模式。移除单个或全部东欧国家，在象征性、显著性和主要结论方面，对模型中的关键变量没有实质性影响。除此之外，我们发现，在使用随机效应运行所有模型时，其中的关键变量（儿童权利条约批准、儿童权利非政府组织联系、贷款协议和贷款实施）结果与固定效应模型中的结果是一致的（此处未报告结果）。我们还对模型进行了各种敏感性测试。从残差的散点图中，我们没有发现显著的异方差或非正态情况。虽然我们的主要模型存在适度的多重共线性，但自变量之间的相关性小于 0.39。此外，象征性和显著性的总体稳定，通过不同的规格模型，来支持此处所得结果的可靠性。

---

　　① 有趣的是，我们发现（在一项未显示的分析中），儿童国际非政府组织的影响力并没有随着一个国家批准更多的条约而增强。虽然民间行为人在全球范围和全国范围开展活动时，与免费普及教育相关的国际法可以为他们提供理论工具，但是，对于特定发展中国家来说，儿童权利国际非政府组织会对其教育支出产生影响，这种影响和它们批准的条约数量之间，并不是简单的函数关系。

第六章　药品获取与南非的国家变革

从印度、巴西、泰国、中东到肯尼亚和南非，无论是在国际上还是在国内，获取必需药品都是个具有极大争议的话题。近来，跨国非政府组织"无国界医生组织"（Medecins Sans Frontieres，MSF）发起运动，反对欧盟在贸易谈判中企图通过对印度政府施压迫使其修改知识产权相关法律以限制"仿制药"的生产。无国界医生组织将印度称为"发展中国家的药房"，因为许多发展中国家可以在印度买到价格实惠的必需药品，同时，它还对印度专利局拒绝某些专利申请的行为表示欢迎，理由是这些大的跨国制药公司出品的药品不符合印度专利法中对于新专利的标准。无国界医生组织呼吁印度政府要坚定立场，反对将知识产权保护置于世贸组织《与贸易有关的知识产权协议》（TRIPS）之上（MSF，2011）。肯尼亚在2008年颁布的"防伪法"，就因为阻止仿制药的生产引起诸多不满（Kwamboka，2011）；而在南非，政府对抗逆转录病毒药品的投标成功，极大地降低了这些药品的成本，让更多有需要的人获得了治疗的机会，也让政府因为这一"治疗行动运动"（Treatment Action Campaign，TAC）受到了称赞。

虽然国际上对药品获取、新药研发经济以及知识产权的讨论仍在继续，但是，必需药品的获取还是为探索跨国法规交流、各国国内法律和机构变革问题提供了一个非常好的研究背景（Shaffer，Chapter 1）。从国际层面来看，约翰·布雷斯维特（John Braithwaite）与彼得·达霍斯（Peter Drahos）提出了"全球化是一种原则的竞争"（Bvaithwaite & Drahos，2000：7）。他们认为，"监管全球化的过程就是各种类型的行为人利用不同的机制来推动或者抵制一些原则（Braithwaite & Drahos，2000：

9）。彼得·奥布莱恩（Peter O'Brien）认为，这个进程在 20 世纪 80 年代中期开始加速，并引起 90 年代中期出现"世界范围的经济动荡，它的标志是在各个领域建立国际规范和竞争标准"。他还着重谈到医药领域，指出"在工业部门中，制药业分支为国际生产者协会提供了优秀的成功范例（Drahos，2002；O'Brien，1998：77）。在有关知识产权全球化的另一项研究中，苏珊·赛尔（Susan Sell）采用了"结构化代理"这一分析框架阐释了私有利益在 TRIPS 协议中所发挥的作用。她解释了下述问题："为了反对美国在知识产权方面的贸易政策以及 TRIPS 对商业利益的重视甚于公众卫生，获取必需药品的全球运动是如何出现的。"（Sell，2003：146）

全球化的新药研发、药品供给和药品监管引起了一系列的理论和研究。一方面，关于公共货物的讨论又开始盛行，其中，特别是在公共卫生领域（Woodward & Smith，2003），全球公共货物的重要性被大力提倡，被认为是管理全球化的一种手段（Kaul et al.，2003）。另一方面，阿德里亚娜·派翠娜（Adriana Petryna）与亚瑟·克里曼（Arthur Kleinman）认为，制药业的全球化是一种"活动，其中涉及政治、经济和伦理等多个方面的问题"，这些问题"共同构成了'制药业网络'"（Petryna & Kleinman，2006：20）。他们认为，"使用网络的概念是为了体现大面积的政治与社会转型，这些转变不仅被归到制药业全球化范围内，从某种程度来说，它们也是经由医药全球化而产生的（Petryna & Kleinman，2006：21）"。我认为，艾滋病疫情在全球蔓延，获取抗逆转录病毒药物有绝对的必要性，因此，在权衡知识产权和公众卫生的问题时有必要从人权角度进行思考（Klug，2010a）。这些研究以及它们的分析框架以不同的方式尝试解决全球化治理中特定领域所面临的问题。

尽管全球化与治理的相关讨论通常集中在全球化经济关系背景下国家权力的局限性上（Guehenno，1995；Ohmae，1990），但其他一些学者却会一方面关注建立在政治权力和军事权力之上的领土权力，另一方面则关注全球竞争和生产基础上的相互依赖（Cox，1994），或是关注建立新型治理规范来调控全球化的可能性（Ruggie，2003）。最近，大卫·海尔德（David Held）希望通过强调法律角色的改变来实现"受原则约束的多边秩序"（Held，2004：119），尝试借此对全球进程的管理方式提出设想。鲍温图拉·德·苏沙·桑托斯（Boaventura de Sousa Santos）与恺撒·罗德里格斯（Cesar Rodriguez）探索了在创建"国际性法规"的过程中，反对霸权主义全球化所起的作用（Santos ＆ Rodriguez，2005）。我还在自己的文章中讨论了在全球应对艾滋病的行动中，社会运动扮演的角色问题（Klug，2005）；以及全球和地方法律制度如何为发展中国家获取必需药品建立管理规范（Klug，2008）。有一个假设：即无论全球化以何种形式存在，它都在改变着我们生活的世界。罗纳德·罗高斯基（Ronald Rogowski）早前研究了不同形式的跨国贸易如何影响国内政治的不同阵营（Rogowski，1989），"变革主义论者观点"引出了"全球流动网络及关系"，相关分析框架的诞生对基本时空维度（广度、强度、速度以及倾向性）进行了详细研究（Held et al.，1999：21）。研究者将注意力转向了单一民族国家，运用这些分析工具，讨论了全球化对国家权力和民主政治的影响。根据这一分析，他们得出结论：就制度议程再配置和制度改革新发展而言，全球化的当代模式产生了重大的制度影响（Held et al.，1999：440）。然而，他们的研究角度是由国内转向全球的。尽管他们认识到，从政治层面来说，这些影响"要求开发国家政策协调官僚机构的新模式，以管理政策制定的国际化"，但在全球化或跨国法律、政策对国家结构的影响和对国内政策制定过程的影响方面却没有足够重视。

为了探讨这些动态问题，我们需要更为直接地关注一个国家的内部工作。虽然各国都在不断进步，但由于他们一直处于持续的重组过程之中，不停地应对不同事件、不同机会以及来自地理疆域内外的限制，因此其变化速度可能会大不一样。南非向民主制度的转变是重大变革的标志，这是因为种族隔离制度被一部新宪法和一个由民众选举出来、致力于进行社会改革的新政府所代替（Klug，2000）。执政党非洲民族会议（African National Congress，ANC）的首要任务就是进行国家转型。除了要应对种族隔离制度的遗留问题并明确自己的相对优势和政治纲领，非洲民族会议还必须在既定宪法、旧有国家机构和全球环境的框架内完成自己的目标。在紧密相连的国内、国际政治舞台，国家必须不断在政治、经济和政策环境中持续地进行协调应对。同时，不同的机构、不同的政策制定者、不同的社会运动与不同的民间团体之间也在不断发生碰撞，以促使国家在现有条件下进行选择。当国家对这一系列不断变化的机遇和限制做出反应时，无论他们是真实存在还是仅仅是感觉上的，都会对不同的政策和相互竞争的政治经济派系起到推动作用，让他们能够接受、建立、重构或者干脆放弃某些特定的规则制度。

关于南非抗艾滋病政策的情况，从政府最高级别的否认（Gevisser，2007；Govender，2007；Nattrass，2007），到法院要求政府提供奈韦拉平（一种抗病毒药物）以防止 HIV 病毒母婴传播的判决，南非对抗艾滋政策的反复屡屡上演着不同的故事（Klug，2010b；Sachs，2009）。

南非街头的社会活动家和国际民主掮客通过努力，让本地的积极分子、跨国非政府组织、政府和国际政策的制定者坐到了一起，最终于 2001 年 11 月在 WTO 部长级会议中通过了"知识产权协定 TRIPS 与公共卫生多哈宣言"（t'Hoen，2009）。还有很多法律诉讼和新政策的制定，也迫使南非政府在公共卫生系统提供抗逆转录病毒治疗（AIDS Law Project，2003；Geffen，2010；Kapczynski，2009）。只要疫情还在，类似事件还会发生。

本章对这些构想进行重述，目的是探讨有关知识产权的新兴跨国法律秩序、正在爆发的健康危机以及摆脱了种族隔离制度后的国家重组等问题之间的相互作用。

本章根据笔者本人在国内和国际上关于药品获取讨论中的经验，与政府官员、政策制定者和活动家进行的非正式访谈和讨论，以及对原始文件和二手文献的广泛查阅，对这些"转型"展开讨论（Scheeffer Chapter 1）。一方面将之看作全球机遇和制约因素之间相互作用的产物，另一方面探讨不同参与者关于获得基本药品的辩论和斗争中的作用。

为了给探讨国家"转型"过程做好铺垫，本章首先对跨国背景和国内背景进行概述。在此之后，本章考察了新南非法律和政策形成的三个不同领域——贸易、卫生和竞争，所有改善基本药品获取途径的尝试都是以它们为共同法律和政策背景的。本章中的每一节都考虑到了跨国和本地制约因素和机会的存在，它们影响着政策形成和法律变化过程。在介绍了这些领域的概况之后，接下来特别谈论了获取基本药物的问题，将之视作不同政策和法律变化相互作用和影响的一个领域。最后，本章认为，在关注每个政策领域的组成要素的同时，也一样关注能为参与者提供空间的"结构化机构"及综合环境，在这里，参与者们可以实现体制和政策创新，使我们能够理解如何在国家和跨国范围内重新配置基本药物等重要资源。

1. 全球背景与地方背景

1990 年初，随着自由运动的解禁和纳尔逊·曼德拉的获释，南非的民主改革拉开了序幕。冷战结束的同时，受到这一形势的影响，四年后新政府迎来了第一次民主选举，对他们来说，除了自由市场经济，当时的国际环境让他们几乎别无选择（Saul，2002）。虽然在非洲民族会议的构想中，政府应当积极参与经济重建和社会变革，但以谈判型过渡的特点给新政府带来了诸多限制。首先，新政府将接受原来的官僚体系，在五年内保持原有工作人员职位不变。其次，新政府需遵守"临时"宪法和民族团结政府的要求，同时在两年内制订出"最终版"宪法，还要实现自己承诺的重建和发展。最后，虽然以上限制仍旧存在，但是国内兴致高涨，国家似乎形势大好，因为实现民主过渡的过程有时是充满暴力的，但是这个国家却设法解决了这一危机，它让全世界都看到，该国选民为新的民主秩序安安静静地排队投票。

尽管新的民主政府决心通过其重建和发展计划（RDP）（非洲人国民大会，ANC，1994a）来处理种族隔离制度的遗留问题——明显的种族不平等和极端贫困，但它很快发现国家自身正处于财政危机中，能力有限。这是综合作用的结果，国际制裁，特别是高利率对主权债务的影响，以及前政府的财政支出情况——它在执政的最后几年里试图拼命花钱来提高其合法性。正是在这种情况下，由于国际上的目光短浅，造成国内压力增大且选择有限，非国大发现自己需要寻找一个可行的宏观经济战略。与此同时，施行种族隔离政策的旧政府主张结束南非在国际上的孤立状态，开始就南非重返世界经济进行谈判，并参与了组建世界贸易组织的谈判。关税及贸易总协定（GATT）形成的前贸易体制确立了南非"发达国家"地位，旧政府承继了这一定位。虽然非洲人国民大会中有人主张通过谈判将其定位改为"发展中国家"，但立即结束国际孤立状态的压力意味着这一选择已被放弃。[①] 唯一逐步开放的选择似乎是一项旨在通过该国迅速融入国际经济来实现经济增长的政策，以便国家和社会都拥有该国转型进程所需的资源。正是这种动力促使非国大与旧政府一起于 1994 年 4 月前往马拉喀什。因此，在南非举行第一次民主选举之前，它就已经是新世贸组织的创始成员国了。

迅速整合国家经济并融入世界经济体，借此获得实施国家变革所需的资源。

随着转型过程的开始，从一个极力维护种族隔离政策和保护少数特权公民利益的政权转向一个新宪政国家，致力于保护所有公民的权利，同时解决过去的遗留问题，这些既会给机构改革带来巨大压力也能带来重大机遇（Mhone & Edigheji，2003）。政策转变的必要性改变了资源的分配情况，使国家的不同部门有机会对体制结构和任务进行改造。重要的是，参与这些进程的国际机构、政策制定者和非政府组织带来机遇的同时，也带来了限制。这样，解决特定问题的体制和法律制度终将发生变化。然而，国家的不同变革在性质上并不一致，其程度和性质一方面取决于跨国模式的相对影响，而另一方面，实施变革的机会在许多时候取决于国内各种条件的综合情况，有时还取决于不同政策部门或这些部门试图解决的社会问题之间的矛盾。从这个意义上说，该国的转型仍然是非线性的且并不均衡。

无论是按照计划实施的还是由于宏观政策框架突然变化导致的变革，各种相关政策和机构或多或少在变革的过程之中获得了政治筹码。因此，在广义的变革过程中，我们有可能探讨在南非民主政府成立后的 15 年中，特定政策的制定过程、法律改革、实施力度和机构主动性的变化过程，以及这些特定对象是如何回应相应的限制和机遇的。据此，我

---

① "发达国家"的身份意味着南非需要履行所有的世贸组织义务，包括于 1995 年初开始实行 TRIPS 协议中规定的高规格知识产权保护条款；相比之下，"发展中国家"（包括印度和巴西）只需要在 2005 年初开始接受这些条款。

们主要的研究对象是两个机构群：贸易与工业，以及卫生；和两个特定的法律体系：知识产权法和竞争法，还有这些对象如何与为获得稀缺药品抵抗艾滋病而进行的社会抗争之间的互动。

就贸易与工业机构而言，政府的参与主要集中在微观经济政策和落实 WTO 协议承诺上。首先，只有少数的非洲民族会议积极分子能与官僚机构的底层官员进行接触。这样一来，旧的官僚体系几乎口径一致地认为，南非是关贸总协定的创办国成员之一，因此作为世贸组织的创办国成员有责任率先履行清除贸易壁垒的承诺，[①] 还要清除在种族隔离时期实行的保护本国产业的高关税。作为贸易与工业部门的分支机构，负责知识产权问题的官员认为，南非的法律长久以来对专利和其他形式的知识产权进行了保护，因此，他们认为 TRIPS 对本国的影响不大。

然而，由于卫生部内部有很多支持非洲民族会议的活动人士和专业人员，他们参与了对公共卫生领域进行重大改革的政策制定，因此立场截然不同。非洲民族会议卫生部与联合国卫生组织（WHO）和儿童基金会（UNICEF）曾进行紧密合作，于 1994 年提出了"南非国家卫生计划"，作为施政纲领的一部分（ANC，1994b）。这份计划中除阐述原则之外，还承诺了国家责任、社区参与和跨部门的工作方式，并表示"相关部门如教育、就业、饮水、卫生和住房"是与卫生相关的重要问题，需要各部门之间紧密合作（van Rensburg & Pelser，2004：114）。非洲民族会议的卫生计划反映出国际经验和影响在利用公共资金推行重要的卫生措施时的重要性，推广性和预防性医疗服务在公共卫生领域免费提供，而免费医疗服务仅针对特定病患群体（van Rensburg & Pelser，2004：114-15）。关于药品供给，世界卫生组织同意派遣一位官员与南非卫生部协同工作，协助建立新的药品政策，使南非能更容易地获取稀缺药物。

竞争法与相关政策最初并未引起关注，因为这既不是国内活动人士的工作重点，也不具有国际性关联。在新政府的承诺中也是类似的情况，非洲民族会议在竞选宣言中明确表示要实施"反托拉斯政策"

---

① 作者对贸易和工业部官员的采访，Pretoria，1999。

（ANC 1994a：s 4.4.6.2）。[3]国际社会首先对非洲民族会议发出了警告，禁止南非实行"旧式"的反托拉斯政策。这种做法是为了将竞争政策排除在 20 世纪 90 年代的政策制定优先地位。直到后来，市场失灵和竞争的问题才再度引起关注。20 世纪 90 年代末，法律体系改革终于开始，实施了新的竞争法，建立了新的机构并有效地实施了相关政策。虽然在反托拉斯法和竞争法领域并没有像世贸组织、联合国卫生组织和儿童基金会这样的国际机构，但新成立的南非竞争委员会很快成为国际竞争网络（下称 ICN）的创办成员国之一，这个组织于 2001 年 10 月由 14 个国家的立法机构及反托拉斯部门官员组成。该组织的目标是加强国际反托拉斯的司法力度。2006 年 5 月，南非竞争裁决委员会接待了来自 64 个国家的 280 位代表，将各国竞争管理官员和私人企业、商业机构、多边组织和学术界的非政府顾问（下称 NGAs）组织到了一起（Moodaliyar & Hartzenberg，2006：1），参加在开普敦举行的第五届 ICN 年度大会。

2. 贸易与政策：开展全面自由贸易与重归世界经济的怀抱

1990 年 2 月，当曼德拉从监狱获释时，他表示将继续支持联盟大会于 1955 年通过的"自由宪章"。他认为，"将矿产、银行和垄断行业划归国有化是非洲民族会议的政策，这与我们的意见相差得实在太远。"（Marais，2001；Ottaway，1993：132）。市场的负面反应是瞬间发生的，并且有可能再次发生，只要非洲民族会议或者曼德拉政府对南非经济基础结构的有效性再度产生怀疑。当兰特（南非货币单位）市值下行，约翰内斯堡股票交易市场也跟着跳水，非洲民族会议的经济专家发现南非经济被卷入了漩涡之中，而且眼下无计可施。20 世纪 90 年代，国家社会主义垮台后不久，似乎除了国际货币基金组织（IMF）、世界银行和"华盛顿共识"提出的"以市场为主导"，并没有别的路可走。即使在用了一种可以严厉惩罚任何"背弃"行为的强制性全球化经济体系后，（Marais，2002：85），南非政府在接下来的每一步行动中仍然要面对资本竞争、货币市值的不稳定和本地市场的极度不稳定，这可能是任命第一位黑人财政大臣，也可能是为应对邻邦津巴布韦的政治、经济不稳定而做出的宏观反应。

曼德拉政府执政后，经济政策发生了变化，非洲民族会议采取的主要策略是"重新分配促进增长"。然后，这种逻辑会产生两种情况：一方面，这可能意味着宏观经济将会通过重新分配收入的方式刺激需求（Hirsch，2005：51），这是一种由凯恩斯主义衍生出的解决根深蒂固的不平等与贫困的办法；另一方面，也可能是按照艾伦·赫希（Alan Hirsh）说的那样，"向亚洲国家学习"集中发展生产力，参与出口领域的竞争。赫希认为，"通过教育、医疗和其他社会服务的方式提高现有劳动力的生产能力，并培养新的工业劳动力"，这种方法能够实现收入的再分配。在非洲民族会议内部，"通过增长实现收入再分配"的方式逐渐获得了认同。政府试图通过"重建发展计划"（RDP）获得增长，但官僚机构的无能和阻挠让计划搁浅。因此，政府将政策改变为"增长、就业与重分配"（GEAR），这样一来，宏观经济政策的走向将大变，国际化的可能性更大，还可以采取一系列的市场主导行为。其中包括：黑人经济振兴计划，这是一个政策法律框架，意在重新整合经济，建立并巩固新的竞争环境，并通过整治官商勾结和市场操纵行为，达到打击南非经济垄断局面的目的。

加入世贸组织的贸易体系对南非而言，既是机遇，也带来限制。不同的政策措施所产生的影响是无法预知的，有时候也是相互矛盾的，因此新政府会采取不同的手段来应对，如"整体出口刺激体系"（GEIS），这是旧体系在1990年4月为了鼓励生产出口产品，并打破与国际经济的隔离所采取的一项措施。虽然这个计划花费甚巨（过去7年中已耗费50亿美元），有时甚至挤占贸易与工业部的预算（Hirsch，2005：132），新政府仍不会轻言放弃。放弃意味着释放负面信号，影响新政府兑现加速融入世界经济的承诺。南非同意加入世贸组织，并在1997年逐渐停止实施出口补贴，因此GEIS带来的巨大财政负担最终将得到缓解。

然而，南非完全沉浸在和平解决种族隔离的喜悦中，又享受了较早加入世贸组织带来的种种好处，于是，同意了在关贸总协定中延续南非的发达国家身份。因此，它错过了在新的TRIPS协议中对发展中国家的优惠政策。直到1997年，这一决定的后果才开始凸显：南非打算推行一项稀缺药品计划（相当于 WHO 相关计划的国内版），但遭到了制药业及其支持者的强烈反对，包括美国。同时，比勒陀利亚的新政府试图维护新的药品法，希望将资源转移到贸易与工业部，借此展现政府扫除贸易壁垒的决心。贸易与工业部（DTI）是南非第一个拥有新建总部的部门之一。总部大楼的设施按照校园的样式修建，这个部门的目标是：通过提供政府服务，促进政策与计划的实施，方便大众，促进企业发展。

日本政府通过世界银行向南非第一任贸易与工业部部长特里弗·玛纽尔（Trevor Manual）提供资金支持，这部分资金刺激了以出口为主导的经济增长，将劳动力、商业和政府聚到了一起，为提高南非的工业竞争力提供支持（Hirsch，2005：133－4）。日本的拨款使得贸易与工业部采取了一系列措施，其中包括出口装运前融资担保、技能发展策略、支持工业创新的重建计划和竞争资金。其中，竞争资金为两亿五千万美元的贴现贷款，于 1995 年至 1998 年间投入纺织等行业，这些行业由于进口关税的逐步降低受到了冲击。同时，南非在种族隔离时代本地投资十分有限，国外直接投资机遇也十分难以把握。由于国内市场规模较小，消费能力低下，地区经济规模有限，因此投资主要集中在政府项目上。地方性的制造企业由于市场开发程度的加大，压力与日俱增。最终，经济改革中没能采取更多的干预措施，人们把一切都归咎到世贸组织的规则上。曼德拉政府的第二任贸易与工业部部长埃里克·埃尔文（Alec Erwin）根据亚洲国家对市场进行干预的历史提出了自己的看法："像南非这样的国家，20 世纪 90 年代才开始进行经济改革，按照世贸组织的规定，政府是不允许采取干预措施的"（Erwin 1999），这样一来，工业政策的实施就受到了影响，国家与市场间的界限也模糊了起来。

3. 卫生法规与政策：种族隔离的历史、社会服务与公共卫生

与工业和贸易不同，这些领域在自由市场经济中，政府出台的公共政策提供大的框架，而各式各样的参与者为了达成自己的目标在这个框架中活动。卫生保健领域通常需要由国家来直接提供大量的公共服务。国家服务的质量和提供范围即使是在自由的药品市场中也是有区别的，

如美国和南非之间的差别（van Rensburg，2004：14），国家提供的医疗服务占有相当的比重（如退伍军人管理局、美国的社区医院或南非的省级医院），主要为贫困人群服务。国家有责任提供卫生服务，就像是国家对经济发展负有政治责任一样。与经济事物不同，国家对公共健康的反应通常是被动成分大于主动：逐个处理健康危机，而不是制定计划和策略来满足公众对卫生保健的需求或改善现有的卫生保险体系。与经济领域相比，卫生保健领域（由医疗科学专业人士主导）的法律框架与政策的相关程度更小。经济领域中，机遇与限制的结构通常由法律框架界定。南非在卫生保健方面的法律法规有相当长的历史。

1807 年，英国第二次占领开普殖民地，南非的首个卫生保健法规由此开始。1883 年，为了应对天花疫情，殖民政府通过了一项公共健康法案，建立了"殖民地公共卫生部"并设置了"殖民地卫生官"这一职务（van Rensburg，2004：57）。但是，1918 年的另一次卫生危机——流感大流行——才最终促使南非联邦（非洲的英属殖民地于 1910 年联合自治）对公共卫生进行立法（van Rensburg，2004：72）。1919 年的"公共卫生法案"建立了一套管理公共卫生事务的三层式系统：全国级、省级、地方级。这套系统对后来卫生保健服务的发展（包括后种族隔离时代的卫生保健服务）产生了深远的影响，脱离了建立统一卫生保健体系的初衷。卫生保健领域的种族隔离只是把殖民时代早期的做法制度化了：分离出十个黑人聚居区，并进一步将卫生保健系统分为有色人种、印度裔和南非白人三种。这意味着南非的第一个民主政府继承了一个高度分散的卫生保健体系。赛德里克·戴·比尔（Cedric de Beer）在对种族隔离时代卫生保健体系的研究中指出：20 世纪 50 年代，南非政府拒绝了所有的改革提案；"在这个时期，政府即没有思考也没有采取行动来改善多数人口需要的卫生保健服务"（De Beer，1984：29）。处于分散状态四十年后，南非的卫生保健体系的重建工作在严重的艾滋病疫情中终于开始了。

1994 年，纳尔逊·曼德拉掌权后宣布：必须向孕期妇女和六岁以下的儿童免费提供卫生保健服务。这项决定是非洲民族会议出台的南非国家卫生计划的一部分，这个计划从发展的角度，将卫生问题看作"南非社会经济发展计划的一部分"（ANC，1994b）。1996 年，新宪法颁布后，公民的基本营养权、健康权和获取社会服务的权利虽然受到了国家提供必要服务能力的限制，但终于有了宪法保障。政府所采取的卫生政策确保了公众能获取必要的卫生保健服务，也确保"提供高质量、低成本的重要药品"（Department of Health，1997：1.1.2〔c〕iv）。同时，新政府开始了艰难无比的卫生服务重建工作。由于医护人员过去在相互隔离、极度不平等的环境中工作，现在要融合到同一个环境中，人们产生了和恐惧和怀疑，重建工作举步维艰。

卫生服务的重建工作面临重重困难，这只是新政府在种族隔离后进行重建所面临诸多问题的一个缩影。首先，政府进行了新的行政区划，现有 9 个省，而不是过去的 4 个省和 10 个黑人区。其次，各个省级卫生服务机构（过去为三个人群服务：白人、有色人种和印度裔）与其他各级卫生服务机构，无论过去隶属政府管辖还是隔离区政府管辖，现在统一为一个系统，受唯一的政府管辖。最后，新的体系必须按照 1996 年宪法中规定的行政区划进行构建，对卫生事务具有立法权，在特定事务上具有排他性权力。同时，由于过去实行种族隔离的医院现在向所有公众开放，病患日益增多，加之艾滋病疫情日益严重，国内的卫生设施不堪重负。

虽然南非政府在 1997 年的《南非卫生系统改革白皮书》中提出了"单一、联合的卫生系统"，但面对卫生领域改革的困难和卫生危机的加剧，直到 2003 年，政府提出的卫生政策才正式通过立法。《白皮书》提出了具体的政策措施、目标和整体架构，"各级政府、非政府组织与私有经济将联合起来推动共同目标的实现"（Hassim，Heywood，& Berger，2007：98）。这份《白皮书》提出，国家、省级和地方政府将起到"独特的、互补的作用"，卫生系统应当把各个街区"当作卫生工作的主要场所"，"集成的必要卫生保健服务对所有人群开放"。与《白皮书》一同出台的还几份政策文件和 1999 年《病患权利宪章》，直到 2003 年，《国家健康法案》通过后，这些文件才正式成为法律。南非政府在 1999 年后对 HIV 病毒与艾滋病的联系提出了怀疑，并质疑 1996 年上市的抗逆转录病毒药物的疗效，总统塔博·姆贝基（Thabo Mbeki）甚至对病毒的特性和起源提出了不同看法。因此，南非在国际公共卫生领域的地位受到了严重影响。国际社会的质疑在蒙特利尔召开的世界艾滋病大会上达到了顶峰。南非代表团认为，食用大蒜、甜菜根和一些营养保健品是对抗艾滋病的主要手段，但没有提到采用抗逆转录病毒药物来对抗疫情。

南非已经耗费了数年实施法律变革，卫生领域改革和政策的辩论只是实施机构改革艰难历程的开始（Harrison，2009）。20世纪80年代晚期到90年代早期，政策争论的焦点在于是否需要一个统一的卫生体系，在现有的极度不平等体系中实行交叉补贴。但是，由于颁布了"增长就业和重新分配"（GEAR）政策，实施全国性卫生保障在立法和政策制定过程中处于次要地位。虽然非洲民族会议在1994年颁布的"国家卫生计划"中做出承诺，将建立"调查委员会"对卫生危机进行调查并寻找解决方案，如"国家卫生保险"（ANC，1994b：section 5）。直到2007年，非洲民族会议在波罗克瓦尼会议上公开反对塔博·姆贝基，将建立"国家卫生保险"（NHI）再度提上议事日程（McLeod，2009）。最新一轮的政策制定避开了早期提案中的建立社会卫生保险体系，因此保留了公立和私立两套医疗体系。波罗克瓦尼决议"为南非卫生系统的变革提供了新的思路和空间，通过在整个卫生系统中提高收入和风险交叉补贴来实现全民覆盖"（Mooney & McIntyre，2008：639）。政府承诺建立卫生筹资体系，促进卫生服务向单一体系融合，具体的实施效果还有待考证。尽管非洲民族会议全国执行委员会下属委员会于2009年提交了"国民健康保险"执行报告（ANC，2009），并在非洲民族会议全国总理事会的2010年度会议（ANC，2010：section 1）上大力推广这项政策，关于政策执行所需法律变革的争论仍在持续。

4. 竞争法规与政策：加强竞争与经济转型

"重建发展计划"是非洲民族会议在首次民主选举的竞选宣言内容之一，其中明确表示，"经济大权过分集中在极少数人手中"，制造、运输和金融业由少数几个大型集团垄断，这就是当前南非经济的特点

（ANC，1994a：para. 4.1.5）。因此，"重建发展计划"提出，新政府应当实行严格的反托拉斯立法，建立起竞争更激烈、更具活力的商业环境（ANC，1994a：para. 4.4.6.2）。"重建发展计划"还提出，"商业活动由白人主导，将黑人排除在经济活动的主流之外"正是造成这种现状的原因。"重建发展计划"的目标之一就是要"通过赋予黑人经济权力的政策，完全铲除企业所有权和控制权中的种族主义"（ANC 1994a：para. 4.4.6.3）。然而，两年后，政府将重心由微观经济政策转向了"增长、就业与重分配"时，强硬的反托拉斯手段不再是工作重点。虽然"增长、就业与重分配"计划没有具体表述经济重心的问题，但重点阐述了关于解除管制、私有化、财政责任和政府如何让南非的经济具有国际竞争力、吸引更多海外直接投资的问题，所有这些都坚决反对经济权力集中所催生的政府强力干预行为，而后者正是"重建发展计划"的核心问题。

但是，"增长、就业与重分配"计划的批评人士对这种新自由主义或支持自由市场的思想感到不满，但正是这种思想为经济集中制和垄断权力的支持者提供了政策空间，让其能够质疑市场失灵问题以及创造更加激烈的竞争环境。竞争法扮演着双重角色：提供机遇，促进投资；剔除反竞争因素和处罚反竞争的经济行为。这种双重角色在改革现有法律的争论中得到了重视，一位国会议员指出："阻碍投资的主要因素是，潜在的美国投资者认为南非的经济过于集中"（Hansard，1998：22.9；Legh 2002：87）。南非的竞争法是根据罗马－荷兰法中的冲突原则演化而来：一方面，该原则认为，即使受到贸易管制，合同履行亦不受影响；另一方面，英国普通法认为贸易管制从表面上看就是无法执行的（prima facie unenforceable）。因此，在立法上对贸易管制并不界定为"非法"（per se illegal），但因违反公共政策，是"无效的"（invalid）。1955 年颁布的《限制垄断法案》只对有悖于公共利益的行为做出限制；之后，于 1979 年颁布《维护与促进竞争法案》，效法了英国的做法，将适用范围扩展到收购与合并行为上，以成文法为基础的竞争法由此诞生。根据 1979 年的法律，在司法部长宣布某行为"非法"之前，各类行为皆为"合法"。为了降低商业领域的不确定性，南非于 1986 年出台了一份政府公告（GN 801 of 2 May, 1986），宣布了过去的一系列行为从此后为"非法"。这些非法行为将受到刑事制裁，这样一来，实施竞争法就要依赖刑事司法系统。历史上从未出现过根据 1979 年的法令成功判刑的案例。

在这个时期，这部法律的弱点在于：作为管理机构，贸易与工业部完全没有独立执法权，只能对相关部门做出建议，通过政治权力确保法律的实施。结果是，这部法律主要针对进口商的不法行为，对国内经济的垄断状况并没有产生实质性的影响。1998 年颁布的新法引入了"滥用支配地位"的概念，并组建了新的独立机构和专属法庭，其中包括：竞争委员会、竞争裁决庭和竞争上诉庭。这样一来，执法就具有了一定的独立性。新的竞争法不仅涉及了经济权力集中和权力滥用（如价格串谋）的问题，还试图让过去没有经济地位的人参与到经济活动中来。1998 年 9 月 22 日，议会进行了该法案的第二次宣读，贸易与工业部部长认为，颁布这部法律就是要解决一系列的经济问题，如：经济权利的高度集中和垄断、消费者选择较少、基本商品价格过高、中小型企业发展严重滞后、所有制结构问题（多数人供养少数人）、租金过高引起的生产力低下等问题。他补充道，"这项法案目的在于鼓励竞争，这并不是出于理想主义"，而是为了解决"重要的经济和社会问题……要想在全球经济中生存，我们需要确保自己的效率和适应能力"（Hansard，1998：22.9；1998，19：6830）。

在成立以来的几年里，竞争管理委员会已经公开在南非的各大行业打击非法的反竞争行为，包括汽车和制药行业。近来，竞争管理委员会对重点行业进行了整顿，如建筑、食品、卫生等，重点治理了与贫困的南非人民直接相关的市场领域，如基本食品，获得了民众的普遍支持（Mail & Guardian，2008）。竞争裁决委员会和管理委员会审理了一系列违法法令的违法行为，处理了一些来自竞争委员会的上诉，在加强执法效果上发展出了一套非常有创意的策略。例如：裁决委员会根据法律规定，对违法行为进行了纠正（Association of Pharmaceutical Wholesalers & Others v Glaxo Wellcome [Pty] Ltd & Others，2000）；并在同意出让特定产品许可的情况下允许制药企业进行合并，确保市场竞争充分（Glaxo

Wellcome plc v Smithkline Beecham plc，2000）。在南非艾滋病治疗的奋斗过程中，TAC 这样的非政府组织向制药行业委员会提出了申诉。竞争委员会审查某些药物的定价并寻找证据来支持，即使考虑到生产、研发和适当的利润，现在收取的价格仍然是过高的。原告方以三个理由向委员会提出诉讼请求，其中包括定价过高，医药行业寻求与原告达成和解。双方最终签订协议，规定企业自愿许可一定数量的抗逆转录病毒药物专利给生产仿制药的竞争对手（Hazel Tau v Glaxo Smith Kline & Boe-hringer，2002）。

后种族隔离时代的南非竞争法已成为实现自由市场导向的手段，这在 1996 年之前是不可能的。非洲民族会议在 1994 年执政之前就设想让新的竞争法成为直接干预政策的替代品，而现在成为事实。虽然转向了市场，而且用竞争法作为规范市场的手段，似乎也符合南非在全球新自由主义经济中占主导地位的说法，但竞争法在南非所实现的是一系列社会和经济目标，而这不一定是跨国新自由主义的一部分"共识"。南非政府清楚地看到了，"新的立法作为工业和社会政策的重要工具，它不仅意在应对纯粹的竞争问题，也意在对南非各个行业进行重组，以及完善弱势群体、小企业和劳工的索赔机制"（Legh，2002：88）。与此同时，政府内部充斥着紧张气氛，一些人认为有迫切的竞争需要，所有的行业必须有合理竞争；另一些人认为国家的发展需要减少居高不下的失业率问题，而某些行业发展需要更多的灵活性和支持。虽然南非新竞争法的很多方面仿照了欧盟、英国和加拿大的相关法规，并借鉴了美国建立的一些法律概念，它既代表了跨国法律规范和制度模式在相互适应过程中产生的国际限制，也为南非在特定历史和社会背景下追求特定的国家目标提供了机遇。

5. 对药品获取途径的影响

1996 年是南非获取基本药物的关键年份，四个看似无关的变化为后来的努力创造了先决条件。首先：1996 年抗逆转录病毒治疗明确承诺，艾滋病毒/艾滋病在大多数情况下，可以视为一种慢性疾病，而不是绝症。其次，南非制宪会议在那一年颁布了"最后的"宪法，其中包括了医疗保健的权利和新宪法赋予的社会经济权利。再次，南非政府采取了GEAR 经济计划，试图利用全球进行经济扩张，旨在通过实施严格的财政管理来吸引外国投资，实行出口导向型的发展战略。最后，经过漫长的内部政策调整之后，政府采取了新的药物政策，旨在通过调节药品市场来确保在公共和私营领域供应平价药品，保证民众能获取基本药品。抛开这些变化和艾滋病感染率的激增不谈，任何公开的或政策上的讨论都没有涉及这些政策将如何相互影响，或者如何达到其追求的目标。

A. 卫生系统与必需药品的获取

南非的医疗体系反映了种族隔离的后遗症。虽然近80%的人口没有纳入私人医疗保健，私人医疗保健支出却占到了 1992 和 1993 年医疗总支出的 48.5%（Department of Health，1996：3）。同样，南非的制药行业的结构和药品供应保障体系也反映出这种情况。虽然南非的药品行业是跨国制药公司的子公司占据主导地位，市场服务却反映出了种族隔离的鸿沟。虽然 1990 年药品消耗总量的 60% ~ 70% 在公共卫生部门，但私人医疗支出却占到了国家药品总支出的80%。虽然服务少数人群能为医疗行业带来高额的收益，如为白人中产阶级服务的私人医疗机构，但绝大部分南非出产的药品还是通过公共卫生系统进行分销。而在公共系统销售的仅代表该行业销售额的一小部分，因为政府大量采购可以从厂家获得非常可观的折扣。虽然制药企业对公共卫生系统供应药品仅能获得小幅盈利，但他们能借此维持私人医疗受益者的高昂价格，保持盈利。

虽然私人医疗市场高昂的价格会受到仿制药的冲击，但南非药品市场本身的结构使得仿制药生产商缺乏进入的动力。仿制药生产商不想进入南非市场，这是因为品牌厂商已经满足了大部分的国内药品消费需求，直接向私人医疗市场或以接近普通价格的折扣形式供给公共医疗部门。虽然医药市场的分化反映了旧的种族隔离制度（享受公共医疗的人群缺乏政治地位），而新政府通过整合公共和私人卫生保健系统，扩大卫生保健的覆盖范围，扭转了局势（Heywood，2005；Sanders & Chopra，2006）。① 在药品供给的问题上尤其是这种情况。通过扩大公-私医疗领域的合作来提高医疗服务水平，促进均衡发展并进行交叉补贴，构建更广泛的成本分摊体系，最终降低药品成本成了新政府关注的核心议题（McIntyre & Van Den Heever，2007；Government Notice，903，11. 11. 2009，Government Gazette No. 32564）。②

　　针对这一情况，新政府于 1996 年 1 月发布了《国家药物政策》。为了解决南非市场上药物价格较高的情况，新政策推广使用仿制药，并建议用几种方法来拉低居高不下的药品零售价格，包括在私人医疗机构提供平价药。这项政策最终促成了《药品和相关物质控制法修正案 1997》的通过，目的是降低药品价格。虽然新药品法的目的是从根本上改变药品生产企业的做法。例如，禁止行业员工任职于医药控制委员会并获得奖金、回扣或其他任何由制造商和批发商向医生提供的奖励。修正案的主要特点是"采取措施，以确保供应的药品更为平价。"这些措施包括授权卫生部长"出于保护公众健康的目的，……规定更实惠的药品的供应条件，……并不违反现有的任何专利法案"；还可以"开具任何在成分上、质量标准上或在名称上与另一种已注册药物相同的药物"。这些规定将允许药品平行进口，在没有处方人同意的情况下开具仿制药，甚至可以进行强制许可。

　　2008 年南非的医药市场估值已超过 20 亿美元，预计到 2012 年超过 30 亿美元（Business Insights，2010）。增长的前提是健康危机的持续恶化以及政府政策继续变化，其中包括提高 CD4 细胞计数标准，这就决定了 HIV 阳性患者采用抗逆转录病毒药物进行治疗时，从每立方毫米低于 200 提高到 350 个细胞，这将抗逆转录病毒药物的供给范围扩大到 HIV 阳性者的近 80%；建立国家医疗保险计划，提供更多药品供给渠道；变

---

　　① 1994 年大选后的 18 个月里，在南非卫生系统改革的问题上出现了激烈的争论，出台了一系列立法举措，但随后便发生了动摇。

　　② 虽然整个卫生系统的法律变革尚未见到成效，但种种迹象表明，政府正在朝着建立国家医疗保险体系的方向前进。在 2009 年 9 月 11 日发布的 903 号政府公告、32564 号政府公报中，政府已经在卫生部成立了国民健康保险咨询委员会。

更监管程序，加快产品审批，向市场提供更多的药品。如今，按价值计算，公共卫生部门占到了消费总量的21%，其中超过80%为仿制药品消费，而私人医疗消费占到了总量79%，其中70%为处方药（Maloney & Segal，2007：28-9）。其中，私人医疗药品消费量仅有22%（或总消费额的12%）为仿制药（Maloney & Segal，2007：29-30）。私人医疗非处方药市场占消费总额的24%（Maloney & Myburgh，2007：30）。更重要的是，"该项需求的75%需通过进口才能满足"（Kgara & Barsel，2010：50）。因此，总体情况仍然和以前一样：该国仍然依赖进口（特别是对于活性成分），药品的大部分用于公共医疗部门，但私人医疗市场的需求决定了市场的真实价值。

实行新的药品政策十年后，药品市场的供应和需求结构在很大程度上仍然维持原状（其中约70%的需求量源自来自公共医疗部门，私人医疗部门使用的药品却产生了70%的价值）。市场的结构不再由种族隔离制度决定，但在公共和私人医疗市场上，医疗保健和药品销售的区别却仍反映出种族隔离的巨大影响（Mooney & McIntyre，2008）。重要的还是政府政策对降低公共和私人医疗机构药品价格所产生的影响；仿制药生产的增长并没有带来市场价值的增长，于是跨国公司决定关闭一部分工厂，降低产能。制药企业做出这些决定，一方面是因为全球制药业的发展，另一方面是因为本土市场生机勃勃。非洲民族议会的决议和政策制定者要求政府关注当地制药业的发展，甚至在条件允许的情况下开设国有制药企业，兼具市场结构调整和生产两种功能。同时，药品生产的本质——熟练的人员、精细的化工、大规模生产以降低成本——给各方带来的限制依然很多，即使南非政府想要变更为发展中国家。

B. 国内法律与全球反应

90年代中期，南非的经济政策和法律都发生了变化，同时艾滋病大规模蔓延，这为日后旷日持久的药品斗争埋下了伏笔，在国内和国际层面都产生了影响。最初，人们认为《药品法修正案》仅仅是为了改善药品渠道，采用了世界卫生组织推荐的措施而已。但随着医疗条件的不断改善，以及 TRIPS 协议的实施和专利权保护的扩大，该修正案逐渐成为国际社会关注焦点。与此同时，新政府的经济政策从专注于国内重建转变为全球性参与，包括全面加入世界贸易组织和 TRIPS，政府对外部压力的敏感性也有所提高。这些压力似乎直接威胁到跨国公司吸引投资和增加国内工业供应地区乃至大陆市场的能力。

南非试图通过基本药物的平行进口来提高市场竞争，这很快引起了国际制药业和美国政府的特别关注。事实上，美国政府很早就参与了该问题的讨论。1997 年 4 月，美国贸易代表办公室（USTR）写信给南非驻联合国代表，询问南非实施 TRIPS 协议和强制许可方面的问题。《药品法修订草案》提交议会之前，美国就已经明确表示反对。位于比勒陀利亚的美国大使馆在《修正案》的议会听证会上表达了美国政府的意见及美国驻南非大使关于反对平行进口的公开和私人声明。在《修正案》通过后的两个月里，美国药物研究与制造商协会（PhRMA）要求美国贸易代表办公室根据美国贸易法第 301 条指定南非为优先国，因为"南非已经成为反对美国政府保护所有形式美国知识产权，包括药品专利条款的典型案例"（Consumer Project on Technology，1999）。

施贵宝公司（Bristol – Myers Squibb）非常不满南非决定将抗癌药物紫杉醇（BMS 命名为 Taxol）以通用形式注册。一年后，美国贸易代表办公室在日内瓦举行 WTO 贸易政策审查时直接展开了调查。一个月后，即 1998 年 5 月 1 日，美国贸易代表办公室把南非列入了特别 301 观察名单。1998 年 6 月，白宫宣布，搁置南非根据普惠制提出的四项优惠关税待遇，直至南非有了足够的知识产权保护。该年 10 月，美国国会通过了一项法案，在南非"谈判、暂停或终止南非药物和相关物质控制法修正案 1997 年第 90 号条款 15（C）之前"，切断美国对南非政府的一切援助。

南非药品制造商协会首先做出了反应，他们代表 42 个原告方（本地企业、跨国公司的子公司和跨国公司本身）提起了诉讼，质疑 1997 年的《药品法修正案》是否符合宪法。他们提出了《修正案》的一系列违宪问题，此举剥夺了医药产品知识产权拥有者的权利，因此他们主张宪法赋予的财产权。在很大程度上，这种情况下发起的国内诉讼背后都有跨国公司的资金推动，这是在南非环境中的一个特殊性。原告雇用了一个知名的私人律师事务所，政府检察官很快就发现自己湮没在文件堆里（interview，1999）。原告不仅请求在诉讼中实施禁令，他们很快分别向公众保护和竞争委员会提出了其他各项索赔要求。这样一来，政府在药品价格方面的承诺就受到了挑战，原告还呼吁对涉嫌反竞争的行为展开调查，如设立联合公司从事平行进口业务。

南非高等法院（德兰士瓦省部）于 1998 年 2 月 18 日在比勒陀利亚提交了动议通知书，原告针对该法案的有效性提出了一系列反驳。他们声称该法案侵犯了他们的专利权，而且南非的法律违反了 TRIPS 的国际义务。原告还认为授予卫生部长立法权的行政机关涉嫌违宪，因为它没有从政策考虑设置限制权，导致卫生部歧视本土厂商，这对进口药品有利。原告还指控说，修订的若干内容违宪，违反了宪法第 195 条中关于公共管理的基本价值观和原则。似乎这还不够，索赔人在替代方案中认为，该法案与立法的宪法义务相冲突：需要考虑各省国民议会中社会服务与投资组合委员会提出的关于卫生的建议。索赔人要求立法机构向宪法法院递交该法案通过所有程序的记录。药品制造商协会的首席执行官认为，S15C 与 TRIPS 协定相冲突，并认为国会不应该制定与南非国际义务相冲突的法律（Deeb 1998a：para. 10. 2. 5）。1998 年 7 月 23 日，原告在诉讼要求的补充声明中将违宪行为和国际贸易问题关联在了一起。有关人士认为，美国贸易代表办公室将南非置于 301 观察名单，体现出"影响到知识产权的修正法案与南非的国际义务有着潜在的冲突，因此我认为这不符合公众利益，而且可能受到制裁，很有可能已经影响到了投资者对南非的信心"（Deeb，1998b：para. 20. 6）。

更广泛的经济影响凸显出国内降低药品价格的势头与造就高药价的全球环境之间的矛盾。同样重要的是，即使在国际上，在执行政策的过程中，不同政府部门之间存在着紧张关系。虽然 1997 年的修正案让南非与美国发生了直接的双边贸易冲突，这种紧张关系不仅局限于贸易领域，也出现在世界卫生组织的管理机构世界卫生大会（WHA）中，南非为了改变药品专利保护的争论在这个机构中非常活跃。与此同时，南非在世界卫生大会的领导地位与政府不执行单方面的法律决定和政府应对艾滋病毒/艾滋病疫情的政策冲突形成了鲜明的对比，其中包括质疑疫情的生物医学基础。在这里，法律同时起到了促进、拖延并为各方实现不同目标提供了空间的作用：获得平价药品；进一步推行特定的经济政策；或保护自己的财产权。

截至1999年4月底，美国贸易代表办公室根据特别301条款，对南非进行了"外循环"的审查。它认为，南非的贸易壁垒包括平行进口、强制许可，将紫杉醇作通用药登记及在世界卫生大会占据主导地位。美国贸易代表办公室认为，"在过去的一年中，南非代表联合了世界卫生组织（WHO）中的一小部分国家，呼吁降低 TRIPS 的药物保护标准"（Consumer Project on Technology，1999）。因此，从美国贸易代表办公室的角度来看，问题不仅在于南非对专利权的保护，还在于南非在 TRIPS 的国际争论中的立场。虽然人们都能理解，TRIPS 协定推出了一套全新的针对知识产权保护的最低标准，但针对例外情况，仍然存在巨大分歧，于是开始质疑 TRIPS 规则的清晰程度。更重要的是，TRIPS 采用的语言较为宽泛，在法律上仍存在不确定性，允许成员国进行截然不同的解释。

在此背景下，世卫组织开始质疑新的国际贸易体制和自身促进世界健康的目标。1998年1月，在南非新法通过后的短短一个月，允许平行进口后，世界卫生组织执行委员会建议实施"药物战略修订"（World Health Organization，1999）。它呼吁成员国"保证公众健康利益对医药和卫生政策是最重要的"和"根据有关国际贸易协定，研究和审查成员国的行为，以保获得基本药物的渠道"（WHO，1999）。1998年5月，世界卫生组织在日内瓦会议上提出建议时，受到了发达国家（包括美国、欧盟和日本）的猛烈抨击。南非卫生部的相关人士支持了这项提议，并领导了非洲国家进行谈判。发达国家在卫生大会上质疑 TRIPS 协定解释的合法性和连贯性。世界卫生大会的支持鼓舞了南非等发展中国家，并通过跨国非政府组织的网络，促成了世界贸易组织多哈宣言 TRIPS 协定和2001年公共健康协定（承认了 TRIPS 的"灵活性"）。

第七章　城市供水服务监管制度比较

在过去的五年到十年里，水资源稀缺已经成为全球一个非常突出的政策问题。本章探讨了用水问题中一个非常具体的方面，即向城市普通市民提供家庭用水服务。全世界超过一亿人仍然无法获得最低限度的安全饮用水，尽管联合国第七个千年发展目标希望这一数字在 2015 年减半。当然，更进一步说，生活用水供应与水资源的数量和质量密切相关，而这还受到以下方面压力（有些人会说是危机）的影响（Davis，2006）：（1）发展中国家的快速城市化；（2）发达国家基础设施的退化；以及（3）发达和发展中国家的污染。但就当前论述而言，该分析角度是基于提供基本服务，而不是更大的生态图景。

这是一个与共享水资源国际法不同的问题，其本质上是一个"跨国"问题。在城市环境①中获得足够的清洁用水是一个比较狭隘的问题，传统上一直是一个重要的地方性问题，根植于当地的基础设施中，而这通常是地方政府或普通公民（如果没有网络系统）的责任。然而，本章将说明，近几十年来，一个重要的跨国水资源政策体系已经出现，它对获得基本饮用水的问题具有重要影响。尽管如此，我仍要指出，水资源的获得也表明了这一体系形成过程中任何实际转变都具有局限性。

一方面，国家组织方式及职能在体制上的重要转变无疑是由跨国资金和思想流动所决定的。具体而言，20 世纪 90 年代以来，受国际金融压力（尤其是债务方面的）和有关监管机构表现出相对强大的国际主流

---

① 鉴于关注的是城市而不是农村，该分析很大程度上排除了与维持生计及粮食供应用水有关的问题。

共识的影响，监管基本服务的机构已经出现并广泛传播（Jordana & Levi -
Faur，2005）。我对这种共识进行了阐述，并称之为"交易型"监管模
式。这一共识在专门从事技术监管的强大跨国知识团体中根深蒂固。

本章探讨20世纪90年代末和21世纪初智利、玻利维亚和阿根廷国
内水资源获取问题监管的动态。跨国政策背景在引入监管机构时产生了
明显的模仿效果，特别是在拉丁美洲，这里所探讨的案例研究全都位于
拉丁美洲。实际上，在每个国家，控制权实际上都部分移交给了半独立
的监管机构，这些机构与跨国共同体机构非常相似，代表着国家机构架
构的变化。但是，对这些机构实施动态的研究（以冲突和争端中的每个
时间点为重点）揭示了国家之间显著的差异。在玻利维亚，监管机构在
每种情况下所扮演的角色与交易模式是一致的，但在政治上却被边缘
化；在智利，强有力的交易监管机构保持了政治上的显著性；在阿根
廷，监管的政治模式明显不太稳定。本章的实证研究项目涉及六个争议
比较大的案例研究，分别在阿根廷、玻利维亚、智利、法国、新西兰和
南非，并通过案头研究进行了更新。研究方法包括采访国际行为体、研
究两年来的多方参与论坛，以及贸易和投资谈判。①

这些差异可以通过整合两个政治层面进行解释，既可以回避也可以
妖魔化监管的交易模型。第一层是宏观层面的偶然事件：研究期间，玻
利维亚经历了社会和政治革命，阿根廷经历了经济危机和国家分裂，而
智利仍处于稳定、去政治化、有利投资的环境。第二层是相对更微观的
层面：每个国家的政治环境都不同，特别是社会群体的力量，他们反对
主要的跨国知识团体所推动的交易监管模式。

重要的是，两个层面不仅相互作用以限制跨国监管交易模式的影
响，而且还能促进向相关的供水跨国监管机构反馈。本章将在结论部分
讨论其导致的交互影响，表明跨国转型是当地政治动态和环境的产物，
就像其对国家外部的影响一样。

---

① 更大的项目探讨了监管、基层宣传以及与城市供水相关的社会活动在地方、国家和
跨国方面的关系。本章案例研究中涉及社会行动的细节和数据已经被删节。我很感激英国经
济与社会研究理事会资助的标题为《水、社会抗议和世界公民的商品化》的研究：RES -
143 - 25 - 0031。

1. 全球供水服务的跨国规模

供水服务仍然深深植根于一国的国内结构和机构，特别是从获得基本饮用水的法律权利和义务的正式角度来看。此外，公共运营商提供95%的联网式供水服务①。然而，大型私营公司越来越多地参与供水服务，包括跨境服务（LeClerc & Raes 2001；Silva, Tynan, & Yilmaz, 1998）。相比1974—1990年，私营部门在1990—1997年在水卫生方面的投资增加了7300%。1997年之后，签署跨境合同的跨国公司开始撤出；因此，截至2005年，私营企业的投资为1997年峰值的一半，总计为供水和卫生设施投资的11%（Simpson, 2005）。私营企业投资的重点地域也转移了；20世纪90年代，拉丁美洲几乎占有了全球私营部门水务投资的50%，但在21世纪初，它已被东亚取代，东亚成为主要的接受者（Kerf & Izaguirre, 2007）。

跨国投资水平的下降并不一定意味着对私营部门的兴趣减少，也不仅是因为对亚洲的兴趣增加，而是因为更多的本地私营部门公司参与其中，这些企业一般都强调短期的、较为便宜的项目（Marin & Izaguirre, 2006）②。发展中国家私营部门服务的城市人口从1990年开始持续增长，到2007年达到1.6亿（Marin, 2009）。此外，正如最近的报告所强调的那样，长期的跨境特许经营合同并未改变供水服务商业化的重要性，跨国公司认为成功的公共事业需要私营部门参与带来的体制改革（Marin, 2009）。简而言之，无论是公共部门还是私营部门，都需要承受按照商业路线来重组服务提供的压力。这些压力越来越多地在全球水资源政策的跨国领域中发挥作用。

与城市供水相关的全球水资源政策体系是指城市供水的规则、规定

---

① 在供水网络有限的贫穷国家，主要由小规模的私营商（从个人水供应商到技术含量低的社区体系）进行供水。

② 事实证明，虽然总体投资的量化水平自20世纪90年代大幅减少，但2005年是新合同签订数目创纪录的一年：2005年达成41个项目，达到1990年以来的极值。

和决策环境①。狭义上而言，供水服务的监管架构由国内机构执行。本章介绍的案例研究显示，国家和地方的监管动态是实地供水服务最重要的方面。尽管目前还没有任何正式的国际机构负责供水监管，但目前跨国公司在城市水服务的提供和决策环境中的影响力仍然显著。总的来说，这些影响促使我在下文更详细地描述交易监管模型规则。

关键跨国主体和机构包括国际和地区金融机构、跨国私人水务公司、国际争端解决论坛、跨国"智囊团"。世界银行以及本章所述的案例研究中涉及的美国开发银行（American Development Bank）在 20 世纪 90 年代和 21 世纪初以商业供水模式为供水服务提供资金，并强烈建议私营部门直接参与。虽然不是所有国际金融机构的贷款都必然有正式约束条件，但正如案例研究所述，专业知识、建议和支持都会强有力地改变国家的发展轨迹。

跨国水务公司，特别是来自英国和法国的跨国水务公司，在 20 世纪 80 年代取得了长足的发展，并在 20 世纪 90 年代开始大量投资跨境服务供应。供水服务的跨国市场由英国和法国的公司苏伊士集团（Ondeo）、威立雅集团（Veolia）和泰晤士集团（Thames）领导，这三家公司从绝对数值和外国投资来看都是全球三大供水服务运营商。这些公司与国家或地方当局签订跨国合同，而这些合同又往往规定了国际仲裁。

国际仲裁的庇护对国家政策的轨迹产生了强大影响，尤其是在阿根廷和玻利维亚。对投资供水服务的外国公司来说，国际仲裁的有效性取决于投资公司与所在国政府之间的双边国际条约（BITs）。双边国际条约是影响城市供水服务的跨国机构格局的重要因素，它影响着跨国公司在特定国家的影响力。例如，法国的水务公司在跨国供应中占主导地位，截至 2003 年，法国缔结了 65 项双边国际条约，其水务公司以原告

---

①　我并不讨论国际共享水资源这一独特问题，参考康卡（Conca，2006）。在摩根（Morgan，2007b）的书中，我认为围绕着城市供水服务这一较窄的问题，一个我称之为"全球水福利主义"的政策体系正在形成，它在三个维度上运作：财政、行政和法律，所有这些都嵌入减贫战略计划、千年发展目标和公私伙伴关系结构等紧密交织的复杂体系中。

身份卷入了多起具体争端①。

跨国私人公司也大量参与跨国倡议，这些倡议影响着城市供水服务的决策环境。最重要的载体是跨国智囊团，即世界水理事会②。该理事会在法律上是法国的非政府组织（NGO），但实际上，它由一群注重商业的非政府组织和大型企业③组成。这是一个讨论供水问题并就重要问题撰写有影响力的意见书的站点，该理事会目前正在组织三年一次的世界水资源论坛，每次论坛都会生成水治理原则和政策文件。尽管这不是联合国发起的活动，但每届世界水资源论坛都会举办一次正式的政府间的部长级会议。

上述复杂的国际和区域金融机构、跨国私营水公司、国际争端解决论坛和跨国"智囊团"组成的综合体，显然代表了全球水政策领域的重大分歧利益，但它们也表达和传播了一些共同的准则以及在这项政策中具有重大影响力的优先事项。其中最重要的三个原则是：第一，家庭用户供水成本回收原则；第二，合同和财产权利集中到供水组织（不论是否完全私有化）；第三（尽管比前两项［Bookker，2009 年］采用得更早），独立监管是监督前两种方法实施最适当的监督手段。正如世界水论坛等全球政策论坛所表达的那样，这些规范性的优先事项的相对一致性，是我将全球水政策领域描述为一个（当然也只是部分）由"知识团体"形成的重要领域的基础。

当然，正如案例研究中简要阐述的，以及我在这个问题（Morgan 2011）上的更广泛详细讨论的那样，这种规范是有争议的，而且经常是

---

① 根据 www. worldbank. org/icsid/cases 计算得出。这些数字可能仅占针对这些案例研究中所研究国家或地区的总索赔额的一小部分，其原因有二：第一，国际投资争端解决中心（IC-SID）仅在中心秘书长将其注册后才公开索赔，这可能需要一段时间；第二，它没有考虑其他由投资人与国家进行仲裁的论坛，例如联合国国际贸易法委员会（UNCITRAL）和国际商会（the International Chamber of Commerce，ICC），这两个机构都没有公布索赔的义务。

② 本章范围之外的其他倡议有全球水伙伴（技术援助）、国际标准组织（自愿管理标准）和国际私营水资源企业联盟（AquaFed）（贸易协会）。

③ 成员包括苏伊士集团（Suez）、塞文特伦特集团（Severn Trent）、威望迪环境集团（Vivendi）、三菱（Mitsubishi）、依云（Evian）、法国电力集团（Electricite de France）、日本大坝工程中心（Japan Dam Engineering Centre）、三菱重工（Mitsubishi Heavy Industries）、普华永道（PriceWaterhouse Coopers）和美国陆军工程兵团（US Army Corps of Engineers）。

激烈的，甚至是暴力的。就本章而言，在更加强调跨国治理结构的同时，还必须注意到联合国和政府间倡议的重要性，这些倡议是影响城市供水服务跨国政策的重要方面，同时在全球水政策的规范性声明中往往强调了价值冲突，包括生态保护、参与度和经济效率（都柏林声明，1992 年；欧洲委员会，2004 年；联合国，1978，2000，2005）。此外，正如布莱斯维特（Braithwaite）和德拉霍斯（Drahos，2000）认为，特定的国家利益往往对业务规范形成起到至关重要的作用，即使它们产生了跨国甚至真正的国际政策和机构，而且，国家利益所发挥的作用通常削弱了跨国认知群体的一致性。关于城市供水服务，法国以及英国（在更小程度）为改进交易型监管模式提供了真正的动力。这与布莱斯维特和德拉霍斯关于美国在全球商业监管中的中心地位的发现不同。美国的城市供水服务具有高度地方性和分散性特征；有超过 6 万家供水服务提供商，其中大部分是公共性质的，没有一家私营公司的规模和范围能与法国跨国水务公司相比。法国和英国（实际上还有西班牙）在跨国供水服务市场中的突出地位与其殖民历史有关。法国和英国之间有着悠久的历史往来，一直以来促进与地方行政机构的联系，因此能够利用本国公司的显著增长促进资金和思想的跨国流动。

有趣的是，尽管法国相比大多数国家更愿意服务公众而通常被视为欧洲"社会模式"的典范，但在供水服务这一特定领域，法国政府的作用自 19 世纪末一直受到监管。法国在供水服务方面实现了公共服务目标，这不是通过国家规定，而是通过监管条例①，最初侧重于私营部门长期外包的实质性问题，但越来越多地侧重于程序性问题。如上所述，在 20 世纪 90 年代，法国水务公司的跨国投资组合数量大幅增加。在同一时期，法国一直积极努力确保在水服务跨国监管结构方面取得进展。通过国际标准组织（Morgan，2006c），法国公司和组织成为自愿监管制

---

① 在 1982 年之前，这类条例集中于租赁和特许权的示范合同，由国家统一管控，特别是与价格有关的条例。20 世纪 80 年代法国的权力下放改革导致了一段不受监管的合同修订期，但 20 世纪 90 年代又回归政治监管，现在的重点是程序问题，如招标的透明度。

度的创始成员，并大力游说将供水服务纳入世界贸易组织（WTO）① 的
《服务贸易总协定》（GATS）中。20 世纪 90 年代，法国公司还选择拉
丁美洲作为其寻求长期水特许权的主要目的地，该地区独立监管机构的
发展可能比世界任何其他发展中国家或地区都更加深入（Jordana & Levi -
Faur，2005）。最后，法国水务公司广泛使用当地的争端解决机构，如世
界银行的国际投资争端解决中心（ICSID）（Morgan，2006c）。

英国是全球第四大水务公司（当时称为泰晤士水务公司）的东道国，
该国的水务行业完全私有化，由一个独立的、高度技术管理机构——英国
水务办公室（Ofwat）监管。相比之下，法国则自觉地选择不建立——
至少在水务和废水处理方面——一个拥有全面执法和监督权力的独立监
管机构。相反，经过十年激烈的政治辩论②，法国选择了只有信息共享
权的"水观测站"③。虽然法国和英国之间独立监管机构的制度化程度不
同，但随着时间的推移，两国已经转向了一种更具交易性而不是政治性
的供水服务模式（下文将详细阐述这一差异）。发展中国家（其城市供
水政策框架由这里详述的跨国力量形成）通常采用一种混合的方法，将
签署法式的长期优惠合同与建立英式的独立监管机构结合起来。

应当看到，这些跨国发展已经在所研究的国家引起了深刻的政治辩
论。此外，反对水服务的交易方向、改革或提供的社会团体越来越多地
嵌入不同的跨国机构和行为者网络，这些机构和行为者侧重于人类水权
合法化。有人可能认为本章中追溯的政策轨迹，结合国家和地方级的社
会反对派，有助于围绕人类水权构成新兴的跨国体系。但是，该论点并
不在本章的范围内（see Morgan，2007e，2011 for more detailed treat-

---

① 尽管 ISO 标准和 GATS 事业组织形成了重要的游说目标，但迄今为止，它们都没有影
响本章案例研究中讨论的具体的国家和地方。

② 1999 年，公共服务高级理事会的报告呼吁稍微增强国家规定《1999 年巴黎公共服务
高级理事会水公共服务规定》（Quelle re'gulation pour l'eau et les services publics，Haut Conseil du
Secteur Public，Paris，1999），可以访问网站 < http：//www. ladocumentationfrancaise. fr/rapports -
publics/004000299/ > ext. shtml 获取相关信息。2001 年，若斯平（Jospin）政府的多米尼克·沃
内（Dominique Voynet）提议成立一个公共服务部，负责管理水和废水服务的价格、质量和执
行情况，但这提议再次遭到拒绝，尽管水环境中的水资源管理在 2007 年成立了法国国家水和
水环境办公室（ONEMA）之后已变得更加正规化。供水服务框架基本上仍然依赖自我监管。

③ 参见 http：//www. onema. fr/IMG/EV/EV/plus/Fiche - Observatoire. pdf.

ment）。

2. 政治和交易监管

监管突出两个不同的概念："水作为人权"与"水作为一种商品"（Morgan，2005）。无论是国家还是私人供应，监管都至关重要。这两种城市供水监管模式（政治和交易）仍然有助于理解本章中的实证个案研究结果。这两种截然不同的发展模式是根植于跨国环境的新自由主义政策制定进程的一部分（Conca，2006；Golbucon，2005）。关于政策制定中"新自由主义转变"的讨论（Peck & Tickau，2002 年）强调，尽管国家改革的早期阶段可能侧重于"倒退"，但当代政策方法更倾向于强调"前进"；换句话说，改变国家参与经济活动的形态和形式，包括扩展和压缩国家的影响范围，会影响国家与市场的界限以及国家的体制结构。

用水监管条例说明了该趋势。在国家或地方层面而非全球范围，体制化监管框架对于供水的整体结构越来越重要。这些发展通常（但不总是）集中于独立的监管机构。第 3 节将详细探讨不同国家或地区监管动态的特定路径有很大差别。可以使用两张"理想型"监管图像对变化进行排序，而每张看起来都像是错位的镜像。一方面，这两张图像都是政治概念；另一方面，这可能是一种更为熟悉的交易性图像。

监管的政治概念借鉴法国学派的"监管理论"，这一理论虽然有新马克思主义的根源，但也兼容一些本质上属于公民－国家关系的凯恩斯主义社会福利账户（Clerck，1996）。在这里，不同的监管模式，其中一种模式可能是法律，被设想为在积累过程中平衡和确保生产、消费和交换之间"相对和谐"的工具。按照这种观点，监管在很大程度上是由"历史上和空间上特定的制度形式和行为规范"（Clerck，1996：111）来调节的，使得特定地区的突发事件以及生产者与消费者之间的社会关系质量在任何分析中都非常突出。特别是，调节学派特别关注"可能有助于平衡消费和生产周期的非商品形式的社会关系的影响"（Clerck，1996：111）。

交易型监管可能更为人所熟悉,即使不是名义上的,也是内容上的。它包含在韦伯式可计算性概念中,使得国家从早期的福利经济学概念中转移出来,抢先纠正可能伤害弱势消费者的市场失灵。相反,国家将重点放在促进交易框架的斯巴达角色上,在这些交易框架内,实施交付的人可以并且确实解决了社会问题,但这在管理自由裁量权的范围内,而不是正式的或者法律义务的履行。"交易"是政府和私人供应方之间的关系,而且不是弱势的消费者和供应商之间的(公共或私人)关系。因此,在这种方法中,生产者和消费者之间的社会关系质量并不是政治或法律的直接关注点,而是作为市场或商品关系的一部分。政治和法律关注的是如何产生"具有企业家精神的官僚",这一说法出自某位评论员生动的比喻①。

在一定程度上,政治监管和交易监管之间的差异是意识形态和真实信念的差异,其关注点为资源配置是否应该与价格或政治权力关联。同时,两种方式在资源配置规则上也是不同的。在交易监管中,稳定性至关重要,因此这些规则应该是"时间一致"的;在政治监管中,构建资源配置的规则更具流动性,更能适应不同消费者群体不断变化的社会环境。总体而言,跨国公司或国际金融机构等跨国参与者提倡交易模式,而大多数发展中国家的政府倾向于选择政治模式。但正如第3节所述,整个事件更加复杂,集中在不同的联盟,其成员包括国家和国际参与者。向交易监管的转变更强调新的专业技能,让经济学家和管理顾问而不是工程师和当地政治家脱颖而出,这就对不同形式的专业技能在治理中的作用提出了质疑。国家精英就包括那些与推动交易监管的机构有个人和教育联系的人。

重要的是,不要假设这两者必然处于政治冲突的对立面,这一点也是关于水资源辩论的典型特征。尽管全球水政策中的监管已经在广泛的新自由主义背景下付诸实现,并且在柏林墙倒塌后变得更加突出,但这

---

① 亚历山大·萨默克(Alexander Somek),《论委托》,(2003)23,牛津法律研究杂志703,第703页。

种背景具有强烈的非市场社会愿景。这些愿景将带来对两件事的重点关注，一是为投资者提供稳定的产权，二是补充性补贴计划和广泛的"利益相关者"参与。此外，政治监管不一定能通过再分配造福穷人，反而可能巩固地方精英的地位。

　　针对每个理想类型，坚持一种反乌托邦的角度来看问题也是有助的。承认政治监管和交易监管都可能采取病态的形式，必须以某种程式化的方式认识到，任何集体都必须具备多元立场。下图（图7.1）摘自世界银行就拉丁美洲的供水服务监管发表的一篇论文（Forster，2001），我认为它展示了一种政治监管的反面观点，这种观点被一种"理想类型"的交易监管"治愈"。监管的"改革"模式（在我看来是一种理想的交易模式）旨在消除"救济金和党派贷款"，愿景是净化"客户主义"；政治家成为提供战略指导的政策制定者；监管机构的建立取代了政治上的偏袒，将重点放在质量和价格的技术决策上，引入竞争，并改善成本回收和劳动效率；因此，无关部分也被引入到关联范围内。

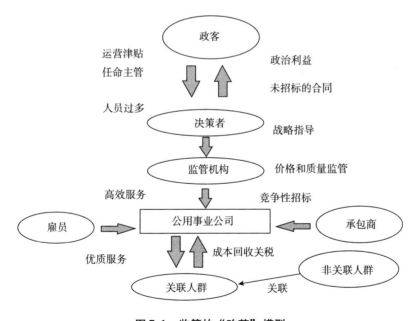

图 7.1　监管的"改革"模型

　　当然，问题是，一个人眼中的"失业救济金和党派贷款"可能在另一个人看来就是合法的再分配政策。同样，有人认为，价格和质量监管将独立的专业知识应用于以前受制于任意政治自由裁量权，这一观点可能与其他人的观点形成对比，即技术官僚无非掩盖了监管俘虏的另一种恶毒政治。换句话说，改革模式中的"缺失政治"，既可以被描述为政治监管理想类型的特征，也可以被认为交易监管的反乌托邦特征。图7.2展示了这些"缺失的政治"如何在改革模型中重现，使得政治理想型的支持者也认为需要一些合法的反应（例如，创建消费者参与的流程，平衡强大承包商的监管，对裁员提供对应的再培训和重新部署计划，或提供补贴以抵消物价上涨）。

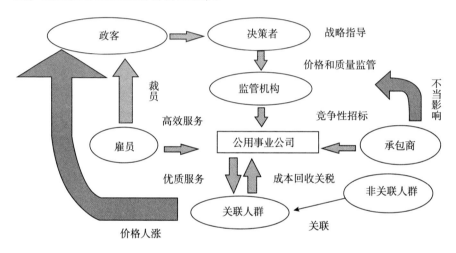

图7.2 "缺失的政治"在改革模型中重现

本章第3节将围绕供水服务探讨这些"缺失的政治"如何影响智利、阿根廷和玻利维亚的监管动态。尽管最初的案例研究报告表明，不兼容的治理模型之间存在冲突，但对监管实施的一些细节性探索揭示了有趣的反馈循环机制。这些循环机制将建设性冲突整合到监管关系中。他们将专业知识与调整后的政治相结合，随着时间的推移，融合政治和专业知识的监管文化将实现制度化。这样的愿景还能在监管机构和公民机构之间构建桥梁（Morgan，2008），同时也承认监管的政治性质（Dubash，2005；Minogue & Carino，2006）。我认为，与跨国机构相比，这种桥梁更依赖地方和国家机构，特别是争端解决机制。我认为这样的桥梁对本地和国家机构，而不是跨国机构更依赖，尤其在争端解决方面。然而，随时间推移，跨国进程还可吸收和普及有效的反馈循环。

3. 比较监管动态与"政治缺失"的影响

本节探讨 20 世纪 90 年代和 21 世纪初三个美洲国家（玻利维亚、智利和阿根廷）的城市供水监管动态。这三个国家在 20 世纪 90 年代都获得了世界最大的跨国水务公司的大量投资。活跃在跨国供水市场的四个最大的供水公司中有三个总部都设在法国（昂帝欧、威立雅和扫尔）（Ondeo，Veolia，and Saur），另外一个在英国（泰晤士水务公司）。两个最大的公司，昂帝欧和威立雅可能更常见的名称是苏伊士（Suez）和维旺迪（Vivendi）[①]。苏伊士、维旺迪和泰晤士等水务公司都在 20 世纪 90 年代对智利、玻利维亚和阿根廷进行了大量投资[②]。研究所依据的实地调查是围绕涉及跨国水务公司的重大争议而展开的，采用智利作为对照案例，因为它缺乏另外两国面临的争端。这三个国家都建立了监管机构：阿根廷的是省级机构，而玻利维亚和智利的是政府级机构。在玻利维亚和阿根廷，所研究的争端以跨国投资者终止特许权并将争端提交国际仲裁论坛而告终。

这三个国家已经共享了各自在跨国供水市场的投资经验，表现在三国在供水部门采用半独立监管机构，在一些基本形式上具有相似之处，这均对交易监管产生了普遍压力。然而，这一切发生在不同的条件下：玻利维亚正在经历各种各样的社会和政治革命的发展，如埃沃·莫拉莱

---

① 两家最大的水务公司是昂帝欧（Ondeo）［其前身为苏伊士集团（Suez），苏伊士集团的前身为里昂水务集团（Lyonnaise des Eaux）］和威立雅（Veolia）［其前身为威望迪环境集团（Vivendi Environnement），威望迪环境集团的前身为通用水务公司（Compagnie Generale des Eaux）］；昂帝欧的业务遍布全球 100 多个国家，用户达 1.1 亿；威立雅的业务遍布全球 90 个国家，用户达 9650 万：见格雷克（Gleick）等人，《水的新经济》（*The New Economy of Water*）（2002，24 - 5）。泰晤士水务公司的用户达 2200 万：见亚龙（Yaron），《终极疆域》（*The Final Frontier*）（2000）。

② 苏伊士集团收购一家向智利首都圣地亚哥供水的区域性水务公司，且在布宜诺斯艾利斯、圣达菲、阿根廷科尔多瓦和玻利维亚拉巴斯获得长期经营特许权。泰晤士水务公司最初在智利南部收购一家区域性水务公司，后来又收购两家。威望迪在布宜诺斯艾利斯拥有经营特许权，且在阿根廷土库曼省获得了长期经营特许权。目前，除苏伊士集团在智利的业务外，这些公司已缩减在上述地区的投资。

斯（Evo Morales）当选总统；阿根廷在 2000 年经历了一场严重的经济危机；智利在研究期间能够持续提供稳定、去政治化和利于投资的环境。这些不同的宏观背景以及反对交易监管的不同社会群体及其能力，共同导致了重大的变化。

研究的大体结果如下。在玻利维亚，交易性监管在政治上被边缘化，支持以参与性与发展性观念来组织广泛的政治动员。在智利，交易监管变得相对内化和稳定，具有讽刺意味的是，与其他两个案例研究相比，这是在跨国压力更为分散的背景下进行的。阿根廷是一个混合案例：交易监管失败，但就监管来看，没有出现稳定的政治选择，除了监察专员角色的短暂催化作用。

下面以表格形式对这种变化进行解释说明。表 7.1 表明，面临国际仲裁以及国际金融机构的强大压力（玻利维亚）或民粹主义者对条件的投机性利用（阿根廷），这些国家改革仓促，可能导致机构缺乏履行新职责的专业知识。当权力下放伴随着监管机构的引入时（阿根廷），情况尤其如此。相比之下，智利的情况表明，监管模式长期内化，加上保留中央控制，会产生一个更突出、更稳定的政治监管机构。

表 7.1　国家监管动力的操作性比较

	玻利维亚	智利	阿根廷
私营部门参与的刺激因素（PSP）	社会目标 国际压力 （IADB）	经济目标和国际激励 （WTO）	总统梅内姆的改革
政府参与的时机和级别	PSP 之前 中央政府	在 PSP 前 9 年 中央政府	与 PSP 同时 省级政府
监管机构的角色和特征	拥有基础专业技术 法律结构不健全 具有独立性	专家技术官僚 较低的自由裁量权 相对独立	专业技术不足 发挥平民主义作用
是否有国际仲裁	是	否	是
总体情况	从交易角度来看具有一些正规的专业能力； 政治上边缘化	具有正式的和实质性的交易能力； 政治上突出	具有政治性； 监管专员的催化作用更加明显

IADB，美洲开发银行；PSP，私营部门参与；WTO，世界贸易组织。

表7.2 从更广泛的角度表明监管政治的关注重心在何处以及监管机构在何处被边缘化。在每个案例研究中，从特定社会共有的价值观、体制、法律和象征符号来理解，独特的社会想象推动地方政治。在玻利维亚，存在着初期革命的宏观环境，有关水务监管框架的争端持续不断地扩大了利害关系，远远超出了供水服务的范围，并将大量社会团体（从农民到灌溉者）卷入大规模的直接行动中。研究期间，玻利维亚出现一种政治推动现状发展的愿景，该愿景的具体标志是在科恰班巴成立了一家由社会控制的公共公司，以取代跨国特许公司，并出现了起草立法的审议和参与机构。事实上，人们可以说，在争端结束时，玻利维亚已经改变了其合法性和问责制的参考框架，其标志是退出《关于解决国际争端的国际公约》，并且将其定位转为美洲玻利瓦尔联盟的机构和行为主体。当然，这种转变仅是城市供水服务方面跨国压力和玻利维亚的政治社会想象相互交叉的结果[①]。并且，从实质性的角度来看，分布式后果尚未立即给缺水的民众带来好处；新型经营结构或立法方案仍未使供水管网扩展或价格降低（Terhorst，2003）。

表7.2　国家监管动力的环境比较

	玻利维亚（事务性但边缘化）	智利（事务性且政治上突出）	阿根廷（政治性但不规律地突出）
广泛监管动力的关注焦点	广泛的水资源立法框架：灌溉，采矿	采购政策，税费制定和核算过程，合并	立法规定社会关税
主要行动	广受欢迎的政治和全民动员，立法谈判	主要利益间的合法权力斗争；有限的无效的政党政治	政党政治和民众行动的结合，以及小额索赔诉讼
丰富数据的主要来源	协商式和参与式起草；公司的社会控制	在监管机构内部和法庭上的监管机构与公司之间的争端	监察员 - 法院 - 监管机构的顺序
含蓄的社会想象	受政治推动的地方发展	尊重法律的公共利益	"爆米花"式的渐进主义

智利的情况表明监管机构如何在相对非政治化、投资友好型的社会

---

① 自然资源方面的冲突，尤其是燃气和矿产，也发挥着重要作用。但值得注意的是，现任总统埃沃·莫拉莱斯（Evo Morales）参与了围绕科恰班巴争端的抗议活动，而且他也是拉巴斯供水服务争端中领头的活动家之一并成为莫拉莱斯政府中的首位水利部部长。

环境（这个环境是由法律公共利益的社会想象所驱动的）下实现制度化和稳定且不存在重大争端。监管动力直接将监管机构和私有公司之间的合法权力斗争作为中心，而不是公民争端。虽然不具有政治性，但它们在以技术语言和专业知识为主的相对封闭的论坛中，重点关注供水服务的各个方面，比如收费和核算过程。"政治缺失"的其他潮流形成政党政治和相对薄弱的消费者动员，但在反对主导智利的中央集权行政权力结构方面进展甚微。然而，与人们预期的可能相反，智利国内监管动力与交易型监管模式的一致性，似乎与强大的跨国影响密切相关，世界贸易组织规则的刺激作用除外。更确切地说，该案例证明了思想流动的内在化深度，比如由"芝加哥男孩"散布的思想（芝加哥男孩是指在政府中担任要职的经济专家，其中许多人在芝加哥大学经济学院接受教育 [Valdes，1995]），以及在智利代理性版本的新自由主义中存在的持久性地方政治。

最后，阿根廷提供了一个混合趋势的例证，表明交易性模式在实施时如何主要以一种不适当的政治监管形式出现，但偶尔可以与涉及监察员的地方争端解决程序进行协同和建设性的互动。与智利的情况不同，政党政治和民众行动在阿根廷具有更大的牵引力，但与玻利维亚的情况也有所不同，其政党政治和民众行动并未完全边缘化日常的监管和政治动力。更确切地说，在某种不可预知的"爆米花"式潮流中，民众能量的爆发能够贯穿于小额索赔诉讼和党派政治维持社会收费的立法尝试。因此，像玻利维亚，即使分配问题没有得到实际解决，但有关再分配公平性的问题仍是政治议题。关于阿根廷的案例也表明立法框架如何在一定程度上转变，尤其是对于地方小型争端决议（通过监察员）和超国家的争端决议之间的紧张关系。到争端结束时，普通公民有可能更广泛地参与国际仲裁的跨国司法程序，跨国经济治理的阐释社群也发生了转变，将发展中国家的地方行为者纳入其中。

总之，城市供水服务中的国内监管动力，即使受到跨国利益、机构和规范的有力影响，也反驳了人们经常做出的假设，即全球化使发展中国家屈从于它们"应对"的"外部"压力。最重要的互惠，以参与式民主愿景为基础，植根于玻利维亚发生的事件。

A. 玻利维亚的水务及其监管

尽管苏伊士集团在玻利维亚首都拉巴斯签订了一份重要合同，但本章所引用的实地研究集中于贝克特尔公司和国际水务公司在科恰班巴早期的一项特许权。科恰班巴之争已成为围绕水权争夺的国际监管和政治动态的一个标志性参考点（根据个人的观点，可以是积极的，也可以是消极的）。但是，"重复玩家"的存在，比如在拉巴斯的苏伊士集团，还是在很大程度上影响了玻利维亚政府对科恰班巴供水服务冲突的反应。

1997 年，玻利维亚决定让国际私营部门参与科恰班巴的供水工作，部分原因是对这一通常非常干旱的地区的水资源开发有一个雄心勃勃的设想，其中不仅涉及城市供水服务的运作，而且还包括建造一座大坝（米斯库尼大坝）。尽管美洲开发银行已经施加了压力，要求将这项工作外包给私营部门，但毫无疑问，当地政治精英也热衷于为这个项目争取大型跨国公司的资金支持。通过地方人士和跨国公司的联合，这一过程的关键政治动力来自市级层面，这些动力不能适应相关监管机构的时间和人员配置。1994 年，玻利维亚建立了一个清晰的立法结构，将公用事业作为一个整体（天然气、电力、电信和水），由一个"超级监管机构"（Sistema de Regulacion Sectorial［SIRESE］）监督一系列的部门。[①] 这将在中央政府层面运行，且几乎不需要与市级政府进行协商。政府原计划为水资源和水务分别设立监管机构，但前者遭到了强烈的反对，因此，到1997 年，只通过了关于设立水务监管机构的详细规定。

更成问题的是，1999 年 9 月，科恰班巴的水服务被特许授权给贝克特尔公司，在此之后仅一个月，供水服务监管机构——基本卫生监督局——的法定职责框架就进行了重大修订。1999 年通过《阿瓜饮用水和饮用水服务法》（第 2029 号法律），尽管其标题侧重于水和污水处理服务的规定，但事实上授权基本卫生监督局更广泛地管理水资源

---

① 1994 年第1600 号法律，1994 年 10 月 28 日，形成一个监管机构的框架（Sistema de Regulacion Sectorial［SIRESE 超级监管机构）。

（农业、灌溉、工业、采矿等）。① 正逢跨国私营部门进入玻利维亚供水服务市场，基本卫生监督局的监管任务急剧扩展，该法律赋予其极具争议性的权力。

尽管基本卫生监督局拥有一定的正规技术能力，但它在政治上处于边缘地位，其结构模仿了交易监管的理念，而它所处的环境更广泛，充其量为政治监管提供了最好的支持，且从某些方面而言，它是一个更加平民化和参与式的、政治驱动的地方发展愿景。尽管供水服务由市级公共实体提供，基本卫生监督局仍停留在中央政府层面。基本卫生监督局独立于任何直接的政治影响且其员工的确拥有基础的专业技术，但该机构仅有 31 名员工，且立法结构不健全。基本卫生监督局的出现和行政文化也深受国际专业知识和国际支持的影响，且该机构为了运行顺利，严重依赖国际专业知识；国际金融机构为起草超级监管机构框架的初始部门配备了工作人员且继续支持基本卫生监督局，提供咨询和员工支持。② 事实上，美洲开发银行已在 2002 年加入玻利维亚水务公司专业协会（ANESAPA），这说明，在玻利维亚的社会环境中，国内企业和国际企业已经互相贯通。③

玻利维亚致力于通过各种双边投资条约解决争端，在国际仲裁制度的背景下，基本卫生监督局在监督国际合同方面发挥了监管作用。尤其是在玻利维亚，国际政治的影响非常强大。例如，在签署特许权后不久，贝克特尔公司将其总部迁至荷兰，使得该公司能够利用荷兰和玻利维亚之间的双边投资条约所提供的保护（美国和玻利维亚之间没有对等的双边投资条约）。以下讨论的关于阿根廷的证据表明，基于国际投资争端解决中心的争端解决方式破坏了对监管冲突的政治回应，并可能支

---

① 需要特别指出的是，第 2029 号法律最后一项条款（被称为临时条款）：水文资源的使用特许权和授权，及其特许权和授权的撤销将由可再生自然资源框架监管系统下设立的监管机构批准（SIRENARE）。但是，该条款作了补充：该监管机构成立前，该职能将由基本卫生监督局（SISAB）负责执行。

② 2004 年 4 月 27 日，基本卫生监督局规划支持官员西尔维娅·阿尔扎贝（Silvia Arzabe）在拉巴斯接受卡罗莱纳·费尔斯坦（Carolina Fairstein）的采访。

③ Semapa：a un ano de la institucionalizacion，Semapa 2002—2003 年度报告。1982 年，ANESAPA 是一家公有的贸易组织，1997 年扩大到允许私有企业和合作制企业加入，2002 年扩大专利允许"国内和国际机构、非政府组织或水务行业具有法律关系的自然人加入"：第 67 页。

持交易性回应。然而，在玻利维亚，基本卫生监督局的地位没有得到支持，这就引出了一个问题，即基本卫生监督局虽然拥有技术能力和强大的国际支持，但为什么它在政治上如此边缘化。

答案在于基本卫生监督局被视为社会团体，其合法管辖权的范围有限。玻利维亚案例中监管动力的主要焦点是水资源的立法框架，广义而言，是影响灌溉、采矿等的规定。这一重点远远超出了基本卫生监督局监管框架所处理的基础设施问题，尽管政府在 1999 年的修正案中正式赋予基本卫生监督局更广泛的职责，但这一行动缺乏公认的合法性，阻碍了其进展。这些过程包括民众政治和群众动员，以及立法谈判，以建立一个新的总体水资源管理框架。在这种情况下，基本卫生监督局难有机会成为重要的参与者，它作为一个机构敢于尝试加入一个专业知识领域，而政治上突出的当地参与者中很少有人熟悉这个领域；它所能胜任的监管政治的技术细节并未与地方政治动态产生共鸣或与地方政治动态相结合。

两个例子可阐明这种紧张关系。第一个例子发生在争端过程中。1999 年 12 月，基本卫生监督局就关税问题举行了一次公开听证会。他们要求与会者登记并携带身份证明文件；结果，仅有 14 个人提前进行登记。基本卫生监督局意识到这可能会引发一场大规模的社会动员，暂停了该听证会。在收费政策方面的风险，要比基本卫生监督局在透明度方面的尝试更为突出。第二个例子发生在科恰班巴市政水务公司重新市有化后的时段。自 2002 年左右起，基本卫生监督局在世界银行的资助下大胆尝试引入消费者教育计划，该计划侧重于在"法规、权利、义务、投诉和水护理"方面对社区委员会领导人、社会团体、公会、母亲协会和教会团体进行培训。但是，同时，最能够打乱更大的政策议程的团体参与了新的水资源立法框架的广泛审议和参与性起草①，并将市政

----

① 1998 年，该团体从民间社会组织玻利维亚综合管理委员会（Comite'de Gestio' n Integral del Agua en Bolivia，CGIAB）发展成为一个机构间水理事会（Interinstitutional Water Council（CONIAG），其成员包括来自农业、可持续发展领域、经济学、房地产和政府基层服务部门的代表，以及来自农民、灌溉者、土著人民、私营部门和学术界的五类民间团体代表。2004 年，为支持灌溉者，该委员会起草并通过了第 2878 号法律。

公司的"社会控制"实例化（Terhorst，2003）。他们认为，广泛的消费者外展计划仅触及了对人们来说最重要的边缘问题，当时对他们来说，制定更多能够确定资源和权力分配的结构性决策为时已晚。[①] 共同管理，而不是协商，是政治上突出的问题，而基本卫生监督局的消费者意识计划回避了这一问题。

简言之，监管机构重点关注"次要水文循环"的交易方法，而最具政治影响力的参与者将"主要水文循环"置于高度政治化和富有表现性的斗争政治的中心位置。推动玻利维亚政治的隐性社会想象——政治驱动、植根于当地的整体发展愿景——与模仿国际金融机构"最佳实践"建议的独立监管机构几乎无协同作用。更确切地说，参与式公共管理的重振愿景是主要的，渴望取代全球水福利主义的管理自由化。埃沃·莫拉莱斯当选后（其成功当选深深植根于自然资源使用权的斗争），由科恰班巴争端引起的国际仲裁诉讼得到解决，象征性赔偿为两个玻利维亚比索的金额。随后，玻利维亚公开退出国际投资争端解决中心。玻利维亚出现的情况并非纯粹的民族主义，而是自埃沃·莫拉莱斯当选总统以来，在国际舞台上的一些行动中出现的[②]，一些是与古巴和委内瑞拉联合采取的行动[③]。这些行动正在合并为一个更加广泛的议程——美洲玻利瓦尔联盟（2005；2008）。这些变化表明，重要的跨国政治意识形态应对措施主导了获取基本必需品的斗争——我称之为"必要性政治"（Morgan，2006c）——既源于工业化世界，也植根于发展中世界。

B. 智利的水务及其监管

智利的监管机构代表某些更接近国际金融机构和学术界所支持的"理想"的交易性愿景。多种特征使智利的水务私有化政治与众不同。第一，在智利，用水的普及程度远远超过其他发展中国家。1930 年，智

---

① 克雷斯波·卡洛斯·克雷斯波·弗洛雷斯，牛津布鲁克斯大学，"监督：新的超级大国"。

② 例如，退出《国际水事发展合作公约》、任命水活动家埃尔·阿尔托为水利部部长。

③ 例如，第四届世界水论坛于 2006 年在墨西哥举办，在该论坛上，持有反对意见的《部长宣言》由玻利维亚起草并得到古巴和委内瑞拉的支持。

利中央政府将提供水和污水处理服务作为优先发展方向。自20世纪70年代以来，一直保持异乎寻常的高覆盖率。[①] 第二，智利的水务服务异常集中。20世纪70年代，区域供水管线重新修建，产生12家中央集权控制的区域性国有公司，也没有将任何权力下放至更多的地方政府。20世纪80年代，受到"芝加哥男孩"的影响，智利拒绝实施席卷拉丁美洲其他国家的权力分散制度，"芝加哥男孩"认为地方政府缺乏足够的专业能力，且私有部门可提供更加可靠的专业知识，并带来更有效的收益。第三，智利的城镇化水平异乎寻常得高——农村人口仅占总人口的10%。最后，民间团体积极性较低，尤其是在与社会经济政策有关的问题上。[②]

因此，20世纪80年代，国际私营部门进入智利供水和污水处理服务部门的催化剂并非迫切需要对基本用水进行投资，而是双重因素：意识形态上的新自由主义，以及需要筹集私人资金建造废水处理厂。一些人认为，为促进水果出口，美国与智利自由贸易协定要求达到废水处理的国际标准，造成了法律压力。但是，尚不完全清楚这是否是让私营部门参与进来的意识形态决定的事后理由。然而，以出口为导向的经济目标似乎是这一动机的重要组成部分，在1998年至2005年间，智利成功地将废水处理的百分比增加了近一倍。[③]

智利的供水服务在供应结构上经历了三次主要改革：1989—1998年间的公司化（与效率收益有关）、1998—2001年间的短暂私有化（与筹集资金建造污水处理厂有关）和2001年至今的特许授权时期（与政治

---

① 饮用水覆盖率达99.7%，每天24小时供水，污水处理覆盖率达94%：亚历山大·切尔尼茨基，美洲工程师协会，"农业信息系统：55年的劳动成果"，《智利农业信息系统杂志》，2003年9月。

② 导致这种现象的原因并不清楚；许多受访者将此归因于智利文化，但皮诺切特专制统治的遗留影响可能是主要原因："关于皮诺切特对农村基层民众的动员及体制性和结构性变革所造成的遗留影响"的争论，见霍扎阁和库尔兹，2000年。也见弗尔瑞克，2001年。

③ 2003年，污水处理水平达42%，但目标是到2005年底达到81%：亚历山大·切尔尼茨基，美洲工程师协会，"农业信息系统：55年的劳动成果"，《智利农业信息系统杂志》，2003年9月。

上反对私有化有关）。1989 年，就在智利实行民主制度前①，按照"公司化"路线对国有水务公司进行重组且艾尔文的中左翼政府对此未作改变。近十年后，爱德华多·弗雷领导的中左翼政府于 1998 年经过激烈争论后，通过了允许私有化的立法，但设定了所有权的上限②。几个月后，一项鲜为人知的税收法案悄悄取消了这一上限。③ 1998 至 2000 年间，在 13 家地区性公司中，5 家公司实行私有化④。其余 8 家公司并未完全私有化，而是将其特许经营权长期承包出去⑤。很少有人认为：全部资产销售和长期特许权之间的差异具有任何显著的政治性或实际意义。事实上，尽管公司运行从私有化转向特许权制度，2003 年，另一鲜为人知的税收法案允许在 20 世纪 90 年代末实行私有化的 5 家公司中的 4 家公司全部出售⑥。该段叙述概括了智利在水务部门的监管动态——一种奇怪的混合：两极分化的公众政治辩论（未能改变政策轨迹的方向），以及在技术和模糊立法的空隙中做出的重大决策。

智利的水服务由环境卫生服务监管局（SISS）负责管理⑦。1990 年实行公司化时，环境卫生服务监管局取代政府部门成为一家监管机构。与交易性监管模式一致，关键在于监管机构和区域性公司之间的关系，而不是与消费者的关系。在 20 世纪 90 年代，环境卫生服务监管局和区域性公司之间的这些关系还是谈判和公平议价的友好关系。1998 年转向私有化后，运营商和监管机构之间的关系更加对立。在 13 家公司中的 5 家公司快速私有化之后，环境卫生服务监管局在 2000 年和 2001 年间征

---

① 国家工业发展部门生产促进协会解除了提供水服务方面的义务。13 家区域性联合股份公司成立：1989 年 1 月 17 日第 18777 号法律。

② 1998 年 2 月 5 日颁布实施的《卫生服务总法》（第 19549 号法律，1995 年法案）。

③ 1998 年 7 月 14 日颁布实施的第 19888 号法律（一般税法）第 5 条取消了水务公司股份销售的任何上限。

④ 埃莫斯（圣地亚哥－苏伊士）、埃斯瓦尔（瓦尔帕莱索，第五区－盎格鲁）、埃西比奥（康塞普西翁，第八区－泰晤士）、埃塞尔（第六区－泰晤士）和埃萨尔（第八区－伊贝德罗拉）。

⑤ 20 世纪 90 年代末，时任总理查德·拉戈斯、时任公共工程部长（后来于 2001 年担任总统）进行的内部审查支持了这一政策转变。

⑥ "为筹集保证政府优先社会目标所需的资金"而制定的法案，2003 年 8 月颁布实施的法律 19888。不含埃莫斯（圣地亚哥最具政治敏感性的公司）。

⑦ 智利的水资源由水利部门（DGA）管理，DGA 是公共工程部的下属单位，公共工程部负责监督 1981 年建立的复杂可交易水权制度（该制度不属于本文研究范围）。

收的罚金增加 69%①。对环境卫生服务监管局关于监管机构裁决的数据以及司法上诉的分析（1995—2005 年）表明，私有化公司主要受到超常罚金、最高罚金和针对罚金提出的最高上诉②。毫无例外，法律诉讼几乎都是由监管机构或公司发起，而不是由消费者发起，且法律诉讼的重点主要在于界定监管机构和运营商之间的产权界限。此外，尽管环境卫生服务监管局经常在上诉中胜诉，尽管其中至少有一些案例本应使消费者间接受益，但智利的水务部门缺乏任何补偿消费者的法律制度。

智利水服务的监管政治具有智利经济宏观特征的特性，智利经济在很大程度上是按照市场路线构建的，然而对消费者却明显不友好：③ 这是新自由主义改革的一种公开版本。智利水务监管体现了交易监管的具体理想，因为监管机构在全部私有化九年前成立，负责管理（当时）刚刚公司化的水务公司。吸引监管活动的关键问题是关税制定、投资债务核算过程、采购过程和并购。除通过市政府管理的复杂补贴方案间接地参与社会问题外，监管机构不参与社会问题。

对如何设定关税的简要描述充分说明了智利在水资源方面的监管政策。关税制度是基于一个完全有效的假设模型，而不是试图将现有的低效率的成本内部化。监管机构和该公司都根据自己的模型，使用由法律框架和模型的公开职权范围规定的复杂公式进行估算。在做出估算之后，需要进行 15 天的谈判，如果无法达成一致意见，则由三人组成专家小组做出最终决定。④

有趣的是，国际仲裁并不是智利水政管理领域的一个强有力的特

---

① 莫里森·福尔斯特（Morrison Foerseter），《拉丁美洲水工业发展季度报告 - 2002 年 3 月》。2001 年共罚款 31 次，共计 107 万美元。

② 在这一普遍模式下有一个有趣例外，那就是泰晤士（Thams）旗下的是埃西比奥公司（Essbio），该公司缴纳的罚金最多，但上诉数据并不高。这也可以解释为什么与智利境内任何其他水务公司相比，埃西比奥公司招来的政治争议最多，并且该公司所考虑到的政治成本大。

③ 2005 年，世界经济论坛在一项全球调查中，将智利的宏观经济处理能力评为第一，但在消费者反应能力方面仅排名第 53 位：爱德华多·恩格尔（Eduardo Engel），《消费者：消费者的需求，第三次报告》2005 - 11 - 20。

④ 一位成员由相关公司任命，一位由监管机构 SISS 任命，第三位由双方共同任命。通常情况下，第三位成员（一般是具有博士学位的经济学者）能有效地决定问题。尽管与模式参数有关的激烈技术辩论一直存在且随着时间的推移通过立法修订得到澄清，但专家小组的决定从未受到司法审查。

征。对这一结果的一种解释是，国际投资者看重监管机构将正式独立性和实质性专业知识相结合，认为这足以提供他们需要和寻求的政治稳定。但另一个同样合理的原因可能是国际投资者享有的政治支持。国际私营部门直接向智利大多数公民提供供水服务。政策环境对这些投资者关于"投资环境"的看法非常敏感，而这无疑会影响监管动态①。此外，上述国内范围的经济和社会问题的区别也反映在跨国联系方面。虽然争端的解决对智利水务部门的监管环境没有很大的影响，但智利与制定标准的地区和全球协会有着广泛的联系，比如 AIDIS（美洲工程师协会，西班牙语首字母缩写）。圣地亚哥还主办了联合国经济和社会委员会和国际消费者组织的拉丁美洲分支机构，将其纳入了制定水政策的社会和消费者层面的国际行动者网络。

总的来说，日常的监管动态是由主要利益集团之间合法的权力斗争所主导的，这些利益集团被政党政治行为所激怒，而由于智利宪法结构中行政权力的高度集中，政党政治行为的有效性往往受到限制。与最初的情况相比，这种制度结构并没有为智利监管政治中的建设性冲突创造多少条件。常规化的技术官僚政治与一场以非黑即白的方式描绘的政治化辩论共存，但相对而言却没有做出回应。在这种情况下，很少或根本没有专业知识与模式化的政治投入和反馈相结合，因此，将政治和专业知识相结合的监管文化的制度化非常薄弱。

可以说，一个重要的"缺失环节"是缺乏吸纳"每日公民"需求的常规化整合空间。在玻利维亚，这些要求是通过大规模动员和直接行动表达的。而在智利，充其量是消费者保护法内高度个性化的诉讼。在阿根廷，我们会看到较低水平的直接行动与维护公共利益的行政法式程序并存。但在智利却明显缺乏这种制度②。即使受访者唤起了一种隐含的政治氛围，即对支撑监管动态的公共利益的法律概念，但几乎没有机构

---

① 一些受访者就经济部给 SISS 微妙但强大（对投资者友好）的影响发表了非公开评论。

② 2004 年，消费者保护法在长达六年的争斗后最终得以修订，纳入了较温和的集体诉讼方式和一些鼓励集体消费者协会的激励措施。但是，这项改革（其本身受到很多批评，比如 Eduardo Engel，"Consumidores：trestareaspendientes，" La Tercera，2005 年 11 月 20 日，指出自该法律通过之日起的第一年里，仅提出 3 起集体诉讼）也没有将公共服务纳入其职权范围。

愿意使之成为现实。资源保护的法律制度（实际上是获得禁令的能力）并未促进消费者的集体行动：它主要被公司用来对付监管者（尤其是因为它必须在任何危害发生后 15 天内提出）。此外，它不遵循先例，也不依靠教条式、缓慢且非透明的司法程序。没有行政法院可以让个人对滥用和非法行为提出质疑。最强大的监督机构是 Controloria，这是一个审计机构，确保行政命令的合法性，以商业友好的方式促进对合法性和行政廉洁的关注。总之，阐明公平、公正或人权主张的空间受到了严重限制。

当然，"缺失的政治"仍在推动监管动态远离交易模式。这并不是说智利不存在裁员、关税上涨或承包商不当的影响。相反，它们并没有像在阿根廷那样引发政治动员。一位来自智利国家工会的受访者略带遗憾地说，"在阿根廷，如果停电了，人们会在路上点燃轮胎并设置路障，而在智利，人们只会去楼下超市买蜡烛"。[①] 直接行动非常低调，公共媒体对供水问题的报道主要集中在外国投资者的安全上。部分原因可能是智利为低收入用水户提供了广泛的直接补贴方案。这一方案由各市政当局执行，只涉及管理机构，在一定程度上中和了负担能力所引起的政治反响。尽管如此，仍然存在争论，有的争论来自代表选民的个别议员。[②] 尽管力度不大，公民团体也经常动员。但是地方精英和提供供水服务方面在主流交易共识上达成了紧密联系，这已经在智利产生了管理自由化和交易监管。

C. 阿根廷的水务及其监管

在 20 世纪 90 年代早期，梅内姆总统对阿根廷经济进行了全新的新自由主义改革，这为跨国公司进入阿根廷水务行业奠定了基础。在省级政府层面，这些改革主要来自联邦政府的压力，而不是当地相关的政治

---

① Miguel Soto，国家工会，于 2004 年 1 月 27 日在圣地亚哥接受布朗文·摩根（Bronwen Morgan）和卡洛琳娜·费尔斯坦（Carolina Fairstein）的采访。

② 见智利众议院议员帕特里西奥·沃克（Patricio Walker）、基督教民主党（DC）副主席安东内拉·西亚拉菲（Antonella Sciaraffia）和参议院候选人费尔南多·费洛雷斯（Fernando Flores）提交的动议，《莫里森和福斯特季刊》报道。

动态，这一点从一开始就让监管变得很麻烦。在图库曼省，麻烦不断的省水务公司（DIPOS）从 1981 年（当它第一次从联邦政府移交给省政府控制时）到 1996 年期间由 15 位不同的董事管理。图库曼政府在 1994 年 3 月通过私有化立法框架，一年多后，在 1995 年 5 月，政府授予法国维旺迪集团为期 30 年的特许权合同。① 与此同时，政府也打算将 DIPOS 转变为 ERSACT（图库曼省水及污水管理局）。政府从 1994 年底就开始做，到 1995 年 11 月，DIPOS 的雇员由 1800 人减少到 900 人，转型基本完成。这种转变是形式上和表面上的，可以说只是名义上的，因为员工很少接受额外的培训来适应监管而非运营的新角色。②

在这种混乱的情况下，DIPOS 成为 ERSACT，表面上这是一家独立的监管机构，负责监督特许供水商。但 ERSACT 的问题是，它是一个或多或少通过中央法令建立的省级监管机构。在国际私营部门来到该省之前，它没有时间适应自己的新角色。因此，ERSACT 缺乏大量专业知识，并在监管动态中扮演民粹主义角色——这种角色有时在政治上很突出，但肯定不是交易监管的理想典型形象。ERSACT 的政治显著性最有趣的是与监察员协调的时候，下文将对此进行探讨。尽管这些监管政策的建设性有限，但这一事件表现出了国际、国家和地方压力在一个监管空间内的有趣互动，也表明了考虑消费者群体观点的必要性，以及跨国压力对国家反应能力的明显限制。

特许权合同包含关于维旺迪将提供的服务、将收取的关税以及将进行投资的详细条款。协议签订后，维旺迪和图库曼在各种问题上产生了争议，包括用水量的测量方法、客户的关税水平、关税增加的时间和百分比、对不支付关税的补救措施、维旺迪向客户转嫁某些税款的权力以及交付水的质量。这些争端在国内以多种形式出现，最终导致维旺迪公

---

① 从形式上来看，合同是与维旺迪（Vivendi）的阿根廷子公司 Aguas del Aconquija 签订的。在签订特许权合同时，母公司名为法国通用水务公司（Compagnie Ge'ne'rale des Eaux）（CGE），许多人称之为维旺迪，最近更名为威立雅（Veolia），维旺迪为此处使用的名称。虽然 Aguas del Aconquija 具有独立的法人资格，但实质上由维旺迪控制。

② 监管机构 ERSACT（EnteRegulador del Servicio de Agua y Cloadas de Tucuman）前主席、前国有水务公司的主管丹尼尔·阿郎西尼亚（Daniel Arancibia）于 2004 年 7 月 1 日在阿根廷图库曼省接受卡洛琳娜·费尔斯坦（Carolina Fairstein）的采访。

司向 ICSID 提出仲裁索赔。①

　　在 ICSID 领导下进行国际仲裁的可能性塑造了更大的政治环境。联邦政府承担了一项非正式解决争端的外交任务，派遣阿根廷前总统梅内姆前往法国进行谈判，在媒体上和私下向图库曼省的官员公开施压②，并通过省总检察长、工会代表和维旺迪首席执行官组成的工作组，帮助起草维旺迪和图库曼省之间的新协议。③ 这给当地争端解决机制带来了巨大压力，很微妙的压力。更广泛的监管动态的一个关键点是试图通过立法，强制实施"社会关税"，以缓和减让条件下关税上升的影响。政党政治运动、街头民众行动和小额索赔诉讼持续推动着这一焦点。但最终，正如我们现在所展示的，它在跨国层面发生了冲突。

　　1996 年夏天，成千上万的用户因褐色水质和价格上涨而停止缴纳水费。土库曼省巡查员建议停止付款的消费者向该公司提出行政诉讼，指控在水质和费率计算方面提供的服务有问题。④ 供水公司在 15 天内未对此争议做出任何回复，随后该争议被提交至监管机构 ERSACT，该机构共签发两次决议，从两个方面对消费者应缴纳的费用进行了打折。⑤ 尽管在拒绝缴费的消费者中只有约 10% 的人提出适当的书面要求，但这仍然涉及数千人。维旺迪没有对地方法院监察员和监管机构的法令提出质疑，但仍然表达其不同意见，甚至在按照法令给客户开具发票的同时，立即对抵制者提起诉讼，以收回未支付的费用。不过在 ICSID 提出索赔之前，各方倾向于继续进行政治谈判。

---

　　① Compan ia de Aguas del Aconquija, S. A. & Compagnie Ge'ne'rale desEaux v. Argentine Republic，判定书，ICSID 案件编号：ARB/97/3（2000 年 11 月 12 日）40 ILM 426；也可在以下网站找到：http://www.worldbank.org/icsid/cases/awards.htm#award15（含有随后针对同一案件做出的决定）。最初，该案件于 1997 年 2 月 19 日提交，依据是 1991 年阿根廷和法国政府签订的双边投资协定。

　　② 当时的经济部长费尔南德斯甚至威胁要就阿根廷在外国投资者眼中的形象受损提起联邦 – 省诉讼。

　　③ 2004 年 8 月采访土库曼省检察长玛丽亚·佩蒂科·德瓦雷斯（Maria Pedicone de Valles）。

　　④ 该建议得到巡查员办公室签发的一系列决议（1996 年，编号 66 和 67）的支持，决议给出了计费方式为什么不正确的细节，公共审计报告也表达了相同的意思（土库曼审计办公室报告 015；存档文件，署有作者姓名）。

　　⑤ 212 和 213 号决议对费予以调低，第一次是扣减维旺迪在账单上收取的存有争议的税款金额，第二次是扣减提供褐色水期间的水费。

　　监察员采取了两个前所未有的措施来回应维旺迪对抵制者的诉讼，其策略基于该公司此时已经不再是供水公司的事实。首先，监察员试图代表抵制者向法院提起集体诉讼，但接连被不同的法官驳回。第二，向消费者提供个人法律援助，但未能成功地从当地律师协会获得这种援助。① 很难直接证实国家间权力动态的影子效应，尤其是因为冲突中微妙的政治性质。② 但针对监察员的要求，出现了一系列不同寻常的司法回避。本质上，"他们在互相踢皮球，没有人想管我们"③。当地的律师协会也同样不愿意介入，有人大声疾呼④——尽管有争议——称世界银行当时在一笔巨额医疗和教育贷款中加入了一个条件，要求消除或解决与公共服务让步的冲突。ERSACT 被省政府边缘化，省政府干预过一个类似的破产过程，任命了一名替代审计员来监督特许权，理由是该公司觉得受到了 ERSACT 的迫害。总的来说，有一种明显的感觉，即使干预的确切机制是有争议的或间接的，世界银行和 ICSID 的流程也限制了国内实质性和程序性干预的可能性。

　　就结果而言，国内发展和国际发展相互交织带来的影响是模糊的。2004 年，土库曼的供水服务再次被收归国有。虽然国有公司已努力改善供水服务，但民间团体的参与形式（最初是由私营部门参与刺激产生的）将持续进入公共服务运行的新时代。在收归国有后，民间团体继续提出许多立法建议，尤其是与收费结构、供水中断和收回未付费用有关

---

① 2004 年 8 月 10 日，巡查员玛丽亚·博叙伊（Maria Bossio）在土库曼接受卡洛琳娜·费尔斯坦（Carolina Fairstein）的采访。

② 这种敏感性可通过一个事实得以证实，事实是：省级检察长针对维旺迪违约提出的诉讼在随后政府发生变化时被撤销且从未再次提出，尽管连续三任检察长承诺提出诉讼（采访巡查员 Bossio fn 52;；2004 年 8 月 11 日，土库曼省检察长玛利亚·得瓦里斯（Maria Pedicone de Valls）在土库曼接受卡洛琳娜·费尔斯坦的采访；2004 年 8 月 22 日，ADEUCOT 消费者协会主席何塞·多梅（Jose Domieu）和副主席豪尔赫·阿卜杜拉（Jorge Abdala）在土库曼接受卡洛琳娜·费尔斯坦的采访。

③ Pedicone de Valls 采访。法院愿意听取针对拒绝缴费者的多个单独索赔且对此做出了判决，但立法机关于以干预且通过一项法律，判决执行暂停 6 个月。该法律在 ICSID 过程中成为维旺迪索赔的另一个方面。

④ 受访者给出了不一致的报告，但 1998 年 8 月 13 日当地报纸 La Gaceta 援引省长布西（Bussi）的一句话：在联邦政府接管特许权项目并允许维旺迪离开前，世界银行不会支付 5500 万美元。

的立法建议。就眼前来说，在土库曼，对参与机会的影响是令人失望的。① 未获得举行公开听证会的权利（尽管在电力行业存在这方面的先例），在 ERSACT 董事会派驻一名消费者代表的承诺也未实现。但也获得了实质性的进展，包括立法禁止向那些使用低于最低标准的人供水，以及出现消费者抵制的"争议信"，这成功地阻止了维旺迪因收不到付款而提起的法律诉讼，即使在监察员的法律诉讼停滞不前之后也是如此。② 在程序上，产生了一种"爆米花"式的渐进主义，其累积的意想不到的效果为回应消费者的关切开辟了更多的空间。

　　在土库曼之外的其他地方，阿根廷各地就不同的供水服务合同进行了一系列消费者团体动员（其中一些涉及与国际非政府组织的联盟）之后，出现了一场意义重大的程序性胜利——ICSID 法庭接受了民间社会组织的法庭之友辩护状，即使面临各方的反对，甚至不顾来自党派的反对意见。③ 有趣的是，我们在这两类收益中看到的是地方层面的政治管理和事务性模式（国际仲裁法庭的诉讼主体）之间的不稳定休战。尽管 ICSID 进程修正案是参与的胜利，但这种参与形式仍然回避了民选政府，对扩大其政策空间没有任何帮助。考虑到 ICSID 最近向维旺迪提供了1.05 亿美元的赔偿，在 ICSID 听证会上提交诉状的机会，对于交易监管压倒一切的主导地位来说，似乎是一个微小的调整。

4. 结　语

　　上述三个经过讨论的案例已表明事务性管理模式（存在于城市供水服务管理的跨国政策领域）如何在地方和国家层面发挥作用。由此出现

---

　　① 图库曼供水和污水管理局 ERSACT（EnteRegulador del Servicio de Agua y Cloadas de Tucuman）前主席、前国有水务公司的主管丹尼尔·阿兰西维亚（Daniel Arancibia）于 2004 年 7 月 1 日在阿根廷土库曼省接受卡洛琳娜·费尔斯坦的采访。

　　② 2004 年 8 月 24 日，DUDAS 消费者协会的吉梅内斯·拉斯卡诺（JiminezLascano）在土库曼接受卡洛琳娜·费尔斯坦的采访。

　　③ AguasArgentinas S. A., Suez Sociedad General de Aguas de Barcelona S. A., Vivendi Universal S. A. c. Repu' blica Argentina. Caso, ARB/03/19. 也参见最近一个案例中的类似指令，该案例涉及在坦桑尼亚的英国水务公司 Biwater：Biwater v Tanzania,, 案例编号 ARB/05/22, 第 5 号程序指令。

了三个相关的有意思的发现。首先，尽管存在国际上根深蒂固的"模式"，但各国在监管动态的类型和显著性方面的差异依然存在。其次，如果深层次的政治冲突持续存在，与监管机构（尤其是模仿事务性方法的机构）相比，准司法性制度（尤其是地方和国家层面的）更能对不满意的消费者和公民提出的合法性挑战做出回应。第三，如果地方和国家的轨迹影响跨国规范和跨国机构的政策，那么可能存在反馈效应。总之，这些结果主要证明国家变革中跨国法律秩序的局限性，因此，理解国家和地方动态对于加深跨国法律规范的理解和遏制由此产生的冲突至关重要。本章对这三个发现予以总结，形成结论。

首先，跨国法律秩序的界限：案例研究侧重于 20 世纪 90 年代三个美洲国家的类似的组织结构，每个国家都设立了半独立监管机构以监督供水服务。这些是在由国际金融机构有条件贷款的影响和交易监管可取性的主流跨国共识出现的。这一共识根植于技术官僚认知社区，其成员包括国家精英；换句话说，国家 – 国际联盟。国家的"跨国性"转变不仅仅是外部塑造。在这些案例中，也不是超出制度同构的深度相似（Di Maggio & Powell，1991）。更确切地说，各国的差异依然存在，监管机构在每个案例中扮演的角色各不相同——在玻利维亚是交易型但被边缘化，在智利是交易型和政治型，在阿根廷是政治型和不稳定型。这种差异可以部分归因于各国的政治背景：智利的稳定和对外国投资友好的做法，阿根廷分裂的国家在经济危机后的省联邦冲突，以及玻利维亚向左翼的政治和社会转型。三个国家在社会反对党结构方面的差异、对外国压力的承受程度和改革的时机和结构也很重要。

虽然将玻利维亚的故事与智利的故事进行对比似乎有助于了解监管模式之间的两极分化冲突，但阿根廷故事的某些方面指向了第二个发现：当深度政治冲突持续时，准司法机构特别是当地或国家层面的此类机构能够比监管机构更好地应对不满的消费者和公民所提出的合法性挑战。机构，尤其是那些以跨行为方式为模式的机构，很少能从直接抗议中吸收冲突。监管话语的技术性和非政治性往往与直接抗议的价值驱动性质不相称。在这些案例研究中，没有一个监管机构本身产生了建设性地容纳公民反对意见的政治。就玻利维亚而言，该机构在政治上几乎无关紧要。在智利，"有企业家精神的官僚"在某种程度上是建设性的，但他们吸引普通公民利益的能力有限。在阿根廷，该机构有滑向无成效的政治客户主义的风险，但在与监察员或小额索赔法庭等准司法论坛的互动中确实有产生成效的协同增效。

这种协同效应至少可以使冲突程序化，并且随着时间的推移，可以逐步显现赢家和输家，而并非强化高风险规则制定决策中的极化。这样，准司法论坛可以在一定程度上以建设性的方式吸收监管动态中的"缺失政治"，阿根廷的案例大概就是如此。在智利和玻利维亚，缺乏此种论坛可能被视为破坏供水服务政策领域的整体合法性。在此，每个国家的宏观政治环境再次凸显出来，玻利维亚创造了在智利并未创造针对群众动员与直接抗议中不满情绪的发泄出口。

与跨国机构相比，监管机构与公民之间的桥梁更牢固地嵌在地方和国家机构（尤其是争端解决机构）中。合法性缺失困扰着本章所探讨的供水服务投资合同，这是当地居民最强烈的感受，国际投资仲裁加剧而不是缓和了任何感觉上的伤害。当然，在发展中国家投资长期服务合同的跨国公司感觉正好相反——地方和国家司法机构以及准司法机构缺乏必要的合法性。在阿根廷，扩大国际投资仲裁的参与权是应对措施——这是一种令人不安的妥协，因为这并没有改变造成冲突根源的分配政治。

然而，这种发展确实阐述了第三个发现——地方和国家的发展轨迹与影响跨国机构的管制政策规范的跨国流动之间的相互关系。我强调的是"相关性"而不是"反馈效应"，因为因果关系并不总是清晰的。在国际仲裁参与途径扩大的特定实例中，阿根廷经验的作用异常清晰，因为这是在国际投资争端解决中心允许非政府组织作为法庭之友进行参与的第一个案例。然而，做出此种转变的背景是，社会运动跨国联盟的更广泛竞赛，包括根据玻利维亚的情况，因此该种因果关系链不仅仅与阿根廷冲突有关。围绕水的问题（特别侧重于人权方面）出现的跨国社会运动联盟是一个重大的递归效应，超出了本章的范围。①

---

① 见脚注 12.

更广泛地说，玻利维亚当地对监管政治模式的支持，很可能会对未来完善基于参与式民主的全球水治理方法产生影响。玻利维亚与古巴、尼加拉瓜和委内瑞拉在"我们美洲人民的玻利瓦尔替代方案"方面的合作，支持在包括卫生、教育和其他基本基础设施服务在内的一般社会服务中发展这种方法。

国际机构的其他变化与这里涉及的案例研究有关。这些冲突是在20世纪90年代和21世纪初案例研究中记录的那种反复和广泛的冲突之后出现的。世界银行也渐渐认识到了这一章中所提到的"缺失的政治"至关重要，并通过资助发展中国家立法机构为目标的项目作为回应。这些行动颇具争议，被批评是为了公关，而非针对实质性问题提供实质性的回应，但由此可见对国际金融机构的压力。美洲开发银行越来越多地探索小规模独立提供者在提供供水服务方面所能发挥的作用，而这种提供者更有可能是当地的参与者。最后，关于供水服务的激烈辩论在某种程度上已经超越了"公共对私人"的二分法讨论，而越来越多地集中在复杂的公私混合结构上。例如，德国发展援助机构德国国际合作署（GIZ）现在支持玻利维亚的公私合营企业，作为私人特许经营失败后的一个可行的替代方案。同时，联合国秘书长水和卫生咨询小组与联合国人居署合作，主要通过将提供技术的南北效用伙伴关系，重点支持公共供水服务提供商。①

本章表明，与社会斗争相关的国内监管政治具有跨国维度。跨国既不是国内的也不是国际的，不是外部的，也不是内部的；更确切地说，它是一个融合了地方、国家和国际行为体的混合体。重要的是，这种联盟并不局限于那些在全球治理环境中支持对监管事务化的人员。获取水资源的冲突趋势中，我们还发现监管政策规范的跨国流动反映了政治监管的替代办法，这一点在玻利维亚最为明显。在特定国家，这些构成了跨国公司的新形式。这些形式象征着水以外领域跨国监管政治的潜在轨迹，最明显的影响是天然气和电力等其他公用事业以及卫生和教育。总

---

① 见全球水运营商合作联盟：http：//www. unhabitat. org/categories. asp？catid = 568 以及www. unsgab. org.

之，获得基本饮用水的监管问题提供了一个案例研究，表明是否有可能将社会政策有效地纳入全球治理，这也必然是关于国内监管动态的案例，说明监管是如何由当地社会和政治想象力塑造的。

第八章　跨国法律制度体系研究

　　实证主义国际法学者倾向于将他们的关注点集中在传统国际法概念上，因此，他们对提及跨国法规、跨国法律制度体系和跨国法律程序持有怀疑态度。然而，关注跨国法律规范的构建和迁移十分重要，无论是分析国际法本身是如何构成并产生影响的，还是国家法律和国家机构是如何形成的，都需要从跨国法律程序的角度来讨论这个问题。本书评论了跨国法律规范和跨国法律程序是如何与国内环境相互影响的。它在社会法律传统范围内，密切关注着特定领域里跨国法律规范的不同运用和调整情况，以及解释这些变化的各种因素。本书中的案例研究将调查重点放在不同的监管领域（而不是不同的治理水平），用以评估跨国领域和国内领域间是如何相互渗透的。跨国法律程序促成了地点、类型、范围和时间等方面的变化，而这些研究则通过这种方式描述了引起变化的各种因素。它们将具体方法、监管领域和不同国家结合起来，帮助我们绘制了一幅地图，用于研究跨国法律制度体系是如何运作的，以及它所面临的各种限制。

　　这些研究没有具体说明跨国法律制度体系，而是展示了特定行为人如何运用跨国法律规范所提供的工具来实现其目标。每项研究都考查了特定法律背景下，各国国内公共行为人和个体行为人、不同机制以及权力属性的作用。这些研究通过比较的方式解释了各国在反应上的差异。跨国原因推动的法律变革有时会有，有时不会，这些研究根据跨国法律规范的引入所带来的利害关系解释了原因。跨国原因推动的法律变革有时能达到目的，有时却不能，这些研究解释了原因，其依据是跨国法律规范引进时所产生的利害关系。

本书提出了一个评估框架，评价跨国法律制度体系的工作原理及其对国家法律和国家机构的影响。我们强调六个要点并推断出结果，这些要点都是通过对这个框架的运用进行说明的。一开始，我们就需要阐释清楚我们所说的跨国法规、法律程序和法律秩序是什么意思，这些与国际法规和全球法规是有区别的。

第一，本书第一章区分了跨国法规的两个概念，第一个是适用于跨国情况的跨国法规（意味着特定的法律主体），第二个是跨国法律制度体系（这个方法用以评估法律规范的跨国结构和跨国传播以及它们对国家变革的影响）。第三至七章中的实证案例解释并应用了第二个概念。

第二，我们需要更加仔细地确定由跨国原因产生的国内变化之规模，因为国家变革是具有差异的。第二章确定了五个层面的变化：（1）实体法与实践的变革；（2）国家、市场和其他社会秩序之间界限的变化；（3）国家体制结构的变化；（4）专业知识及其在治理中作用的变化；（5）改变协会制度模式，通过跨国问责机制以及与之相适应的规范框架使其制度化。通过国家变化的不同层面来看待跨国原因引起的法律变化，我们对跨国法律秩序运作方式以及民族国家内部的重要变化层面有了更为丰富的理解。

第三，跨国法律程序的影响会造成一些变化，我们有必要对解释这些变化的因素进行鉴别与评估。第二章的第二部分将这些因素分为三类：（1）跨国法律程序的性质；（2）跨国法律程序与接受国的关系；（3）接受国特定的政治、体制及文化背景。当跨国法律规范是清晰的、前后一致的且被认定为合理的时候，其影响力最大。跨国法律秩序和接受国之间权力的不对称为强制机制的使用创造了机会，但其有效性可能会在实施时受到限制。在传播跨国法律规范并使之适应当地环境方面，中介机构的作用十分重要。对于向国内传播至关重要的是，跨国法律秩序的影响取决于跨国法律规范是否与国内需求相适应，以适应国内对权力、体制能力和路径依赖的竞争，以及面临危险的变化程度。如果一个国家内部的变化轨迹与跨国法律规范同步，或者强势的国内行为人希望在国内斗争中利用跨国法律规范的影响力，那么跨国法律程序发生转变的可能性更大。在国内需求不足时，变革失败的可能性更大，或者仅仅只是象征性的变化。因为跨国法律规范的接受程度受到国内机构及权力配置的调节，所以人们往往会将它用到其他领域、修改其内容或者和其他规范混在一起，使用它的方式独特且出人意料。

第四，本书说明了跨国法律程序的多样性。从某种程度来说，"跨国法律程序"一词具有一定的误导性，因为它表明，跨国法律程序涉及单向传递相互联系的跨国法律规范，直到这些规范成为各国内部制度的一部分，从而产生"合规"情况。实际上，与此相反，跨国法律程序往往是在多个跨国行为人、机构和进程的相互竞争中传递不同的法律规范和规定。这种竞争会影响跨国法律秩序相对的一致性、清晰性和为人接受的合理性。这样，它就对跨国法律秩序规范性共识的发展产生了影响，并最终改变这种法律秩序在各国内部的作用。这并不是说跨国法律制度体系无关紧要。恰恰相反！这一点意味着它很重要，我们需要研究它在何种条件下会发挥作用，以及该体系会发生的变化。

第五，研究跨国法律程序多方面的特性。根据国内采纳、调整或抵制跨国法规情况，将之理论化，只是构成跨国法律程序的其中一部分。新政策会对正在讨论的跨国法律规范产生影响，那么这些新政策是如何从国内动态情况中产生的呢？这是那些只注重接受跨国法规的人理解不了的。这些反应不仅包括那些强国和国际机构中心国家的反应，也包括弱国和边缘化国家的反应。对跨国法律制度体系的评估需要应对一个动态的过程，这个过程涉及跨国法律倡议在国内的接受度与法律规范的跨国制定情况，体现了二者之间的相互作用。

第六，国家法律和制度的改革不能沦为国际权力政治。法律与权力配置一起发挥着中介作用。代理人、从业者和法律机构通常会影响变革的产生、协商和实施，这其中包括了政府律师、国际组织的法律部门、法官、私人律师、公司法律官员、法律学者和非政府组织的律师。该法律行为体构成复杂，既没有统一的法律观点，也没有统一的政策议程，而且其运行还受到国家和全球权力结构分配的影响。[①] 然而，它们却是构成跨国立法政策和跨国法律规范传播政策的重要组成部分。此外，国

---

① Cf. Dezalay & Garth，2010；and Halliday，Karpik，& Feeley，2007。

家机构和法律规范是具有灵活性的。跨国法律程序以特定的方式引起法律和制度变革，其中包括跨国法律程序在国内机构、政治斗争和文化规范之间所起的中介作用。本书的实证研究为理解这些过程及其影响提供了基础。

虽然这本书的分析框架和实证案例研究不是规定性的，但它们对推进任何规范性目标都具有重要影响。要紧的是两方面，一是跨国法律程序和法律秩序的有效性，二是国家和非国家支持者决定其未来的自由程度。无论是在某一特定领域倡导推进国家变革的国际或跨国法律，还是抵制这种国际的或跨国的压力与影响，对跨国原因引起的法律变革，了解其更广泛的体制和社会影响，以及促进或阻碍这种变革的因素十分重要。无论实体领域涵盖的是人权法、公共监管法还是私营商业法，它都是跨国法律制度体系的关键所在。

这本书的方法并非标准，但它的框架隐含了两个规范性问题。首先，理解国际法和跨国法的产生过程，这一点往往会造成有利于某些国家和非国家行为人的结构性倾向，对于理解它们在执行阶段的相对有效性（或无效性）具有重要意义。这样，该项目将会引起人们注意跨国法律秩序的合法地位。其次，根据非欧美国家的具体情况，国际法和跨国法学者会更多地关注其跨国法律程序产生的影响。在这个过程中，他们能让这些地方的选民能够在表达自己的看法和获取优先资格时，具有更大发言权。

对跨国法律程序和国家变化的研究吸引着我们进行进一步的分析，因此，我们需要制定系统的研究日程安排。从事这项研究的投入相对较大，但其回报也很高。跨国法律秩序如何实现其权威的最大化？跨国原因引起的法律变革什么时候主要是象征性的，而什么时候具有实际效果呢？如法院和立法机构等特定的国家机构，什么时候会被赋予权力，什么时候又会被剥夺权力？其关键性因素和条件是什么？经过一段时间以后，是什么促使了对跨国法律规范进行重新评估，是什么推动了其发展？通过在特定监管领域内，关注跨国法律规范与国家法律和机构之间的动态交流，本书的研究为更充分地理解跨国法律制度体系和国家变革、变革机遇、变革限制及其影响提供了基础。

References

Abbott, Kenneth W. , and Duncan Snidal. 2000. Hard and Soft Law in International Governance. *International Organization* 54: 421 – 56.

Abouharb, Rodwan D. , and David L. Cingranelli. 2006. The Human Rights Effects of World Bank Structural Adjustment, 1981 – 2000. *International Studies Quarterly* 50: 233 – 62.

Achen, Christopher H. 2000. Why Lagged Dependent Variables Can Suppress the Explanatory Power of Other Independent Variables. *Political Methodology Working Paper*.

African National Congress. 1994a. *A National Health Plan for South Africa: Prepared by the ANC With Technical Support of WHO and UNICEF*.

____. 1994b. *The Reconstruction and Development Programme: A Policy Framework*. Johannesburg: South Africa.

African National Congress NEC Subcommittee. 2009. National Health Insurance Policy proposal, 22 June 2009.

African National Congress National General Council. 2010. Additional Discussion Documents, Section 1: National Health Insurance.

Ahdieh, Robert. 2006. Dialectical Regulation. *Connecticut Law Review* 38: 861 – 965.

AIDS Law Project and Treatment Action Campaign. 2003. The Price of Life: Hazel Tau and Others versus GlaxoSmithKline and Boehringer Ingelheim. A Report on the Excessive Pricing Complaint to South Africa's Competition Commission.

Alford, William P. 1997. *To Steal a Book Is an Elegant Offense: Intellectual Property Law in Chinese Civilization*. Stanford, CA: Stanford University Press.

Alldridge, Peter. 2008. Money Laundering and Globalization. *Journal of Law and Society* 35: 437 – 63.

Aman, Alfred C. Jr. 2004. *The Democracy Deficit: Taming Globalization through Law Reform*. New York: New York University Press.

Andreas, Peter, and Ethan Nadelmann. 2006. *Policing the Globe: Criminalization and Crime Control in International Relations*. New York: Oxford University Press.

Asian Development Bank (ADB). 1996. *Final Report, State Enterprise Insolvency Reform*. Manila: Asian Development Bank.

____. 1999. *Law and Development at the Asian Development Bank*. Manila: Asian Development Bank.

____. 2000. Report on Insolvency Law Reforms in the Asian and Pacific Region. *Law and Policy Reform Bulletin* I: 10 – 86.

Australian Federation of AIDS Organization. 2000. Letter of congratulations to Dr Helen Rees, Chairperson of the MCC, 12 December 2000.

Avelino, George, David S. Brown, and Wendy Hunter. 2005. The Effects of Capital Mobility, Trade Openness, and Democracy on Social Spending in Latin America, 1980 – 1999. *American Journal of Political Science* 49 (3): 625 –41.

Ayres, Ian, and John Braithwaite. 1992. *Responsive Regulation.* New York: Oxford University Press.

Babb, Sarah. 2005. The Social Consequences of Structural Adjustment: Recent Evidence and Current Debates. *Annual Review of Sociology* 31: 199 – 222.

BACENJUD. 2005. *Manual Básico.*

Bachrach, Peter, and Morton Baratz. 1962. Two Faces of Power. *American Political Science Review* 56: 947 – 952.

Bakker, Karen. 2009. Regulation of Water and Sanitation Services: Insights from The Water Dialogues, www. waterdialogues. org/thematic. htm.

Baltagi, Badi. 1995. Editor's Introduction: Panel Data. *Journal of Econometrics* 68: 1 – 4.

Bappenas. 1998. *Law Reform in Indonesia: Diagnostic Assessment of Legal Development in Indonesia.* Edited by Ali Budiardjo, Nugroho, and Reksodiputro. Jakarta: Cyberconsult.

Barnett, Michael, and Raymond Duvall. 2005. Power in Global Governance. In *Power in Global Governance*, edited bys. Michael Barnett and Raymond Duvall. New York: Cambridge University Press.

Barrett, Deborah, and Amy Ong Tsui. 1999. 'Policy as Symbolic Statement: International Response to National Population Policies. ' *Social Forces* 78: 213 – 34.

Benavot, Aaron, and Julia Resnick. 2006. Lessons from the Past: A Comparative SocioHistorical Analysis of Primary and Secondary Education. In *Educating All Children: A Global Agenda*, edited by Joel E. Cohen, David E. Bloom, and Martin B. Malin, 123 – 229. Cambridge, MA: American Academy of Arts and Sciences.

Benavot, Aaron, and Phyllis Riddle. 1988. The Expansion of Primary Education, 1870 – 1940: Trends and Issues. *Sociology of Education* 61 (3): 191 – 210.

Berger, Jonathan, 2005. AIDS Law Project, letter to Angelo Kondes, CEO Abbot Labs, South Africa re shortages of Ritonavir, February 14, 2005.

Berkovitch, Nitza. 1999. *From Motherhood to Citizenship.* Baltimore: Johns Hopkins University Press.

Berkowitz, Daniel, Katharina Pistor, and Jean – Francois Richard. 2003. Economic Development, Legality, and the Transplant Effect. *European Economic Review* 47: 165 – 195.

Berman, Paul Schiff. 2007. Global Legal Pluralism. *Southern California Law Review* 80: 1155 – 1238.

Blazejewski, Kenneth. 2008. The FATF and Its Institutional Partners: Improving the Effectiveness and Accountability of Transgovernmental Networks. *Temple International and Comparative Law Journal* 22: 1 – 62.

Block – Lieb, Susan, and Terence C. Halliday. 2006. Legitimation and Global – Normmaking, http: //papers. ssrn. com/sol3/papers. cfm? abstract id = 952492.

Block – Lieb, Susan, and Terence C. Halliday. 2007a. Harmonization and Modernization in UNCITRAL's Global Legislative Guide on Insolvency Law. *Texas International Law Journal* 42: 481 – 514.

_____. 2007b. Incrementalisms in Global Lawmaking. *Brooklyn Journal of International Law* XXXII: 851 – 903.

Bobbitt, Philip. 2002. *The Shield of Achilles: War, Peace, and the Course of History*. New York: Alfred A. Knopf.

Bodansky, Daniel. 1999. The Legitimacy of International Governance: A Coming Challenge for International Environmental Law. *American Journal of International Law* 93: 596 – 624.

Boli, John, and George Thomas, eds. 1999. *Constructing World Culture: International Nongovernmental Organizations since* 1875. Stanford, CA: Stanford University Press.

Booz Allen, and Hamilton. 1997. Revitalizing the Korean Economy towards the 21st Century. Seoul, Korea.

Boyle, Elizabeth Heger, and Minzee Kim. 2009. International Human Rights, Neoliberal Economic Reforms, and Child Well – Being. *Law and Society Review* 43 (3): 455 – 90.

Boyle, Elizabeth Heger, and John W. Meyer. 1998. Modern Law as a Secularized and Global Model. *Soziale Welt* 49: 275 – 94.

Boyle, Elizabeth Heger, Trina Smith, and Katja Guenther. 2006. The Rise of the Child as an Individual in Global Society. In *Youth, Globalization, and the Law*, edited by Sudhir A. Venkatesh and Ronald Kassimir, 255 – 83. Stanford, CA: Stanford University Press.

Braithwaite, John. 1993. Following the Money Trail to What Destination? An Introduction to the Symposium. *Alabama Law Review* 44: 657 – 68.

_____. 2002. Rules and Principles: A Theory of Legal Certainty. *Australian Journal of Legal Philosophy*. 27: 47 – 82.

_____. 2005. Methods of Power for Development: Weapons of the Weak, Weapons of the Strong. *Michigan Journal of International Law* 26: 297 – 330.

Braithwaite, John, and Peter Drahos. 2000. *Global Business Regulation*. New York: Cambridge University Press.

Braithwaite, John, and Philip Petit. 1990. *Not Just Deserts: A Republican Theory of Criminal Justice*. Oxford: Oxford University Press.

Brazilian Parliament. 2004. Foreign Affairs and National Defense Commission. Request no. 25/2004. Available at www. camara. gov. br/proposicoesWeb/fichadetramitacao? idProposicao = 250378 (accessed June 25, 2012).

_____. 1998. Law no. 9613, March 3, 1998 (Brazil, Money Laundering Act).

Brewster, Rachel. 2003. Domestic Origins of International Agreements. *Virginia Journal of International Law* 44 (2): 1 – 42.

Brummer, Chris. 2011. How International Financial Law Works (and How It Doesn't). *Georgetown Law Journal* 99: 257 – 327.

Burley, Anne – Marie Slaughter. 1993. International Law and International Relations Theory: A Dual Agenda. *American Journal of International Law* 87: 205 – 39.

Business Insights. 2010. The South African Pharmaceutical Market Outlook to 2014: Policy Environment, Market Structure, Competitive Landscape, Growth Opportunities. Available at http://www. google. com/url? sa = t&rct = j&q = &esrc = s&source = web&cd = 4&ved = 0CDMQFjAD&url = http%3A%2F%2Fwww. research − store. com%2Ftechnologynetworks%2FDownload%2FToc%2F%3FproductId%3DDF1C2BF8 − FCBD − 408D − 9FA8 − 936887FB9D46&ei = tCJGUNWZJIbKrAf7xIH4Dg&usg = AFQjCNEmP − uOh2AbXjPv_APvFNbIxl6tiw (accessed September 4, 2012).

Büthe, Timothy, and Walter Mattli. 2011. *The New Global Rulers: The Privatization of Regulation in the World Economy.* Princeton, NJ: Princeton University Press.

Buxbaum, Hannah L. 2006. Transnational Regulatory Litigation. *Virginia Journal of International Law* 46: 251 − 317.

Calliess, Gralf Peter, and Peer Zumbansen. 2010. *Rough Consensus and Running Code: A Theory of Transnational Law − Making.* Oxford: Hart.

Campbell, John L. 2004. *Institutional Change and Globalization.* Princeton, NJ: Princeton University Press.

Cao, Siyuan. 1998a. The Storm over Bankruptcy (I). *Chinese Law and Government* 31 (1): 3 − 90.

_____. 1998b. The Storm over Bankruptcy (II). *Chinese Law and Government* 31 (2): 11 − 96.

Carruthers, Bruce G., Sarah L. Babb, and Terence C. Halliday. 2001. Institutionalizing Markets, or the Market for Institutions? Central Banks, Bankruptcy Law and the Globalization of Financial Markets. In *The Rise of Neoliberalism and Institutional Analysis*, edited by John Campbell, and Ove Pedersen, 94 − 126. Princeton, NJ: Princeton University Press.

Carruthers, Bruce, and Terence C. Halliday. 1998. *Rescuing Business: The Making of Corporate Bankruptcy Law in England and the United States.* Oxford: Oxford University Press.

_____. 2006. Negotiating Globalization: Global Scripts and Intermediation in the Construction of Asian Insolvency Regimes. *Law and Social Inquiry* 31: 521 − 84.

_____. 2007. Law, Economy and Globalization: How Modern International Financial Institutions Embraced Adam Smith and Accidently Discovered Max Weber. In *The Spirit of Global Capitalism*, edited by Richard Swedberg and Victor Nee, 128 − 51. Stanford, CA: Stanford University Press.

_____. Forthcoming. Law, Economy and Globalization: How Modern International Financial Institutions Embraced Adam Smith and Accidently Discovered Max Weber. in *The Spirit of Global Capitalism*, edited by Richard Swedberg and Victor Nee. Stanford, CA: Stanford University Press.

Caruso, Daniela. 2006. Private Law and State − Making in the Age of Globalization. *New York University Journal of International Law and Politics* 39: 1 − 74.

Chabbott, Colette. 1999. Defining Development: The Making of the International Development Field, 1945 − 1990. In *Constructing World Culture: International Nongovernmental Organizations Since 1875*, edited by John Boli and George Thomas, 222 − 48. Stanford, CA: Stanford University Press.

Chase − Dunn, Christopher, and Thomas Hall. 1997. *Rise and Demise: Comparing World Systems.* Boulder, CO: Westview Press.

Chng, N. 2007. Civil Society and Water Services Provision in the Philippines. Discussion Paper prepared for Wateraid, on file with author.

Clemens, Michael. 2004. The Long Walk to School: International Education Goals in Historical Perspective. *Working Papers* 37, Center for Global Development.

Clift, Jenny. 2002. *The UNCITRAL Model Law on Cross – Border Insolvency* – An Answer to Insolvency Issues in the Framework of International Trade and of International Projects. *UCL/Siena Symposium on International Insolvency*. Louvain – la – Neuve, Belgium.

COAF – Conselho de Controle de Atividades Financeiras. 2008. *Relatorio de Atividades*.

Commission for Conciliation, Mediation and Arbitration (CCMA). 1999. *Commission for Conciliation, Mediation and Arbitration Award in the case of Public Servants Association of South Africa (on behalf of J. Schlebusch & C. Bru¨ckner) vs. the Department of Health*, Case No. GA51345, Commissioner J. Hiemstra, awarded on November 26, 1999.

Conca, K. 2006. *Governing Water: Contentious Transnational Politics and Global Institution Building*. Cambridge, MA: MIT Press.

Consumer Project on Technology. 1999. Appendix B: Time – Line of Disputes Over Compulsory Licensing and Parallel Importation in South Africa, August 5, 1999, http://www.cptech.org/ip/health/sa/sa – timeline.txt (accessed June 28, 2012).

Cornia, Giovanni Andrea. 1987. Adjustment at the Household Level: Potentials and Limitations of Survival Strategies. In *Adjustment with a Human Face*, edited by Giovani Andrea Cornia, Richard Jolly, and Frances Stewart, 90 – 104. New York: UNICEF/Oxford: Clarendon Press.

Costa, Carlos. 2008. Entrevista com Antonio Gustavo Rodrigues: Uma Visão Mais Pragmática do Direito Penal. *Revista Getulio* 11: 36 – 40.

Cotterrell, Roger. 1992. *The Sociology of Law: An Introduction*, 2nd ed. Austin, TX: Butterworths.

Cox, Robert W. 1994. Global Restructuring: Making Sense of the Changing International Political Economy. In *Political Economy and the Changing Global Order*, edited by Richard Stubbs and Geoffrey R. D. Underhill. New York: St. Martin's Press.

Cumings, Bruce. 1997. *Korea's Place in the Sun: A Modern History*. New York: Norton.

Dahl, Robert. 1957. The Concept of Power. *Behavioral Science* 2: 201 – 15.

_____. 1968. Power. In *International Encyclopedia of the Social Sciences*, ed. David Sills. New York: Macmillan.

Davis, Kevin E., Benedict Kingsbury, and Sally Engle Merry. 2012. Indicators as a Technology of Global Governance. *Law and Society Review* 46 (1): 71 – 104.

Davis, M. 2006. *Planet of Slums*. London: Verso.

De Beer, Cedric. 1984. *The South African Disease: Apartheid, Health and Health Services*. Johannesburg: South African Research Service.

Deeb, M. T. 1998a. Founding Affidavit by M. T. Deeb, 18 February 1998, High Court of South Africa, Pretoria, South Africa.

_____. 1998b. Supplementary Affidavit by M. T. Deeb, 23 July 1998, High Court of South Africa. Pretoria, South Africa.

Department of Health. 1996. National Drug Policy for South Africa, January 1996.

_____. 1997. *White Paper for the Transformation of the Health System in South Africa*. Pretoria, South Africa: Government Press.

Delmas Marty, Mireille. 2004a. *Le Flou du Droit*. Paris: Presses Universitaires de France.

____. 2004b. *Les Forces Imaginante du Droit. Le Relatif et l'Universel* [Imaginative forces of law: the relative and the universal]. Paris: Seuil.

____. 2006. *Les Forces Imaginante du Droit. Le Pluralisme Ordonné* [Imaginative force of law: the organized pluralism]. Paris: Seuil.

De Soysa, Indra, and John R. Oneal. 1999. Boon or Bane? Reassessing the Productivity of Foreign Direct Investment. *American Sociological Review* 64 (5): 766 – 82.

Dezalay, Yves, and Bryant Garth. 2002a. Introduction. In *Global Prescriptions: The Production, Exportation and Importation of a New Legal Orthodoxy*, edited by Yves Dezalay and Bryant Garth. Ann Arbor, MI: University of Michigan Press.

____. 2002b. *The Internationalization of Palace Wars: Lawyers, Economists, and the Contest to Transform Latin American States*. Chicago: University of Chicago Press.

____. 2010. *Asian Legal Revivals: Lawyers in the Shadow of Empire*. Chicago: University of Chicago Press.

Dibadj, Reza. 2008. Panglossian Transnationalism. *Stanford Journal of International Law* 44: 253 – 99.

Digeser, Peter. 1992. The Fourth Face of Power. *The Journal of Politics* 54: 977 – 1007.

Di Maggio, Paul J., and Walter W. Powell. 1991. *The New Institutionalism in Organizational Analysis*. Chicago: Chicago University Press.

Dublin Statement on Water and Sustainable Development. 1992. International Conference on Water and Environment.

Djelic, Marie – Laure, and Kerstin Sahlin – Andersson. 2006. *Transnational Governance: Institutional Dynamics of Regulation*, edited by Marie – Laure Djelic and Kerstin Sahlin – Andersson. Cambridge, UK: Cambridge University Press.

Doob, Anthony, and Cheryl Webster. 2003. Sentence Severity and Crime: Accepting the Null Hypothesis. *Crime and Justice* 30: 143 – 95.

Doyle, Todd. 2002. Cleaning Up Anti – Money Laundering Strategies: Current FATF Tactics Needlessly Violate International Law. *Houston Journal of International Law* 24: 279 – 313.

Drahos, Peter. 2008. 'Trust Me': Patent Offices in Developing Countries. *American Journal of Law and Medicine* 34: 151 – 74.

____. 2009. Cooperation, Trust and Risk in the World's Major Patent Offices. *Science and Public Policy* 36: 641 – 47.

____. 2010. *The Global Governance of Knowledge: Patent Offices and Their Clients*. New York: Cambridge University Press.

Drahos, Peter, and John Braithwaite. 2002. *Information Feudalism: Who Owns the Knowledge Economy?* New York: The New Press.

Dubash, N. 2005. Regulation as an Arena for Social Policy. Conference paper delivered for Arusha Conference, *New Frontiers for Social Policy*, December 2005.

Duraisamy, P., Estelle James, Julia Lane, and Jee – Peng Tan. 1997. Is There a Quantity – Quality Tradeoff as Enrollments Increase? Evidence from Tamil Nadu, India. *Policy Research Working Paper*

Series 1768, World Bank.

Easterly, William 2007. *The White Man's Burden: Why the West's Efforts to Aid the Rest Have Done So Much Ill and So Little Good.* New York: Penquin.

Egmont Group. 2004. *Statement of Purpose.* 2010. *Annual Report*, 2009 – 2010.

Elkins, Zackary, Tom Ginsburg, and Beth Simmons. 2012. Constitutional Convergence in Human Rights: The Reciprocal Relationship of Human Rights Treaties and National Constitutions. In *Implementing Commitments: The Domestic Effects of Human Rights Treaty Ratification*, edited by Ryan Goodman and Beth Simmons, New York: Oxford

ENCCLA. 2010. *Plan of Action.*

Erwin, Alec. 1999. Interview published in *Global Dialogue*, Vol. 4 (1). Johannesburg, South Africa: Institute for Global Dialogue.

Esty, Dan. 2006. Good Governance at the Supranational Scale: Globalizing Administrative

Law. *Yale Law Journal* 115: 1490 – 562.

European Bank for Reconstruction and Development (EBRD). 1999. Transition Report 1999: Ten Years of Transition. London: EBRD.

European Commission. 2004. EU Water Facility.

Evans, J. , and A. Himelfarb. 2000. *Criminology: A Canadian Perspective.* Toronto, ON: Harcourt Brace.

Evans, Ruth. 2002. Poverty, HIV, and Barriers to Education: Street Children's Experiences in Tanzania. *Gender and Development* 10 (3): 51.

Fausto, Boris, and Fernando Devoto. 2004. *Brasil e Argentina: Um Ensaio de História Comparada* [Brazil and Argentina: an essay of comparative history]. São Paulo: Editora 34.

FATF – Financial Action Task Force. 1990. *Annual Report.*

———. 2000. *Annual Report.*

———. 2003. Forty Recommendations.

———. 2004a. *Annual Report.*

———. 2004b. *Methodology for Assessing Compliance with the FATF 40 Recommendations and the FATF 8 Special Recommendations.*

———. 2009. *Annual Report.*

———. 2010. *Annual Report.*

Feldman, Yuval, and Dorion Teichman. 2009. Are all Legal Probabilities Created Equal? *New York University Law Review* 84: 980 – 1022.

Fernando, Jude L. 2001. Children's Rights: Beyond the Impasse. *The Annals of the American Academy of Political and Social Science* 575 (1): 8.

Financial Action Task Force (FATF) and GAFISUD. 2004. *Informe de evaluacion mutual sobre lavado de activos y financiamento del terrorismo. Brasil.* (Evaluation report on money laundering and terrorism financing. Brazil.)

Fischer – Lescano, Andreas, and Gunther Teubner. 2004. Regime – Collisions: The Vain Search for Legal Unity in the Fragmentation of Global Law. *Michigan Journal of International Law* 25: 999 – 1046.

Flaschen, Evan D. and Ronald J. Silverman. 1994. Maxwell Communication Corporation plc: The Importance of Comity and Co – operation in Resolving International Insolvencies. In pp. 41 – 57 in *Current Issues in Cross – Border Insolvency and Reorganisations*, edited by E. Bruce Leonard and Christopher W. Besant, 41 – 57. London: Graham and Trotman.

____. 1998. Cross – Border Insolvency Cooperation Protocols. *Texas International Law Journal* 33: 587 – 613.

Fletcher, Ian. 1997. The European Union Convention on Insolvency Proceedings: An Overview and Comment, with U. S. Interest in Mind. *Brooklyn Journal of International Law* 23: 25 – 55.

Foster, V. 2001. Ten Years of Water Service Reform in Latin America: Towards an Anglo – French Model. , Water Supply and Sanitation Sector Board Discussion Paper 3, available at www. worldbank. org/watsan.

Foucault, Michel. 1984. *Legitimacy and the State*. New York: New York University Press.

Fourcade – Gourinchas, Marion, and Sarah Babb. 2002. The Rebirth of the Liberal Creed:

Paths to Neoliberalism in Four Countries. *American Journal of Sociology* 108 (3): 533 – 79.

Foweraker, J. Grassroots Movements, Political Activism and Social Developments in Latin America: A Critical Comparison of Chile and Brazil. *Journal of Latin American Studies* 33 (4) (2001): 839 – 65.

Franck, Thomas. 1990. *The Power of Legitimacy among Nations*. New York: Oxford University Press.

Friedman, Lawrence M. 1996. Borders: On the Emerging Sociology of Transnational Law. *Stanford Journal of International Law* 32: 65 – 90.

Friedman, Lawrence M. 1997. The Concept of Legal Culture: A Reply. In *Comparing Legal Cultures*, edited by David Nelken, 33 – 39. Dartmouth, NH: Dartmouth Publishing.

Friedmann, Wolfgang. 1964. *The Changing Structure of International Law*. New York: Columbia University Press.

G – 22. 1998a. *Report of the Working Group on International Financial Crises*. Washington, DC: World Bank.

____. 1998b. Summary of Reports on the International Financial Architecture. Washington, DC: G22.

Garth, Bryant, and Yves Dezalay. 2010. Marketing and Selling Transnational 'Judges' and Global 'Experts': Building the Credibility of (Quasi) Judicial Regulation. *Socio – Economic Review* 8: 113 – 30.

Gathii, James Thuo. 2010. *The Financial Action Taskforce and Global Administrative Law*. Legal Studies Research Paper Series, 10. Albany, NY: Albany Law School.

Geffen, Nathan. 2010. *Debunking Delusions: The Inside Story of the Treatment Action Campaign*. Auckland Park, South Africa: Jacana Media.

General Accounting Office (GAO). 1996. *Money Laundering: A Framework for Understanding U. S. Efforts Overseas*. Washington, DC: General Accounting Office

Gertler, Paul, and Paul Glewwe. 1992. The Willingness to Pay for Education for Daughters in Contrast to Sons: Evidence from Rural Peru. *World Bank Economic Review* 6: 171 – 88.

Gevisser, Mark. 2007. *Thabo Mbeki: A Dream Deferred*. Cape Town, South Africa: Jonathan Ball Publishers.

Ginsburg, Thomas, and Gregory Shaffer. 2010. How Does International Law Work?: What Empirical Research Shows. In *Oxford Handbook of Empirical Legal Studies*, edited by Peter Cane and Herbert Kritzer. Oxford: Oxford University Press.

Gleick, Peter, Gary Wolff, Elizabeth L. Chalecki, and Rachel Reyes. 2002. *The New Economy of Water*. Oakland, CA: Pacific Institute for Studies in Development, Environment, and Security.

Glenn, H. Patrick. 2003. A Transnational Concept of Law. In *The Oxford Handbook of Legal Studies*, edited by Peter Cane and Mark Tushnet. Oxford: Oxford University Press.

Goldman, Michael. 2005. *Imperial Nature: The World Bank and Struggles for Social Justice in the Age of Globalization*. New Haven, CT and London: Yale University Press.

Goodman, Ryan, and Derek Jinks. 2012. *Socializing States: Promoting Human Rights through International Law*. Oxford: Oxford University Press.

____. 2004. How to Influence States: Socialization and International Human Rights Law. *Duke Law Journal* 54: 1217 – 46.

Gott, Richard, and Georges Bartoli. 2005. *Hugo Chavez: the Bolivarian Revolution in Venezuela*. London: Verso.

Govender, Pregs. 2007. *Love and Courage: A Story of Insubordination*. Auckland Park, SA: Jacana Media.

Grattet, Ryken, Valerie Jenness, and Theodore R. Curry. 1998. The Homogenization and Differentiation of Hate Crime Law in the United States, 1978 to 1995. *American Sociological Review* 63: 286 – 307.

Grootaert, Christiaan, and Ravi Kanbur. 1995. Child Labor: an Economic Perspective. *International Labour Review*, 134: 187 – 203.

Grossman, Joel B., and Mary H. Grossman. 1971. *Law and Change in Modern America*. Eds. Joel B. Grossman and Mary H. Grossman. Pacific Palisades, CA: Goodyear Publishing Co. Gruber, Lloyd. 2000. *Ruling the World: Power Politics and the Rise of Supranational Institutions*. Princeton, NJ: Princeton University Press.

Guehenno, Jean – Marie. 1995. *The End of the Nation – State*. Minneapolis: University of Minnesota Press.

Guizzini, Stefano. 2000. A Reconstruction of Constructivism in International Relations. *European Journal of International Relations* 6: 147 – 82.

Hafner – Burton, Emilie M., and Kiyoteru Tsutsui. 2005. Human Rights in a Globalizing World: The Paradox of Empty Promises. *American Journal of Sociology* 110 (5): 1373.

Halaby, Charles N. 2004. Panel Models in Sociological Research: Theory into Practice. *Annual Review of Sociology* 30: 507 – 44.

Hall, Peter. 1993. Policy Paradigms, Social Learning and the State. *Comparative Politics* 25: 275 – 96.

Halliday, Terence C. 2007. Architects of the State: International Organizations and the Reconstruction of States in the Global South. Paper presented at the Annual Meetings of the Law and Society Association, July 2007, in Berlin, Germany.

____. 2009. Recursivity of Global Lawmaking: A Sociolegal Agenda. *Annual Review of Law and Social Science* 5: 263 – 90.

_____. 2010. Legal Yardsticks: International Financial Institutions as Legal Diagnosticians and Remedial Agents. In *Indicators as a Technology of Global Governance*. Institute for International Law and Justice New York University School of Law.

Halliday, Terence C. , Susan Block – Lieb, and Bruce G. Carruthers. 2009. Rhetorical Legitimation: Global Scripts as Strategic Devices of International Organizations. *European Socio – Economic Review* 2009: 1 – 36.

Halliday, Terence C. , and Bruce Carruthers. 1996. The Moral Regulation of Markets: Professions, Privatization and the English Insolvency Act 1986. *Accounting, Organizations and Society* 21: 371 – 413.

_____. 1998. Making the Courts Safe for the Powerful: The Politics of Lawyers, Judges, and Bankers in the 1978 Rehabilitation of United States Bankruptcy Courts. In *Lawyers and the Rise of Western Political Liberalism: Legal Professions and the Constitution of Modern Politics*, edited by Terence C. Halliday and Lucien Karpik, 265 – 304. Oxford: Oxford University Press.

_____. 2004a. Epistemological Conflicts and Institutional Impediments: The Rocky Road to Corporate Bankruptcy Reforms in Korea. In *Legal Reform in Korea*, edited by Tom Ginsburg, 114 – 33. London: RoutledgeCurzon Press.

_____. 2004b. Institutional Lessons from Insolvency Reforms in East Asia. *Forum on Asian Insolvency Law Reform (FAIR), Insolvency and Risk Management in Asia*. Delhi, India: World Bank and Asian Development Bank.

_____. 2007. The Recursivity of Law: Global Norm Making and National Lawmaking in the Globalization of Corporate Insolvency Regimes. *American Journal of Sociology* 112: 1135 – 1202.

_____. 2007. Foiling the Financial Hegemons: Limits to the Globalisation of Corporate Insolvency Regimes in Indonesia, Korea and China. In *Globabalisation and Resistance: Law Reform in Asia since the Crisis*, edited by Christoph Anton and Volkmar Gessner, 255 – 301. Oxford: Hart Publishing.

_____. 2009. *Bankrupt: Global Lawmaking and Systematic Financial Crisis*. Stanford, CA: Stanford University Press.

Halliday, Terence C. , and Pavel Osinsky. 2006. Globalization of Law. *Annual Review of Sociology* 32: 447 – 70.

Halliday, Terence C. , Lucien Karpik, and Malcolm M. Feeley. 2007. The Legal Complex in Struggles for Political Liberalism. In *Fighting for Political Freedom: Comparative Studies of the Legal Complex and Political Change*, edited by Terence C. Halliday, Lucien Karpik, and Malcolm M. Feeley. Oxford: Hart Publishing.

Halliday, Terence C. , and Gregory Shaffer. 2012. Transnational Legal Orders (working paper). Hansard. 1998. Debates of the National Assembly, Parliament, South Africa, vol. 19, September 9, 6835.

Harding, Christopher. 2006. Business Collusion as a Criminological Phenomenon: Exploring the Global Criminalisation of Cartels. *Critical Criminology* 14: 181 – 205.

Harrigan, Jane, and Paul Mosley. 1991. Evaluating the Impact of World Bank Structural Adjustment Lending: 1980 – 87. *The Journal of Development Studies* 27 (3): 63 – 94.

Harrison, David. 2009. An Overview of Health and Health Care in South Africa 1994 – 2010: Priorities,

Progress and Prospects for New Gains: A Discussion Document Commissioned by the Henry J. Kaiser Family Foundation * to Help Inform the National Health Leaders' Retreat Muldersdrift, January 24 – 26 2010. http: //www. bhfglobal. com/files/ bhf/ overview1994 – 2010. pdf .

Hassim, Adile, Mark Heywood, and Jonathan Berger, eds. 2007. *Health & Democracy: A Guide to Human Rights, Health Law and Policy in Post – Apartheid South Africa.* Cape Town: SiberInk.

Hathaway, Oona A. 2005. Between Power and Principle: An Integrated Theory of International Law. *University of Chicago Law Review* 72: 469 – 536.

Held, David. 2004. *Global Covenant: The Social Democratic Alternative to the Washington Consensus.* Cambridge, UK: Polity Press.

Held, David, et al. 1999. *Global Transformations: Politics, Economics and Culture.* Stanford, CA: Stanford University Press.

Helfer, Lawrence. 2004. Regime Shifting: The TRIPS Agreement and New Dynamics of Intellectual Property Lawmaking. *Yale Journal of International Law* 29: 1 – 83.

Hepple, Bob. 2005. *Labour Laws and Global Trade.* Oxford; Portland, OR: Hart Publishing.

Heywood, Mark. 2005. The Achilles Heel? The Impact of HIV/AIDS on Democracy in South Africa. In *HIV/AIDS in South Africa*, edited by Abdool S. S. Karin and Q. Abdool Karim. Cambridge, UK: Cambridge University Press.

Hironaka, Ann, and Evan Schofer. 2002. Decoupling in the Environmental Arena: The Case of the Environmental Impact Assessment. In *Organizations, Policy, and the Natural Environment: Institutional and Strategic Perspectives*, edited by Andrew Hoffman and Marc Ventresca, 214 – 231. Stanford, CA: Stanford University Press.

Hirsch, Alan. 2005. *Season of Hope: Economic Reform under Mandela and Mbeki.* Scottsville, South Africa: University of KwaZulu – Natal Press.

Houtzager, Peter. 2005. The Movement of the Landless (MST), Juridical Field, and Legal Change in Brazil. In *Law and Globalization from Below: Towards a Cosmopolitan Legality*, edited by Boaventura Santos and Cesar Rodr? íguez – Garavito. New York: Cambridge University Press.

Houtzager, Peter, and Marcus J. Kurtz. 2000. The Institutional Roots of Popular Mobilization: State Transformation and Rural Politics in Brazil and Chile, 1960 – 95. *Comparative Studies in Society and History* 42 (2): 394 – 424.

Huber, Evelyne, and John D. Stephens. 2001. *Development and Crisis of the Welfare State: Parties and Policies in Global Markets.* Chicago: The University of Chicago Press.

Hulsse, Rainer, and Dieter Kerwer. 2007. Global Standards in Action: Insights from Anti – Money Laundering Regulation. *Organization* 14: 625 – 42.

Hurd, Ian. 2007. *After Anarchy.* Princeton, NJ: Princeton University Press.

____. 2008. Theories and Tests of International Authority. In *The UN Security Council and the Politics of International Authority*, edited by Bruce Cronin and Ian Hurd. New York: Routledge.

International Labour Organization. 1973. Minimum Age Convention.

____. 1999. Worst Forms of Child Labour Convention.

International Law Commission. 2006. Fragmentation of International Law: Difficulties Arising from the

Diversification and Expansion of International Law. : UN Doc. A/CN. 4/L. 682 (finalized by Martti Koskenniemi). Helsinki: University of Helsinki.

International Monetary Fund (IMF). 1999. *Orderly and Effective Insolvency Procedures: Key Issues.* Washington DC: International Monetary Fund.

____. Various years. *Government Finance Statistics Yearbook.* Washington, DC: International Monetary Fund.

Iskander, Magdi, Gerald Meyerman, Dale F. Gray, and Sean Hagan. 1999. Corporate Restructuring and Governance in East Asia. *Finance and Development* 36: 42 –45.

Jenness, Valerie, and Ryken Grattet. 2001. *Making Hate a Crime: From Social Movement to Law Enforcement.* New York: Cambridge University Press.

Jessup, Philip. 1956. *Transnational Law.* New Haven, CT: Yale University Press.

Jones, Phillip W. 2007. *World Bank Financing of Education: Lending, Learning, and Development,* Second edition. New York and London: Routledge.

Jones, Phillip W. with David Coleman. 2005. *The United Nations and Education.* New York, NY: RoutledgeFalmer.

Jordana, Jancint and David Levi – Faur. 2005. The Diffusion of Regulatory Capitalism in Latin America: Sectoral and National Channels in the Making of a New Order. *Annals of the American Academy of Political and Social Science* 598: 102 –24.

Jorge, Guillermo. 2010. Politicas de Control del Lavado de Dinero. In *Drogas y Prohibición. Una Vieja Guerra, un Nuevo Debate* [Policies of control of money laundering. Drugs and Prohibitions: An old war, a new debate], edited by Juan Gabriel Tokatlian. Buenos Aires: Libros del Zorzal.

Kapczynski, Amy. 2009. Harmonization and Its Discontents: A Case Study of TRIPS Implementation in India's Pharmaceutical Sector. *California Law Review* 97: 1571.

Kapczynski, Amy, and Jonathan M. Berger. 2009. The Story of the *TAC* Case: The Potential and Limits of Socio – Economic Rights Litigation in South Africa. In *Human Rights Advocacy Stories,* edited by Deena R. Hurwitz, Margaret L. Satterthwaite, and Douglas B. Ford. New York: Foundation Press.

Kattan, Raja Bentaouet, and Nicholas Burnett. 2004. User Fees in Primary Education. *World Bank Report.*

Kaufman, Robert R. , and Alex Segura – Ubiergo. 2001. Globalization, Domestic Politics, and Social Spending in Latin America: A Time – Series Cross – Section Analysis, 1973 –97. *World Politics* 53: 553 –87.

Kaul, Inge, Pedro Conceicao, Katell le Goulven, and Ronald U. Mendoza. 2003. Why Do Global Public Goods Matter Today. In *Providing Global Public Goods: Managing Globalization,* edited by Inge Kaul, Pedro Conceicao, Katell le Goulven, and Ronald U. Mendoza. Oxford, UK: Oxford University Press/UNDP.

Keck, Margaret, and Kathryn Sikkink. 1998. *Activists beyond Borders.* Ithaca, NY: Cornell University Press.

Kelemen, R. Daniel. 2004. Globalization, Federalism, and Regulation. In *Dynamics of Regulatory Change,* edited by David Vogel and Robert A. Kagan. Berkeley: University of California Press.

Kennedy, David. 2005. Challenging Expert Rule: The Politics of Global Governance. *Sydney LawReview* 26: 5.

Kennedy, Peter. 1998. *A Guide to Econometrics*, fourth ed. Cambridge, MA: The MIT Press.

Keohane, Robert, and Joseph Nye. 2003. Global Governance and Democratic Accountability. In *Taming Globalization: Frontiers of Governance*, edited by David Held and Mathias Koenig – Archibuigui.

Kerf, Michel, and Izaguirre, Ada K. 2007. *Revival of Private Participation in Developing Country Infrastructure: A Look at Recent Trends and Policy Implications*, Washington, DC: World Bank http: // info. worldbank. org/etools/docs/library/240081/Revival% 20of% 20private% 20participation% 20in% 20developing% 20country% 20infrastructure. pdf accessed June 25, 2012.

Kgara, Sidney, and Sheila Barsel. 2010. IPAP and the Need for a State – owned Pharmaceutical Company. *African Communist*: Special Issue: Towards a New Growth Path, Issue No. 180, 2nd and 3rd Quarter 2010.

Killick, Tony. 1996. Principals, Agents and the Limitations of BWI Conditionality. *World Economy* 19 (2): 211.

Kingsbury, Benedict. 2009. The Concept of 'Law' in Global Administrative Law. *European Journal of International Law* 20: 23 –57.

Kingsbury, Benedict, Nico Krisch, and Richard Stewart. 2005. The Emergence of Global Administrative Law. *Law and Contemporary Problems* 68: 15 –61.

Klerck, G. 1996. Regulation Theory: Towards a synthesis in development studies. In *Reconstruction, Development, and People*, edited by Jan Coetzee and Johann Graaff. Johannesburg, South Africa: International Thomson Publishing.

Klug, Heinz. 2000. *Constituting Democracy: Law, Globalism, and South Africa's Political Reconstruction.* New York: Cambridge University Press.

――. 2002. Hybrid (ity) Rules: Creating Local Law in a Globalized World. In *Global Prescriptions: The Production, Exportation and Importation of a New Legal Orthodoxy*, edited by Yves Dezalay and Bryant Garth. Ann Arbor, MI: University of Michigan Press.

――. 2005. Campaigning for Life: Building a New Transnational Solidarity in the Face of HIV/AIDS and TRIPS. In *Law and Globalization from Below: Towards a Cosmopolitan Legality*, edited by Boaventura de Sousa Santos and Cesar A Rodreguez. Cambridge, UK: Cambridge University Press.

――. 2008. Law, Politics and Access to Medicines in Developing Countries. *Politics and Society* 36: 207 –45.

――. 2010a. Risking Health: HIV/AIDS and the Problem of Access to Essential Medicines. In *Disaster and the Politics of Intervention*, edited by Andrew Lakoff. New York: Columbia University Press and Social Science Research Council.

――. 2010b. *The Constitution of South Africa: A Contextual Analysis.* Cambridge, UK: Hart Publishing.

Koh, Harold Hongju. 2006. Why Transnational Law Matters. *Penn State International Law Review* 24: 745 –53.

――. 2004. International Law as Part of Our Law. *American Journal of International Law* 98: 43 –57.

――. 1998. The 1998 Frankel Lecture: Bringing International Law Home. *Houston Law Review* 35:

623 – 81.

____. 1997. Why Do Nations Obey International Law. *Yale Law Journal* 106: 2599 – 2659. Koslowski, Rey and Friedrich Kratochwil. 1994. Understanding Change in International Politics: The Soviet Empire's Demise and the International System. *International Organization* 48: 215 – 47.

Kwamboka, Evelyn. 2011. High Court Enjoins UN in Case Against Generic ARVs Ban. *The Standard*, Nairobi, Kenya, January 17, 2011.

Lafer, Celso, and Celso La Peña. 1973. *Argentina e Brasil no Contexto das elações Internacionais* [Argentina and Brazil in the context of international relations]. São Paulo: Duas Cidades.

Lane, Timothy, Atish Ghosh, Javier Hamann, Steven Phillips, Marianne Schulze – Ghattas, and Tsidi Tsikata. 1999. *IMF – Supported Programs in Indonesia, Korea, and Thailand: A Preliminary Assessment.* Washington, DC: International Monetary Fund.

La Porta, Rafael, Florencio Lopez – de – Silanes, Andre Schleifer, and Robert W. Vishny. 1997. Legal Determinants of External Finance. *Journal of Finance* 52: 1131 – 50.

LeClerc, Guy, and Thierry Raes. 2001. *Water: A World Financial Issue.* PriceWaterhouse – Coopers, Sustainable Development Series.

Lee, Kuk – Woon. 2007. Corporate Lawyers in Korea: An Analysis of the ' Big 4 ' Law Firms in Seoul. In *Korea and Japan: Judicial System in Transformation in the Globalizing World*, edited by Dai – Kwon Choi. Seoul: Seoul National University Press.

Legh, Robert. 2002. A History of South African Competition Law. In *Competition Law*, edited by Martin Brassey. Cape Town: Juta.

Leibfried, Stephan, and Michael Zu¨ rn. 2005. *Transformations of the State?* New York: Cambridge University Press.

Levi, Michael. 2002. Money Laundering and Its Regulation. *Annals of the American Academy of Political and Social Science* 582: 181 – 94.

Levi, Michael, and William Gilmore. 2002. Terrorist Finance, Money Laundering and the Rise and Rise of Mutual Evaluation: A New Paradigm for Crime Control? *European Journal of Law Reform* 4: 337 – 64.

Levi, Michael, and Peter Reuter. 2006. Money Laundering. *Crime and Justice* 4: 289 – 375.

Levit, Janet Koven. 2008. Bottom – Up Lawmaking Through a Pluralist Lens: The ICC Banking Commission and the Transnational Regulation of Letters of Credit. *Emory Law Journal* 57: 1147 – 1226.

Levi – Faur, David. 2005. The Global Diffusion of Regulatory Capitalism. *Annals of the American Academy of Political and Social Science* 598: 12 – 32.

Liu, Sida, and Terence C. Halliday. 2009. Recursivity in Legal Change: Lawyers and Reforms of China's Criminal Procedure Law. *Law and Social Inquiry* 34: 911 – 50.

Liu, Dongxiao, and Elizabeth Heger Boyle. 2001. Making the Case: The Women's Convention and Equal Employment Opportunity in Japan. *International Journal of Comparative Sociology* 42 (4): 389 – 404.

Loya, Thomas, and John Boli. 1999. Standardization in the World Polity. In *Constructing World Culture: International Nongovernmental Organizations since* 1875, edited by John Boli and George Thomas. Stanford, CA: Stanford University Press.

Lukes, Stephen. 1974. *Power: A Radical View.* New York: Macmillan.

Lumman, Niklas. 1982. *The Differentiation of Society*. New York: Columbia University Press.

Machado, Maira. 2011. Modern Penal Rationality Left Behind: A Call for Innovative Thinking and Practice in Criminal Law. In *The Law of the Future and the Future of Law*, edited by Sam Muller, Stravos Zouridis, Morly Frishman, and Laura Kistemaker, 683 – 93. Oslo: Torkel Opsahl Academic EPublisher.

Machado, Maira, and Guillermo Jorge. 2009. Los Regimenes Contra el avado de Activos en el Contexto del Derecho Administrativo Global. In *El Nuevo Derecho Administrativo Global en America Latina* [Money laundering regimes in the context of global administrative law. The new global administrative law in Latin America], edited by Benedict Kingsbury, and Richard Stewart. Buenos Aires: Ediciones Rap.

Mahdavi, Saeid. 2004. Shifts in the Composition of Government Spending in Response to External Debt Burden. *World Development* 32 (7): 1139 – 57.

Mail and Guardian. 2008. Cartel Country. *Mail and Guardian*, June 13, 2008.

Makene, Fortunata Songora. 2007. Tanzanian Responses to Contradictory Requirements in International Law on Issues Relating to Children and Elders. PhD dissertation, Department of Sociology, University of Minnesota, Minneapolis, MN.

Mako, William P. 2001. Corporate Restructuring in East Asia: Promoting Best Practices. *Finance & Development* 38: 2 – 5.

——. 2002a. Corporate and Financial Sector Restructuring: Links and Necessary Conditions. In *Second Annual International Seminar on Policy Challenges for the Financial Sector in the Context of Globalization*. Washington, DC.

——. 2002b. Corporate Restructuring and Reform: Lessons from Korea. In *Korean Crisis and Recovery*, edited by David T. Coe and Se – Jik Kim, 203 – 28. Washington, DC: International Monetary Fund/ Korea Institute for International Economy Policy.

——. 2003. Uses and Limitations of Out – of – Court Workouts: Lessons from East Asia. *Global Forum on Insolvency Risk Management*. Washington, DC.

Malanczuk, Peter. 1997. *Akehurst's Modern Introduction to International Law*, revised Seventh edition. London: Routledge.

Maloney, Christopher, and Nick Segal. 2007. Genesis: The Growth Potential of the Pharmaceuticals Sector in South Africa, May 29, 2007. http://www.imsa.org.za/download/ imsa and pharmaceutical industry profile/GENESIS%20Pharmaceuticals%20Report%20070529%20 (2). pdf, accessed June 25, 2012.

Marais, Hein. 2001. *South Africa: Limits to Change*. Cape Town: University of Cape Town Press (quoting Nelson Mandela).

——. 2002. The Logic of Expediency: Post – Apartheid Shifts in Macroeconomic Policy. In *Thabo Mbeki's World: The Politics and Ideology of the South African President*, edited by Sean Jacobs and Richard Calland. Scotsville. South Africa: University of Natal Press.

Marin, Philippe. 2009. *Public – Private Partnerships for Urban Water Utilities: A Review of Experiences in Developing Countries*. Washington, DC: World Bank

Marin, Philippe, and Izaguirre, Ada K. 2006. *Private Participation in Water: Toward a New Generation of Projects?* Washington, DC: World Bank.

Marshall, Monty G. , and Keith Jaggers. 2002. *Polity IV Dataset.* College Park, MD: University of Maryland, Center for International Development and Conflict Management.

Marteau, Juan Felix. 2008. No Hay Castigo Para el Lavado de Dinero [There's no punishment for money laundering in Argentina.] *La Nacion* (Buenos Aires), October 02, 2008.

____. 2010. Lavado de Dinero: Estandardizacion y Criminalizacion. Notas para una Politica Criminal Contra el Criminen Financiero en la Argentina Globalizada [Money laundering: standardization and criminalization: Remarks for a criminal policy against financial crime in Argentina.] *Enfoques Contabilidad y Auditoria* 7: 102 – 25.

Mattei, Ugo, and Laura Nader. 2008. *Plunder: When the Rule of Law Is Illegal.* Malden, MA: Blackwell.

McClintock, Brent. 1999. The Multinational Corporation and Social Justice: Experiments in Supranational Governance. *Review of Social Economy* 57: 507 – 22.

McIntyre, Di, and Alex Van den Heever. 2007. Social or National Health Insurance. *South African Health Review* 71 – 88.

McLeod, Heather. 2009. National Health Insurance Background Brief: NHI in South Africa: 1940 – 2008 (Innovative Medicines South Africa, 2009). http: //www. imsa. org. za/ national – health – insurance/imsa – nhi – policy – briefs/

Mead, George Herbert. 1934. *Mind, Self, and Society from the Standpoint of a Social Behaviorist*, edited by Charles W. Morris. Chicago: University of Chicago Press.

Medecins Sans Frontieres. 2007. *Campaign for Access to Essential Medicines, Untangling the Web of Price Reductions: A Pricing Guide for the Purchase of ARVs for Developing Countries*, Tenth edition.

____. 2011. Don't Swallow This Pill, January 20, 2011.

Meidinger, Errol. 2009. Private Import Safety Regulation and Transnational New Governance. http: // papers. *ssrn. com/sol3/papers. cfm? abstract_id =1416758* . Retrieved 05/24/10.

MER of Argentina. 2010. Mutual Evaluation Report of Argentina. FATF and GAFISUD. MER of Brazil. 2010. Mutual Evaluation Report of Brazil. FATF and GAFISUD.

Merry, Sally Engle. 2006. *Human Rights and Gender Violence: Translating International Law into Local Justice.* Chicago: University of Chicago Press.

____. 2006. Transnational Human Rights and Local Activism: Mapping the Middle. *American Anthropologist* 108: 38 – 51.

____. 1990. *Getting Justice and Getting Even: Legal Consciousness Among Working – Class Americans.* Chicago: University of Chicago Press.

Meyer, John W. 1980. The World Polity and the Authority of the Nation – State. In *Studies of the Modern World System*, edited by Albert Bergesen, 109 – 37. New York: Academic Press.

____. 2007. Globalization. *International Journal of Comparative Sociology* 48 (4): 261 – 73.

Meyer, John, John Boli, George Thomas, and Frank Ramirez. 1997a. World Society and the Nation – State. *American Journal of Sociology* 103: 144 – 81.

Meyer, John W. , Ann Hironaka, Evan Schofer, and Nancy Tuma. 1997b. The Structuring of a World Environmental Regime, 1870 – 1990. *International Organization* 51: 623 – 51.

Meyerman, Gerald E. 2000. The London Approach and Corporate Debt Restructuring in East Asia. In *Conference on Emerging Markets in the New Financial System: Managing Financial and Corporate Stress.* Upper Saddle River, NJ: Prentice Hall.

Mhone, Guy, and Omano Edigheji eds. 2003. *Governance in the New South Africa: The Challenges of Globalization.* Cape Town: University of Cape Town Press.

Ministry of Finance and Economy, Korea (MOFE). 2001. Law for Promotion of Corporate Restructuring. Seoul, South Korea: Government of Korea.

____. 2002. *Corporate Promotion Restructuring Act.* Seoul, South Korea: Government of Korea.

Minogue, Martin, and Ledivina Carino, eds. 2006. *Regulatory Governance in Developing Countries.* Manchester: Edward Elgar Press.

Moodaliyar, Kasturi, and Trudi Hartzenberg. 2006. Report on the Fifth Annual Conference of the International Competition Network. http://www. internationalcompetitionnetwork. org (accessed September 4, 2011).

Mooney, Gavin H. , and Diane E. , McIntyre. 2008. South Africa: A 21st Century Apartheid in Health and Health Care? *The Medical Journal of Australia* 189 (11/12): 637 – 40.

Moore, Sally, Falk. 1974. Law and Social Change: The Semi – Autonomous Social Field as an Appropriate Subject of Study. *Law and Society Review* 7: 719 – 46.

Morgan, Bronwen. 2004a. The Regulatory Face of the Human Right to Water. *Journal of Water Law* 15: 179 – 87.

____. 2004b. Water: Frontier Markets and Cosmopolitan Activism. *Soundings: A Journal of Politics and Culture.* 27: 10 – 24.

____. 2005. Social Protest against Privatization of Water: Forging Cosmopolitan Citizenship? In *Sustainable Justice: Reconciling International Economic, Environmental and Social Law*, edited by Marie – Clair Cordonier Seggier and Justice Weeramantry. Leiden, The Netherlands: Martinus Nijhoff Publishers.

____. 2006a. Emerging Global Water Welfarism: Access to Water, Unruly Consumers and Transnational Governance. In *Consumer Cultures, Global Perspectives*, edited by Frank Trentmann and John Brewer. Oxford: Berg Press.

____. 2006b. Turning Off the Tap, Urban Water Service Delivery and the Social Construction of Global Administrative Law. *European Journal of International Law* 17 (1): 215 – 46.

____. 2006c. The North – South Politics of Necessity: Regulating for Basic Rights Between National and International Levels. Special Issue: *Journal of Consumer Policy on The Politics of Necessity* 29 (4): 465 – 87.

____. 2007a. Consuming without Paying: Stealing or Campaigning? The Civic Implications of Civil Disobedience around Access to Water. In *Citizenship and Consumption*, edited by Kate Soper and Frank Trentmann. Basingstoke: Palgrave MacMillan.

____. 2007b. Local Politics and the Regulation of Global Water Suppliers in South Africa. In: *Making*

Global Self - Regulation Effective in Developing Countries, Chapter 10, edited by Dana Brown, and Ngaire Woods. Oxford: Oxford University Press.

____. 2007c. Reflections on Governance in the International Context. In *Governance and Consumption: Agency and Resistance*, edited by Mark Bevir and Frank Trentmann. Basingstoke, UK: Palgrave MacMillan.

____. 2007d. Global Business, Local Constraints: The Case of Water in South Africa. In *Making Global Self - Regulation Effective in Developing Countries*, Chapter 10, edited by Dana Brown and Ngaire Woods. Oxford: Oxford University Press.

____ (ed.). 2007e. *The Intersection of Rights and Regulation: New Directions in Socio - Legal Scholarship*. Aldershot, UK: Ashgate Press.

____. 2008. Building Bridges Between Regulatory and Citizen Space: Civil Society Contributions to Water Service Delivery Frameworks in Cross - National Perspective. *Law, Social Justice & Global Development Journal* (1): 1 - 16.

____. 2011. *Water on Tap: Rights and Regulation in the Transnational Governance of Urban Water Services*. Cambridge, UK: Cambridge University Press.

Morgan, Bronwen, and Frank Trentmann. 2006. The Politics of Necessity. Special Issue: *Journal of Consumer Policy on The Politics of Necessity* 29: 4.

Mosley, Paul, Jane Harrigan, and John Toye. 1991. *Aid and Power: The World Bank and Policy - Based Lending*. London: Routledge.

Mugarura, Norman. 2011. The Global Anti - Money Laundering Court as a Judicial and Institutional Imperative. *Journal of Money Laundering Control* 14: 60 - 78.

Muhr, Thomas. 2008. Venezuela: Global Counter - Hegemony, Geographies of Regional Development, and Higher Education for All. Ph. D. Dissertation, University of Bristol, December 2008.

Muncie, John. 2001. Official Crime Statistics. In *Sage Dictionary of Criminology*, edited by Eugene McLaughlin and John Muncie. London: Sage.

Mundy, Karen. 1998. Educational Multilateralism and World (Dis) order. *Comparative Education Review* 42 (4): 448 - 78.

Mundy, Karen, and Lynn Murphy. 2001. Transnational Advocacy, Global Civil Society? Emerging Evidence from the Field of Education. *Comparative Education Review* 45 (1): 85 - 126.

____. 2006. Education for All and the New Development Compact. In *Education and Social Justice*, edited by J. Zajda, S. Majhanovich, and V. Rust, 13 - 38. The Netherlands: Springer.

Mutangadura, Gladys B., Judith R. Blau, and Vicki L. Lamb. 2002. External Debt and Secondary Education in Sub - Saharan Africa: A Dynamic Analysis. *The Journal of African Policy Studies* 8 (1): 1 - 15.

Naldelmann, Ethan A. 1993. *Cops across Borders: The Internationalization of U. S. Criminal Law Enforcement*. University Park, PA: The Pennsylvania State University Press.

Nam, Il Chong, and Soogeun Oh. 2000. *Bankruptcy of Large Firms and Exit Mechanisms in Korea*. Seoul: Korean Development Institute.

Nattrass, Nicoli. 2007. *Mortal Combat: AIDS Denialism and the Struggle for Antiretrovirals in South Afri-*

ca. Scottsville, SA: University of KwaZuluNatal Press.

Nelken, David, and Johannes Feest. 2001. *Adapting Legal Cultures*, 2001, edited by David Nelken and Johannes Feest. Oxford: Hart.

Nonet, Philippe, and Philip Selznick. 1978. *Law and Society in Transition*, *Toward Responsive Law* (new edition with preface by Robert Kagan 2001). New Brunswick, NJ: Transaction Publishers.

North, Douglass C. 1990. *Institutions*, *Institutional Change and Economic Performance*. Cambridge: Cambridge University Press.

O'Brien, Peter. 1998. The Normalization of the International Market for Pharmaceuticals: Future Impacts in Emerging Markets. In *Medicines and the New Economic Environment*, edited by Felix Lobo and German Velasquez. Madrid, Spain: WHO, University Carlos III, Civitas.

OECD. 2004. *Education at a Glance*: *OECD Indicators* 2004, pp. 233 – 40. Paris.

OECD. 2008. Asian Insolvency Systems: Closing the Implementation Gap. Paris: OECD Publishing.

Ogbu, Osita M. , and Mark Gallagher. 1991. On Public Expenditures and Delivery of Education in Sub – Saharan Africa. *Comprehensive Educational Review* 35: 295 – 318.

Oh, Soogeun. 1999. *An Institutional Perspective on Financial Reform in Korea*. Seoul: Korea Development Bank Report.

———. 2001. Bankruptcy Division and Commissioner. In *Insolvency Reform in Asia*: *An Assessment of the Recent Developments and the Role of the Judiciary*. Bali, Indonesia.

———. 2002. *Will Corporate Restructuring Promotion Act Really Promote Corporate Restructuring?* Hong Kong: Hong Kong University Faculty of Law.

———. 2003. Insolvency Law Reform of Korea: A Continuing Learning Process. In *Forum on Insolvency Risk Management*. Washington, DC.

———. 2005. Changes in Insolvency Practice, Restructuring of Ailing Firms and Risk Management after the Economic Crisis: The Korea Case. In *International Workshop on Reform of Corporate Governance*: *Corporate Rehabilitations in East Asia and its Lesson for China*. Beijing, China.

Oh, Soogeun, and Terence C. Halliday. 2009. Rehabilitating Korea's Corporate Insolvency Regime, 1992 – 2007. In *Pushing Back against Globalisation*, edited by John Gillespie and Randall Peerenboom, 13 – 38. London: RoutledgeCurzon.

———. Forthcoming. Rehabilitating Korea's Corporate Insolvency Regime, 1992 – 2007. In *Pushing Back against Globalisation*, edited by John Gillespie and Randall Peerenboom. London: RoutledgeCurzon.

Ohmae, Kenichi. 1990. *The Borderless World*: *Power and Strategy in the Inter – linked Economy*. New York: Harper Business.

———. 1995. *The End of the Nation – State*: *The Rise of Regional Economies*. New York: Free Press.

Ostrom, Charles. 1990. *Time Series Analysis*: *Regression Techniques*, Second edition. Newbury Park, CA: Sage.

Ottaway, Marina. 1993. *South Africa*: *The Struggle for a New Order*. Washington, DC: Brookings.

Palley, Thomas I. 2002. A New Development Paradigm: Domestic Demand – led Growth. *Foreign Policy in Focus* 1 – 8.

Passas, Nikos. 2009. Combating Terrorist Financing: General Report of the Cleveland Preparatory Colloquium. *Case Western Reserve Journal of International Law* 41: 243 – 62.

Paxton, Pamela, Melanie M. Hughes, and Jennifer Green. 2006. The International Women's Movement and Women's Political Representation, 1893 – 2003. *American Sociological Review* 71 (6): 898 – 920.

Peck, J. , and A. Tickell. 2002. Neoliberalizing Space. *Antipode* 34 (3): 380 – 404.

Peerenboom, Randall. 2002. *China's Long March toward Rule of Law*. New York: Cambridge University Press.

_____. 2006. What Have We Learned about Law and Development? Describing, Predicting, and Assessing Legal Reforms in China. *Michigan Journal of International Law* 27: 823 – 71.

Peng, Xiaohua. 1987. Characteristics of China's First Bankruptcy Law. *Harvard International Law Journal* 28: 373 – 84.

Petryna, Adriana, and Arthur Kleinman. 2006. The Pharmaceutical Nexus. In *Global Pharmaceuticals: Ethics, Markets, Practices*, edited by Adriana Petryna, Andrew Lakoff, and Arthur Kleinman. Durham, NC and London, UK: Duke University Press.

Picciotto, Sol. 1996. Networks in International Economic Integration: Fragmented States and the Dilemmas of Neo – Liberalism. *Northwestern Journal of International Law and Business* 17: 1014.

Pieth, Mark, and Gemma Aiolfi. 2003. The Private Sector Becomes Active: The Wolfsberg Process. *Journal of Financial Crime* 10: 359 – 65.

Pile, Jacqui. 2005. Aspen Pharamcare: Clinical Coup. *Financial Mai* 182 (3), July 15, 2005. Pincus, Jonathan, and Rizal Ramli. 1998. Indonesia: From Showcase to Basket Case. *Cambridge Journal of Economics* 22: 723 – 34.

Pires, Alvaro. 2001. La Rationalité Pénale Moderne, La Société du Risque et la Juridicisation de l'Opinion Publique [Modern penal rationality, risk society and the public opinion]. *Sociologie et Société* 33: 179 – 204.

_____. 2008. La Formation de la Rationalité Pénale Moderne au XVIIIe Siècle. In *Histoire des Savoirs sur le Crime et la Peine* [The modern penal rationality at the eighteenth century. History of crime and punishment] vol. 2, edited by Christian Debuyst, Françoise Digneffe, Jean – Michel Labadie, and Alvaro Pires. Brussels: Larcier.

Pistor, Katharina, Yoram Keinan, Jan Kleinhesiterkamp, and Mark D. West. 2002. Evolution of Corporate Law and the Transplant Effect: Lessons from Six Countries. *World Bank Research Observer* 18 (1): 89 – 112.

Pistor, Katharina, and Philip Wellons. 1999. *The Role of Law and Legal Institutions in Asian Economic Development*, 1960 – 1995. New York: Oxford University Press.

Rajagopal, Balakrishnan. 2003. *International Law from Below: Development, Social Movements and Third World Resistance*. New York: Cambridge University Press.

Raustiala, Kal, and David G. Victor. 2004. The Regime Complex for Plant Genetic Resources. *International Organization* 58: 277 – 309.

Resnik, Judith. 2006. Law's Migration: American Exceptionalism, Silent Dialogues, and Federalism's Multiple Ports of Entry. *Yale Law Journal* 115: 1564 – 1670.

____. 2008. Law as Affiliation: 'Foreign Law,' Democratic Federalism, and the Sovereigntism of the Nation – State. *International Journal of Constitutional Law* 6: 33 – 66.

Resnik, Judith, Joshua Civin, and Joseph Frueh. 2008. Ratifying Kyoto at the Local Level: Sovereigntism, Federalism, and Translocal Organizations of Government Actors (TOGAs). *Arizona Law Reviews* 50: 709 – 786.

Rhodes, R. A. W. 1996. The New Governance: Governing without Government. *Political Studies* 44: 652 – 67.

Richardson, James L. 2001. *Contending Liberalisms in World Politics: Ideology and Power.* Boulder, CO: Lynne Rienner Publishers.

Robinson, William I. 2001. Social Theory and Globalization: The Rise of a Transnational State. *Theory and Society* 30: 157 – 200.

Rogowski, Ronald. 1989. *Commerce and Coalitions: How Trade Affects Domestic Political Alignments.* Princeton, NJ: Princeton University Press.

Rudra, Nita, and Stephan Haggard. 2005. Globalization, Democracy, and Effective Welfare Spending in the Developing World. *Comparative Political Studies* 38 (9): 1015 – 49.

Ruggie, John Gerard. 2003. Taking Embedded Liberalism Global: The Corporate Connection. In *Taming Globalization: Frontiers of Governance*, edited by David Held and Mathias Koenig – Archibugi. Cambridge, UK: Polity Press.

Sachs, Albie. 2009. *The Strange Alchemy of Life and Law.* Oxford, UK: Oxford University Press.

Sadasivam, Bharati. 1997. The Impact of Structural Adjustment on Women: A Governance and Human Rights Agenda. *Human Rights Quarterly* 19: 630 – 65.

Salacuse, Jeswald W. 2000. From Developing Countries to Emerging Markets: The Legal Challenges of Economic Change. *International and Comparative Law Journal* 2: 277 – 95.

Salama, Pierre. 2009. Argentina, Brasil e México Diante da Crise Internacional [Argentina, Brazil and Mexico facing the international crisis]. *Estudos Avançados* 23: 27 – 48.

Sanders, David, and Mickey Chopra. 2006. Key Challenges to Achieving Health for All in an Inequitable Society: The Case of South Africa. *American Journal of Public Health* 96 (1): 73 – 8.

Sandholtz, Wayne, and Alec Stone Sweet. 2004. Law, Politics, and International Governance. In *The Politics of International Law*, edited by Christian Reus – Smit. New York: Cambridge University Press.

Santos, Boaventura de Sousa. 2000. Law and Democracy: (Mis) trusting the Global Reform of Courts. In *Globalizing Institutions: Case Studies in Regulation and Innovation*, edited by Jane Jenson and Boaventura De Sousa Santos, 252 – 81. Aldershot; Burlington: Ashgate.

____. 2003. *Toward a New Legal Common Sense*, Second edition. London: Butterworths LexisNexis.

Santos, Boaventura de Sousa, and Cesar A Rodriguez, eds. 2005. *Law and Globalization from Below: Towards a Cosmopolitan Legality.* Cambridge, UK: Cambridge University Press.

Sassen, Saskia. 1996. *Losing Control? Sovereignty in an Age of Globalization.* New York: Columbia University Press.

____. 2006. *Territory, Authority, Rights: From Medieval to Global Assemblages.* Princeton, NJ: Princeton University Press.

____. 2007. *A Sociology of Globalization*. New York: WW Norton.

Saul, John S. 2002. Cry For The Beloved Country: The Post – Apartheid Denouement. In *Thabo Mbeki's World: The Politics and Ideology of the South African President*, edited by Sean Jacobs and Richard Calland. Scotsville, South Africa: University of Natal Press.

Schafer, Mark J. 1999. International Nongovernmental Organizations and Third World Education in 1990: A Cross – National Study. *Sociology of Education* 72: 69 – 88.

Scharpf, Fritz W. 1999. *Governing in Europe: Effective and Democratic?* New York: Oxford University Press.

Scheppele, Kim. 2011. Global Security Law and the Challenge to Constitutionalism after 9/11. *Public Law* 353 – 377.

Schmitthoff, Clive. 1961. International Business Law: A New Law Merchant. *Current Law and Social Problems* 2: 129.

Scott, Craig. 2009. Transnational Law as Proto – Concept: Three Conceptions. *German Law Journal* 10: 859 – 76.

Scott, Craig, and Robert Wai. 2004. Transnational Governance of Corporate Conduct Through the Migration of Human Rights Norms: The Potential Contribution of Transnational Private Litigation. In *Transnational Governance and Constitutionalism*, edited by Christian Joerges, Inger – Johanne Sand, and Gunther Teubner, 287 – 319.

Scott, Joanne. 2003. European Regulation of GMOs and the WTO. *Columbia Journal of European Law* 9: 213 – 39.

____. 2009. From Brussels with Love: The Transatlantic Travels of European Law and the Chemistry of Regulatory Attraction. *American Journal of Comparative Law* 57: 897 – 942.

Section 27 and TAC. 2010. Section 27 and TAC Applaud Successful ARV Medicine Tender – But Call for Continued Actions to Drive Price of Essential Medicines Down Further, December 15, 2010. Available at: http: //www. section27. org. za/wpcontent/uploads/2010/12/ARV _ 2010 _ Ten der. pdf

Sell, Susan, 2003. *Private Power, Public Law: The Globalization of Intellectual Property Rights*. Cambridge, UK: Cambridge University Press

Sen, Amartya. 1999. *Developments as Freedom*. New York: Anchor Books.

Shadlen, Kenneth. 2007. The Political Economy of AIDS Treatment: Intellectual Property and the Transformation of Generic Supply. *International Studies Quarterly* 51 (3): 559 – 81.

Shaffer, Gregory. 2000. Globalization and Social Protection: The Impact of EU and International Rules in the Ratcheting Up of U. S. Privacy Standards. *Yale Journal of International Law* 25: 1 – 88.

____. 2009. How Business Shapes Law: A Socio – Legal Framework. *Connecticut Law Review* 42: 147 – 83.

____. 2012. Transnational Legal Process and State Change: Opportunities and Constraints. *Law and Social Inquiry* 3: 1.

Shaffer, Gregory, and Thomas Ginsburg. 2012. The Empirical Turn in International Legal Scholarship. *The American Journal of International Law* 106（1）：1 – 46.

Shaffer, Gregory, and Nathaniel Nesbitt. 2011. Criminalizing Cartels：A Global Trend. *Sedona Conference Journal* 12：313 – 36.

Shaffer, Gregory, and Mark A. Pollack. 2010. Hard vs. Soft Law：Alternatives, Complements and Antagonists in International Governance. *Minnesota Law Review* 94：706 – 99.

Shaffer, Gregory, Michelle Ratton – Sanchez, and Barbara Rosenberg. 2008. The Trials of Winning at the WTO：What Lies Behind Brazil's Success. *Cornell International Law Journal* 41：383 – 501.

Sharman, J. C. 2008. Power and Discourse in Policy Diffusion：Anti – Money Laundering in Developing States. *International Studies Association* 52：635 – 56.

Sikkink, Kathryn. 2011. *The Justice Cascade：How Human Rights Prosecutions Are Changing World Politics.* New York：WW Norton.

Silva, Gisele, Nicola Tynan, and Yesim Yilmaz. 1998. Private Participation in the Water and Sewerage Sector—Recent Trends. *Public Policy for the Private Sector* 147：1.

Simmel, Georg. 1994. Bridge and Door. *Theory, Culture & Society* 11：5 – 10.

Simmons, Beth. 2009. *Mobilizing for Human Rights：International Law in Domestic Politics.* Cambridge：Cambridge University Press.

Simmons, Beth, Frank Dobbin, and Geoffrey Garrett. 2008. *The Global Diffusion of Markets and Democracy.* Cambridge：Cambridge University Press.

Simpson, Robin. 2006. Universal Access in the Water and Sanitation Sector. In *Liberalisation and Universal Access to Basic Services* 97 – 134. Paris：OECD.

Slaughter, Anne – Marie. 2000. A Liberal Theory of International Law. *American Society of International Law Proceedings* 94：240 – 53.

____. 2003. Global Government Networks, Global Information Agencies, and Disaggregated Democracy. *Michigan Journal of International Law* 24：1041 – 75.

____. 2004. *A New World Order.* Princeton, NJ：Princeton University Press.

Smith, Jackie, Charles Chatfield, and Ron Pagnucco. 1997. *Transnational Social Movements and Global Politics：Solidarity Beyond the State.* Syracuse, NY：Syracuse University Press.

Smith, Jackie. 1995. Transnational Political Processes and the Human Rights Movement. *Research on Social Movements, Conflict, and Change* 18：185 – 220.

Snyder, Francis. 2002. Governing Globalisation. In *Transnational Legal Processes：Globalisation and Power Disparities*, edited by Michael Likovsky. London：Butterworths.

Sorensen, Georg. 2004. *The Transformation of the State：Beyond the Myth of Retreat.* New York：Palgrave Macmillan.

South Africa. 1997. Medicines and Related Substances Control Amendment Act 90 of 1997, December 12, 1997.

____. 1986. Government Notice 801, Government Gazette No. 10211, May 2, 1986.

Spar, Debora L. 1998. The Spotlight on the Bottom Line：How Multinationals Export Human Rights. *Foreign Affairs* 77（2）：7 – 12.

Stanley, David T. , and Marjorie Girth. 1971. *Bankruptcy：Problem, Process, Reform.* Washington,

DC: Brookings Institution.

Steiner, Henry J. , Detlev F. Vagts, and Harold Hongju Koh. 1994. *Transnational Legal Problems*, Fourth edition. Westbury, NY: Foundation Press.

Stessens, Guy. 2000. *Money Laundering: A New International Law Enforcement Model.* New York: Cambridge University Press.

Stokes, Bruce. 2005. Pachyderm Pharma. *National Journal*, April 16, 2005.

Strange, Susan. 1996. *The Retreat of the State: The Diffusion of Power in the World Economy.* New York: Cambridge University Press.

Suchman, Mark. 1995. Managing Legitimacy: Strategic and Institutional Approaches. *Academy of Management Review* 20: 571 –610.

t'Hoen, Ellen. 2009. *The Global Politics of Pharmaceutical Monopoly Power: Drug Patents, Access, Innovation and the Application of the WTO DOHA Declaration on TRIPS and Public Health.* Diemen, the Netherlands: AMB Publishers.

Talitman, Dorit, Alon Tal, and Shmuel Brenner. 2003. The Devil is in the Details: Increasing International Law's Influence on Domestic Environmental Performance – The Case of Israel and the Mediterranean Sea. *New York University Environmental Law Journal* 11: 414 –78.

Tang, Jun, and Lishan Ai. 2010. Combating Money Laundering in Transition Countries: The Inherent Limitations and Practical Issues. *Journal of Money Laundering Control* 13: 215 –25.

Terhorst, P. 2003. *Public – Popular Organisations: The Case of Cochabamba, Bolivia.* Master of Science thesis, Loughborough University, September 2003. On file with author.

Teubner, Gunther. 1996. Global Bukowina: Legal Pluralism in the World Society. In *Global Law without a State*, edited by Gunther Teubner. Aldershot: Dartmouth Gower.

____. 1998. Legal Irritants: Good Faith in British Law or How Unifying Law Ends Up in New Divergences. *Modern Law Review* 61: 11 –32.

Teubner, Gunther, and Zenon Bankowski. 1993. *Law as an Autopoietic System.* Oxford: Blackwell.

Thom, Anso. 2010. Change at the MCC—Too Little, Too Late? Available at: http: //www. health – e. org. za/news/article. php? uid =20032808.

Tilak, Jandhyala. 1992. Education and Structural Adjustment. *Prospects* 22 (4): 407 –22.

Tilly, Charles. 1992. *Coercion, Capital and European States: AD* 990 –1992, Revised edition. Cambridge, MA: Blackwell.

Tomaševski, Katarina. 2003. *Education Denied: Costs and Remedies.* London: Zed Books.

____. 2005. Not Education for All, Only for Those Who Can Pay: The World Bank's Model for Financing Primary Education. *Law, Social Justice and Global Development* (1): 1 –19.

____. 2006. *The State of the Right to Education Worldwide: Free or Fee – 2006 Global Report.* Copenhagen, Denmark.

Tonry, Michael. 2008. Learning from the Limitations of Deterrence Research. *Crime and Justice* 37: 279 – 311.

Tsutsui, Kiyoteru, and Christine Min Wotipka. 2004. Global Civil Society and the International Human Rights Movement: Citizen Participation in Human Rights International Nongovernmental Organiza-

tions. Social Forces 83 （2）: 587 – 620.

Twining, William. 2005. Social Science and the Diffusion of Law. *Journal of Law and Society* 32 （2）: 203 – 40.

Twining, William. 2009. *General Jurisprudence: Understanding Law from a Global Perspective.* Cambridge: Cambridge University Press.

Tyler, Tom R. 1990. *Why People Obey the Law.* New Haven, CT: Yale University Press.

UNESCO. 2003. *Bulletin of the UNESCO Education Sector.* No. 5, April – June. Paris.

Union of International Associations. Various years. *Yearbook of International Organizations.* Munich: Saur.

United Nations. 1959. Declaration of the Rights of the Child.

———. 1966. International Covenant on Economic, Social and Cultural Rights.

———. 1988. United Nations Convention against Illicit Traffic in Narcotic Drugs and Psychotropic Substances.

———. 1989. Convention on the Rights of the Child.

———. 1999. International Convention for the Suppression of Financing of Terrorism.

———. 2000a. United Nations Convention against Transnational Organized Crime.

———. 2000b. Optional Protocol to the Convention on the Rights of the Child on the Sale of Children, Child Prostitution and Child Pornography.

———. 2000c. Optional Protocol to the Convention on the Rights of the Child on the Involvementof Children in Armed Conflict.

———. 2002. *Guiding Principles for Partnerships for Sustainable Development* （'type 2 out – comes'） *to be Elaborated by Interested Parties in the Context of the World Summit on Sustainable Development* （*WSSD*）, 7 June 2002 （elaborating on GA Res. 56/226 （28 February 2002）.

United Nations Commission on International Trade Law （UNCITRAL）. 2004. *UNCITRAL Legislative Guide on Insolvency.* New York: United Nations.

United Nations Taskforce on Water and Sanitation. 2005. Final Report January.

US Bankruptcy Commission. 1973. Report of the Commission on the Bankruptcy Laws of the United States. Washington, DC: US Government Printing Office.

Valdes, Juan Gabriel. 1995. *Pinochet's Economists: The Chicago School of Economics in Chile.* Cambridge: Cambridge University Press

Van Duyne, Petrus, Marc Groenhuijsen, and A. A. P. Schudelaro. 2005. Balancing Financial Threats and Legal Interests in Money Laundering Policy. *Crime, Law and Social Change* 43: 117 – 47.

Van Rensburg, H. C. J. 2004. HCI, National Health Systems: Structure, Types and Dynamics. In *Health and Health Care in South Africa*, edited by H. C. J. van Rensburg. Pretoria, South Africa: Van Schaik Publishers.

Van Rensburg, H. C. J., and A. J. Pelser. 2004. The Transformation of the South African Health System. In *Health and Health Care in South Africa*, edited by H. C. J. van Rensburg. Pretoria, South Africa: Van Schaik Publishers.

Vavrus, Frances. 2005. Adjusting Inequality: Education and Structural Adjustment Policies in Tanzania. *Harvard Education Review* 75 （2）: 174 – 201.

Vogel, David, and Robert A. Kagan. 2004. *Dynamics of Regulatory Change: How Globalization Affects National Regulatory Policies*, edited by David Vogel and Robert A. Kagan. Berkeley: University of California Press.

von Benda – Beckmann, Franz, and Keebet von Benda – Beckmann. 2006. The Dynamics of Change and Continuity in Plural Legal Orders. *Journal of Legal Pluralism and Unofficial Law* 53 – 54: 1 – 44.

Wai, Robert. 2008. The Interlegality of Transnational Private Law. *Law and Contemporary Problems* 71: 107 – 127.

____. 2005. Transnational Private Law and Private Ordering in a Contested Global Society. *Harvard International Law Journal* 46: 471 – 86.

Walker, Monica. 1983. Some Problems in Interpreting Statistics Relating to Crime. *Journal of the Royal Statistical Society* 146: 281 – 93.

Wallerstein, Emmanuel. 2004. *World Systems Analysis: An Introduction.* Durham, NC: Duke University Press.

Waters, Melissa. 2005. Mediating Norms and Identity: The Role of Transnational Judicial Dialogue in Creating and Enforcing International Law. *Georgetown Law Journal* 93: 487 – 574.

Watson, Alan. 1974. *Legal Transplants: An Approach to Comparative Law.* Charlottesville: University Press of Virginia.

Weber, Max. 1978. *Economy and Society.* Edited by Guenther Roth and Claus Wittich. Berkeley: University of California Press.

Wechsler, William. 2001. Follow the Money. *Foreign Affairs* 80: 40 – 57.

Wessel, Jared. 2007. The Financial Action Task Force: A Study in Balancing Sovereignty with Equality in Global Administrative Law. *Widener Law Review* 13: 169 – 98.

Westbrook, Jay Lawrence. 2000. A Global Solution to Multinational Default. *Michigan Law Review* 98: 2276 – 2328.

Wilke, Marie. 2008. Emerging Informal Network Structures in Global Governance: Inside the Anti – Money Laundering Regime. *Nordic Journal of International Law* 77: 509 – 31.

Whitman, James Q. 2009. Western Legal Imperialism: Thinking about the Deep Historical Roots. *Theoretical Inquiries in Law* 10: 305 – 32.

Woo – Cumings, Meredith. 1999. The State, Democracy, and the Reform of the Corporate Sector in Korea. In *The Politics of the Asian Economic Crisis*, edited by T. J. Pempel. Ithaca, NY: Cornell University Press.

Woo, Jung – En [Meredith Woo – Cumings]. 1991. *Race to the Swift: State and Finance in Korean Industrialization.* New York: Columbia University Press.

World Bank. 1987. *Education Policies for Sub – Saharan Africa: Adjustment, Revitalization, and Expansion.* Washington, DC: World Bank.

____. 1994. *Adjustment in Africa: Reforms, Results and the Road Ahead.* New York: Oxford University Press.

____. 1999. *Principles and Guidelines for Effective Insolvency and Creditor Rights Systems.* Washington, DC: World Bank.

____. 2000. *World Development Report* 2000/2001： *Attacking Poverty*. World Bank，Oxford University Press.

____. 2001a. *Principles and Guidelines for Effective Insolvency and Creditor Rights Systems*. Washington，DC：World Bank.

____. 2001b. Several Targets in the Current Drafting of Bankruptcy Law. In *Symposium on Reforming the Bankruptcy Law*. Beijing，China.

____. 2002a. Achieving Universal Primary Education in Uganda：The Big Bang Approach. *Human Development Network Education Notes*，April.

____. 2002b. *World Development Report* 2002：*Building Institutions for Markets*. Oxford：Oxford University Press.

____. 2005. *Principles and Guidelines for Effective Insolvency and Creditor Rights Systems* (*Revised*). Washington，DC：World Bank.

____. 2006. *World Development Indicators*. Washington，DC：World Bank.

World Bank/UNCITRAL. 2005. *Creditors Rights and Insolvency Standard*. Washington DC：World Bank.

World Health Organization. 1999. Revised Drug Strategy，World Health Assembly Resolution WHA 52. 19，May 24，1999，available at http：//keionline. org/sites/default/files/WHA52. 19 e19 revised drug strategy. pdf (accessed June 28，2012).

____. September 22，2003. World Health Organization Says Failure to Deliver AIDS Medicines Is a Global Health Emergency：Global AIDS Treatment Emergency Requires Urgent Response – No More Business as Usual. News release.

Woodward，David，and Richard D. Smith. 2003. Global Public Goods and Health：Concepts and Issues. In *Global Public Goods For Health：Health Economic and Public Health Perspectives*，edited by Richard Smith，Robert Beaglehole，David Woodward，and Nick Drager. Oxford，UK：Oxford University Press.

Yaron，Gil. 2000. The Final Frontier：A Working Paper on the Big 10 Global Water Corporations and the Privatization and Corporatization of the World's Last Public Resource. Available at http：// www. iatp. org/files/Final_Frontier_A_Working_Paper_on_ the_Big_10_G. htm (accessed September 4，2012).

Zack – Williams，Alfred. 2000. Social Consequences of Structural Adjustment. In *Structural Adjustment：Theory，Practice，and Impacts*，edited by Giles Mohan，Ed Brown，Bob Milward，and Alfred Zack – Williams，59 – 74. London：Routledge.

Zheng，Henry R. 1986. Bankruptcy Law of the People's Republic of China：Principle，Procedure and Practice. *Vanderbilt Journal of Transnational Law* 19：683 – 732.

Zheng，Yongnian. 2006. Explaining the Sources of de facto Federalism in Reform China：Intergovernmental Decentralization，Globalization，and Central – Local Relations. *Japanese Journal of Political Science* 7：101 – 126.

Zumbansen，Peer. 2010. Transnational Legal Pluralism. *Transnational Legal Theory* 1 (2)：141 – 89.

Zürn，Michael. 2004. Global Governance and Legitimacy Problems. *Government & Opposition* 39：260 – 87.